edexcel
advancing learning, changing lives

Edexcel AS French

Clive Bell • Anneli McLachlan

Heinemann

A PEARSON COMPANY

Tableau des contenus

Module 3 · Éducation et avenir

Module 4 · Autour de nous

Module de Transition · objectifs

(t) Thèmes

- Parler de ce qui est important dans la vie
- Parler de l'informatique
- Parler de la mode
- Parler des stages sportifs
- Parler des risques pour la santé des jeunes

- Parler du système scolaire
- Expliquer pourquoi on a choisi sa carrière
- Décrire un voyage
- Parler des vacances
- Parler de la pollution

(g) Grammaire

- L'article défini (**le**, **la**, **l'**, **les**)
- Les verbes à l'infinitif
- Le présent des verbes réguliers
- Les adjectifs
- Le présent des verbes irréguliers
- Les verbes suivis de l'infinitif
- L'article partitif
- L'interrogation

- Le passé composé des verbes réguliers et irréguliers
- Le passé composé avec l'auxiliaire **être**
- Le pluriel des noms
- Les adjectifs possessifs
- Les verbes pronominaux
- Le futur proche
- Les pronoms relatifs

(s) Stratégies

- Repérer les mots-clés et les synonymes
- Préparer et donner une présentation orale
- Identifier des synonymes et des mots apparentés
- Utiliser des tableaux de conjugaison
- Choisir le bon registre
- Écrire un court essai (50 à 80 mots)

- Se méfier des faux amis
- Prendre des notes
- Raconter une histoire
- Expliquer des statistiques
- Résumer un texte
- Discuter d'un texte

t	Parler de ce qui est important dans la vie
g	• L'article défini (**le**, **la**, **l'**, **les**) • Les verbes à l'infinitif
s	Repérer les mots-clés et les synonymes

I · L'important dans la vie, c'est …

Qu'est-ce qui est important pour toi dans la vie?

le bac, la famille, le sport

l'école, les amis

la détente, la musique, les études

la famille, l'amitié

les loisirs, le sport, les sorties

Alexis Medhi Juliette Tiffany Jean-François

Écouter 1 Écoutez. Qui parle? Écrivez les prénoms dans le bon ordre.

 You don't need to understand everything. Listen for the key words and for synonyms (words which mean the same thing), for example: **les copains/les amis/l'amitié.**

i culture

le bac (abbréviation de «baccalauréat»): L'examen qu'on prépare en deux ans au lycée et qu'on passe en classe de première et de terminale, normalement à l'âge de dix-sept ou dix-huit ans.

Qu'est-ce qui est important pour toi dans la vie?	
Ce qui est important pour moi, c'est …	le sport.
L'important dans ma vie actuelle, c'est …	la famille.
Ma priorité en ce moment, c'est …	l'amitié.
	les études.
Pour toi, c'est pareil?	
Oui, pour moi, c'est pareil.	
Non, pour moi, le plus important, c'est plutôt …	

Parler 2 Écoutez et imitez.

é	**é**cole	**é**tudes	d**é**tente		
i	am**i**s	fam**i**lle	lo**i**sirs	sort**i**es	v**i**e
é/i	am**i**t**ié**	pr**i**or**i**té			

Mes pr**i**or**i**t**é**s dans la v**i**e sont les **é**tudes et mes am**i**s.

Grammaire

L'article défini (*the definite article*)

All nouns in French are either masculine (definite article **le**) or feminine (definite article **la**). **Le** and **la** shorten to **l'** in front of words which begin with a vowel or a silent *h*. The plural definite article is **les**.

gender	singular	plural
masculine	**le** bac **l'**important	**les** loisirs
feminine	**la** famille **l'**école	**les** études

In French, you sometimes use the definite article, when you would not use *the* in English.

Ce qui est important, c'est **le** sport.
What's important is sport.
Ma priorité, c'est **la** détente.
My priority is relaxation.

Prononciation

Getting vowel sounds right makes a big difference to how French you sound and how easily you are understood.
é (not *ay* as in English – stretch your mouth into a smile!)
i (not *ee* as in English – smile really widely and push out your breath as you say it!)

Parler 3 Avec un(e) partenaire ou en groupes, discutez de ce qui est important pour vous. Mentionnez plusieurs choses et utilisez autant de phrases-clé que possible.

Exemple:

● *Qu'est-ce qui est important pour toi dans la vie?*

■ *Ce qui est important pour moi, c'est d'abord la famille, ensuite les études, puis … Et pour toi, c'est pareil?*

● *Oui, pour moi, c'est un peu pareil. /Non, le plus important pour moi, c'est plutôt … /Ma priorité, c'est … /mais le/la/les … et le/la/les … sont aussi mes priorités.*

Parler 4 Test de mémoire! Expliquez ce qui est important pour votre partenaire ou pour les autres dans votre groupe.

Exemple: *Ce qui est important pour Ryan, c'est …, mais … et … sont les priorités de Sam.*

Quels sont tes rêves et tes espoirs?

> Réussir mes études, découvrir de nouvelles choses et rencontrer des gens.
> **Medhi**

> Devenir comédienne (je suis passionnée de théâtre) et avoir des amis sur qui pouvoir compter.
> **Juliette**

> Faire une brillante carrière, à la fois devenir très riche et garder les pieds sur terre!
> **Alexis**

> Être heureuse, voyager, rencontrer des gens, avoir des enfants, être libre de mes choix.
> **Tiffany**

> Réussir ma vie d'un point de vue relationnel et professionnel. Faire plein de choses différentes, quoi!
> **Jean-François**

Écouter 5 Écoutez et lisez. Puis trouvez dans l'article l'équivalent des phrases en anglais.

1 your hopes and dreams
2 to discover new things and meet people
3 to become an actress
4 friends you can count on
5 a brilliant career
6 to keep my feet on the ground
7 to be happy
8 to have a successful private and professional life

Grammaire

L'infinitif (*the infinitive*)

The infinitive of a verb is the form listed in a dictionary. In French, infinitives end in -**er**, -**ir** or -**re**. Most of the time you have to 'conjugate' the verb (change its ending according to the subject of the sentence: *I, we, they*, etc). Sometimes the infinitive is used unchanged and means *to* or *-ing*.

e.g. L'important pour moi, c'est d'**avoir** des enfants et de **devenir** très riche.

The important thing for me is *to have* children and *become* very rich/*having* children and *becoming* very rich.

Lire 6 Relisez l'article de l'exercice 5. Identifiez dix autres verbes à l'infinitif et traduisez-les. Utilisez un dictionnaire, si nécessaire.

Infinitif	Sens en anglais
réussir	*to succeed*

Lire 7 Écrivez le prénom de la bonne personne.

1 Qui veut être mère?
2 Qui veut gagner beaucoup d'argent?
3 Qui veut avoir une vie variée?
4 Qui veut avoir de bons résultats à ses examens?
5 Qui veut devenir actrice?
6 Qui veut visiter d'autres pays?
7 Qui veut faire de nouvelles expériences?
8 Qui veut avoir de bons copains?

Écrire 8 Traduisez ce texte en français, en adaptant les expressions de l'article de l'exercice 5.

What are my hopes and dreams? To become an interior designer (I am passionate about design), have a good career and become very rich but keep my feet on the ground at the same time. What's important to me, too, is having friends I can count on, travelling, meeting people and being happy. So, my priority is to have a successful private and professional life.

 You put **de** in front of the infinitive, when it follows **c'est**.
Ce qui est important pour moi, c'est **de** réussir mes études.

Écrire 9 Écrivez un paragraphe en répondant aux questions suivantes.

Qu'est-ce qui est important pour vous dans la vie actuellement? Quels sont vos rêves et vos espoirs?

2 · Mon ordi, c'est ma vie!

**Tu joues?
Tu achètes?
Tu tchates?
Tu télécharges?
Comment te sers-tu de
ton ordinateur?**

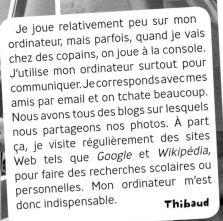

Je joue relativement peu sur mon ordinateur, mais parfois, quand je vais chez des copains, on joue à la console. J'utilise mon ordinateur surtout pour communiquer. Je corresponds avec mes amis par email et on tchate beaucoup. Nous avons tous des blogs sur lesquels nous partageons nos photos. À part ça, je visite régulièrement des sites Web tels que *Google* et *Wikipédia*, pour faire des recherches scolaires ou personnelles. Mon ordinateur m'est donc indispensable. **Thibaud**

Je m'en sers beaucoup! Mon ordi, c'est mon supermarché virtuel et je remplis souvent mon caddie! Je télécharge pas mal de musique, mais j'achète aussi des CD sur amazon.fr. Je suis également accro à *eBay*, où je vends un peu de tout: des jeux, des CD, des DVD ... C'est chouette, parce que comme ça, je gagne un peu d'argent pour faire d'autres achats! Je passe pas mal de temps chez ma copine Lili et toutes les deux on écoute de la musique sur radioblogclub.com ou bien on regarde des vidéos marrantes sur *YouTube*. On finit souvent par passer des heures devant l'écran.

Alexandra

se servir de	*to use*
caddie *(m)*	*shopping trolley*
être accro à	*to be hooked on*

Lire 1 Lisez l'article, puis décidez si les informations ci-dessous sont vraies, fausses ou ne sont pas mentionnées dans le texte.

1 Thibaud joue souvent sur son ordinateur.
2 Thibaud et ses amis tchatent et correspondent par email.
3 Thibaud regarde les photos de ses amis sur leurs blogs.
4 Il utilise des sites Web pour faire son travail scolaire.
5 Il n'écoute pas de musique sur son ordinateur.
6 Alexandra aime faire des achats sur son ordinateur.
7 Elle ne télécharge pas beaucoup de musique.
8 Elle vend des choses en ligne pour gagner de l'argent.
9 Alexandra et Lili jouent ensemble à la console.
10 Elles passent beaucoup de temps sur l'ordinateur.

Lire 2 Trouvez les synonymes des mots suivants dans l'article. Pour vous aider, utilisez le contexte. Puis vérifiez dans un dictionnaire.

1 pas beaucoup
2 de temps en temps
3 souvent
4 aussi
5 beaucoup de

Lire 3 Relisez l'article et notez les verbes réguliers au présent et leur infinitif. Pour vous aider, regardez les terminaisons (endings).

Trouvez: 12 verbes en **-er**, 2 en **-ir**, 2 en **-re**

Grammaire

Le présent des verbes réguliers (*the present tense of regular verbs*)

Regular verbs follow a pattern (the biggest group is **-er** verbs). To form the present tense of regular verbs, you take off the infinitive endings **-er**, **-ir** and **-re**, leaving you with the 'stem' and then add the following endings:

-er	-ir	-re
e.g. utiliser (to use) stem: **utilis-**	e.g. remplir (to fill) stem: **rempl-**	e.g. vendre (to sell) stem: **vend-**
j'utilis**e** (I use)	je rempl**is** (I fill)	je vend**s** (I sell)
tu utilis**es** (you use)	tu rempl**is** (you fill)	tu vend**s** (you sell)
il/elle/on utilis**e** (he/she uses / we use)	il/elle/on rempl**it** (he/she fills / we fill)	il/elle/on vend (he/she sells / we sell)
nous utilis**ons** (we use)	nous rempl**issons** (we fill)	nous vend**ons** (we sell)
vous utilis**ez** (you use)	vous rempl**issez** (you fill)	vous vend**ez** (you sell)
ils/elles utilis**ent** (they use)	ils/elles rempl**issent** (they fill)	ils/elles vend**ent** (they sell)

Some verbs have regular endings but there are small spelling changes to the stem in some parts of the verb to reflect the pronunciation.

acheter: j'ach**è**te, tu ach**è**tes, il/elle/on ach**è**te, nous achetons, vous achetez, ils/elles ach**è**tent

Verbs ending in **-ger** (**nous** form only): nous partag**e**ons, nous téléchar**ge**ons

Tu is used to address one person that you know well or a young person.

Vous is used to address politely a person you need to be more formal with or to address more than one person.

On and **nous** are both used to mean *we*. **On** is often used in spoken French. It is also the equivalent of *one, people, you* in English.

Écrire 4 Traduisez les phrases suivantes en français. Adaptez les phrases de l'article (pensez à changer la terminaison des verbes si nécessaire!) et utilisez les expressions de l'exercice 2.

1 I often chat and share photos on my blog.
2 Do you (familiar) download music or do you buy CDs?
3 My friends and I spend a lot of time on the computer.
4 My sisters don't correspond much by email.
5 We sell books and games and earn a bit of money.
6 You (plural) also use websites to do research.
7 Hugo fills his virtual shopping basket online.
8 Sometimes I stay on the computer until midnight.

Écouter 5 Écoutez trois personnes parler de comment elles utilisent leur ordinateur. Utilisez les mots des deux listes pour compléter le tableau.

	Activité	Fréquence
1	email	tous les jours
2		

recherches sur Internet
blogs
achat en ligne
téléchargement de musique
tchat   jeux d'ordinateur
vente en ligne
email

beaucoup   tous les jours
pas mal de   parfois
(pratiquement) tout le temps
pas beaucoup
souvent
deux fois par semaine
régulièrement
une fois par semaine
relativement peu

Parler 6 Préparez et donnez une présentation d'une à deux minutes au sujet de: «Mon ordinateur et moi».

● Use or adapt phrases from the texts in exercise 1.
● Aim to use **on** or **nous**, as well as **je**.
● Include as many adverbs and expressions of frequency as possible.
● Write out what you are going to say in full, then reduce it to four or five bullet points.
● Memorise and practise your presentation.

Exemple:
J'utilise mon ordinateur surtout pour télécharger de la musique. Mon copain Sayed et moi tchatons pas mal sur MySpace et on partage également des photos …

in order to do something = **pour + infinitive**.
J'utilise mon ordinateur **pour faire** des recherches.

Écouter 7 Écoutez les autres présentations et prenez des notes. Résumez en quelques phrases en français ce que vous avez compris. Vérifiez les terminaisons des verbes pour il/elle/ils/elles.

Exemple:
*James utilis**e** beaucoup son ordinateur pour télécharger de la musique.*

*James et Sayed tchat**ent** souvent sur MySpace et ils partag**ent** aussi des photos …*

à l'examen

Learning to listen to people is good training for your oral exam, as you will be expected to listen to others and respond to what is said.

culture

Le Minitel = un précurseur d'Internet qui permet aux Français de se familiariser avec le numérique dans les années 80.

3· C'est le look qui compte

Lire 1 Travaillez avec un(e) partenaire. Trouvez l'équivalent en anglais des adjectifs suivants.

1 divers	2 épaisses	3 étriqués	4 étroits	5 foncées	6 nombreux
7 noires	8 platines	9 populaires	10 premier	11 rouges	12 sombre
13 vintage	14 violettes	15 usé			

A black	B dark (x 2)	C first	D narrow	E numerous
F platinum blond		G popular	H purple	I red
J thick	K tight	L various	M vintage	N worn-out

> Try to work out as many of the words as possible, without using a dictionary.
>
> Look for synonyms (words which mean the same thing as another word) e.g. **violettes** = violet, a synonym for purple; **sombre** = sombre, a synonym for dark. When you've worked out as many as possible like this, try guessing the rest then check all your answers in a dictionary.

Écouter 2 Écoutez et complétez le texte avec les adjectifs de l'exercice 1.

Deux styles vestimentaires populaires sont généralement considérés comme emo. Le **1** _____ style est issu de la scène emo indie des années 1990 et n'est pas sans rapport avec l'indie rock et le punk. Il comprend davantage de vêtements **2** _____ glanés aux puces qui offrent un aspect **3** _____. Les t-shirts sont plutôt **4** _____ avec des motifs très **5** _____, parfois venus tout droit des années 1980. Les sacs sont souvent décorés de patchs et de badges de groupes.

L'autre style tend davantage vers les couleurs **6** _____. Les cheveux sont teints, le plus souvent noir de jais, mais parfois aussi avec des mèches **7** _____, **8** _____ ou **9** _____ par exemple. Les garçons portent des jeans «allumettes» (très **10** _____), garçons et filles affichent de **11** _____, piercings (au sourcil, aux lèvres) portent un maquillage **12** _____ (essentiellement de l'eye-liner noir). Les lunettes à montures **13** _____ souvent **14** _____, sont également très **15** _____ et parfois portées par des personnes n'ayant pas besoin de verres de correction.

être issu de	*come from, emerge from*
sans rapport avec	*unrelated to*
glané aux puces	*gathered from flea-markets*
afficher	*to display*

Grammaire

Les adjectifs (*adjectives*)

Most adjectives change their ending according to whether the noun they describe is **masculine** or **feminine**, **singular** or **plural**. This is called agreement (*l'accord*) in number and gender.

The most common pattern of agreement is to add the following endings to the masculine singular form of the adjective:

masc sing	fém sing	masc pl	fém pl
étroit	étroit**e**	étroit**s**	étroit**es**
usé	usé**e**	usé**s**	usé**es**

• add **-e** for the feminine
• add **-s** for the masculine plural
• add **-es** for the feminine plural.

Other groups of adjectives follow different patterns:

no extra e	sombr**e**	sombr**e**	sombre**s**	sombre**s**
no extra s	diver**s**	divers**e**	diver**s**	divers**es**
change of ending	nombr**eux**	nombr**euse**	nombr**eux**	nombr**euses**
	prem**ier**	prem**ière**	prem**iers**	prem**ières**
	vi**f**	vi**ve**	vi**fs**	vi**ves**
-**aux** in masc plural	origina**l**	origina**le**	origin**aux**	origina**les**
doubling consonant	épai**s**	épai**sse**	épai**s**	épai**sses**
	viole**t**	viole**tte**	viole**ts**	viole**ttes**

Some adjectives are invariable (do not change). These are usually derived from nouns or come from another language, e.g. les vêtements **vintage**.

A number of very common adjectives are irregular, such as **beau** (**belle**, **beaux**) and **vieux** (**vieille**, **vieux**).

Most French adjectives come after the noun they describe, e.g. des mèches **rouges**. However, there are exceptions regarding the position of adjectives (see page 140).

Écrire 3 Complétez le tableau pour les adjectifs 1–15 du texte de l'exercice 2.

	Adjectif	Genre et nombre	Accord avec le nom …
1	premier	masculin, au singulier	style vestimentaire

Lire 4 Complétez en anglais le résumé du texte de l'exercice 2.

First type of emo fashion

Comes from the _____ and includes more _____, gathered from flea-markets, which look _____. Tee-shirts are usually rather _____ carrying various _____, sometimes straight from the _____. _____ are often decorated with _____.

Second type of emo fashion

Hair is often dyed jet _____ sometimes with _____, _____ or _____ streaks. Boys wear very _____. Boys and _____ have _____ their eyebrow or their lips and _____ make-up. Thick-framed _____ are also _____ and sometimes worn by people who don't need _____.

Écrire 5 Notez le sens anglais des mots suivants, sans utiliser un dictionnaire. Pour vous aider, relisez les textes des exercices 2 et 4!

davantage	plutôt	teint(s) en noir
la mèche	porter	le sourcil	la lèvre
le maquillage	les lunettes	avoir besoin de

Parler 6 Écoutez et imitez.

mèche sombre gens nombreux vêtement
violet nombreuse étroite violette

De nombreuses personnes portent des vêtements sombres, des lunettes à montures épaisses et ont une mèche violette dans les cheveux.

Prononciation

Les lettres muettes (silent letters)

e (but not **é**), **d**, **s**, **x** and **t** at the end of a French word are normally silent, e.g. mèch**e**, compren**d**, sombre**s**, gen**s**, nombreu**x**, vêtemen**t**, violet**s**.

However, if there is an **e** or **es** after the final consonant, the consonant has to be pronounced, e.g. nombreu**s**e, étroi**t**es, viole**tt**es.

Parler 7 Relisez l'article et répondez oralement aux questions suivantes.

1 Comment s'appelle cette mode?
2 Que portent les gens qui suivent cette mode?
3 Leurs cheveux sont comment?
4 Portent-ils du maquillage?
5 Quelle sorte de bijou portent-ils?

Écrire 8 Écrivez un article sur une autre mode. Adaptez l'article de l'exercice 2 avec les informations suivantes, et ajoutez d'autres détails particuliers à ce style.

Exemple: *Le look skateur est issu … Les t-shirts sont …*

Style: *skateur*
Origine: *culture populaire californienne*

un bandana
cheveux longs, frisés, années 70
un sweat à capuche
un t-shirt large
un pantalon ample laissant voir le caleçon
une casquette
de grosses chaussures avec des lacets épais

Parler 9 Choisissez ou inventez un autre style vestimentaire. Faites la liste des caractéristiques de cette mode selon vous. Ensuite, interviewez votre partenaire sur sa mode en utilisant les questions de l'exercice 7.

Exemple:
● *Comment s'appelle cette mode?*
■ *Elle s'appelle «éco-fou».*
● *Que portent les gens qui suivent cette mode?*
■ *Ils portent souvent des vêtements verts ou marron, en papier ou en carton, décorés de feuilles …*

4 · Il va y avoir du sport!

Les passionnés de la voile

La célèbre école de voile des Glénans, située en Bretagne, est la première école de voile d'Europe. Chaque année, à peu près 14 000 stagiaires viennent aux Glénans. Les débutants suivent leurs premiers cours de voile et ceux qui ont plus d'expérience apprennent à se perfectionner en catamaran, dériveur ou planche à voile. Les 800 moniteurs et monitrices bénévoles qui sont responsables des stages sont tous diplômés de la Fédération française de voile. Ils savent transmettre leur passion de la voile et s'assurent que chaque stagiaire devient autonome en toute sécurité.

«C'est grâce à mon père que je fais de la voile. Mais tu vois, chez moi à Rouen, on n'a qu'un lac, alors pour sortir en mer, je vais en Bretagne», dit Noémie, 16 ans, qui vient aux Glénans pour la seconde fois.

Le seul inconvénient, c'est la combinaison de plongée qu'on porte pour les cours pratiques: «La combi n'a pas le temps de sécher en une nuit. C'est la galère, le lendemain tu la remets mouillée, ça colle et c'est froid!». Un petit détail qui n'affecte pas l'enthousiasme de Gaétan, qui suit un stage d'une semaine aux Glénans: «Je crois que les sports comme le cata sont très physiques, tu es toujours en train de bouger», explique-t-il. Il sourit, en ajoutant: «C'est hyper technique, tu apprends quelque chose chaque fois que tu sors en bateau. Quand il y a beaucoup de vent, j'adore, t'as l'impression de voler, une sensation géniale!».

bénévole	voluntary
ne … que …	only
sécher	to dry
la galère	a pain, a drag
coller	to stick

Écouter 1 Écoutez et lisez l'article. Puis trouvez dans cet article les mots correspondants à ces définitions.

1. les gens qui participent à un stage
2. les gens qui font quelque chose pour la première fois
3. trois sortes de bateaux
4. les gens qui organisent des stages
5. indépendant
6. un grand bassin d'eau
7. un vêtement en caoutchouc qu'on porte pour faire des sports aquatiques
8. le contraire de sec/sèche
9. faire des mouvements
10. naviguer dans les airs, comme un oiseau ou un avion

Lire 2 Relisez l'article et répondez aux questions en français.

1. Les Glénans, qu'est-ce que c'est?
2. Combien de personnes font un stage aux Glénans chaque année?
3. Quels sont les deux types de stagiaires?
4. Qui organise les stages et donne les cours?
5. Où Noémie fait-elle de la voile chez elle?
6. Pourquoi est-ce désagréable de mettre une combinaison de plongée?
7. Selon Gaétan, pourquoi le catamaran est-il un sport physique?
8. Selon lui aussi, quand a-t-on l'impression de voler?

Grammaire

Le présent des verbes irréguliers (*the present tense of irregular verbs*)

Some of the most commonly used verbs are irregular in the present tense and do not follow a pattern. These need to be learned individually and they include:

aller	to go	prendre*	to take
avoir	to have	savoir	to know (how to)
croire	to think, to believe	rire*	to laugh
dire	to say, to tell	sortir	to go out
être	to be	suivre	to follow
faire	to do or make	venir*	to come
mettre*	to put (on)	voir	to see

* Compound verbs (verbs with a prefix added) follow the same pattern as the original verb they come from:

mettre (*to put on*) → remettre (*to put on again*)

prendre (*to take*) → apprendre (*to learn*)

rire (*to laugh*) → sourire (*to smile*)

venir (*to come*) → devenir (*to become*)

Lire 3 Écrivez le pronom sujet (subject pronoun), le sens en anglais et l'infinitif de chacun des 22 verbes irréguliers de l'article (en bleu dans le texte). Pour vous aider, utilisez les tableaux de conjugaison de ce livre (voir les pages 158–169).

Exemple:
I/elle est   (it is)   être   (to be)

Écrire 4 Complétez ce témoignage avec les formes correctes des verbes irréguliers. Pour vous aider, consultez les tableaux de conjugaison. Ensuite, traduisez le texte en anglais.

Je **1 (venir)** aux Glénans chaque année, avec mon frère. Cette année, nous **2 (faire)** un stage de planche à voile. C' **3 (être)** génial car on **4 (apprendre)** quelque chose à chaque fois qu'on **5 (sortir)** en mer. Les moniteurs **6 (avoir)** beaucoup d'expérience, ils **7 (savoir)** enseigner les techniques de base et donner confiance en soi. Chaque matin, quand je **8 (mettre)** ma combi, je **9 (sourire)**, parce que je **10 (savoir)** qu'on **11 (avoir)** de la chance de faire un stage ici. Mon frère et moi, on pense tous les deux que c'est une expérience fantastique. Le soir, quand on **12 (aller)** se coucher, je me **13 (dire)** «Tu **14 (voir)**, t'**15 (être)** un vrai marin maintenant!»

Écouter 5 Écoutez ce reportage sur des stages d'escalade et d'alpinisme dans les Vosges et notez les détails suivants:

- le nombre de stagiaires et de moniteurs/monitrices
- le niveau des stages proposés
- la durée des stages
- la fonction principale des moniteurs
- le niveau en escalade de Julia et Romain
- l'opinion de Julia et Romain sur ce sport et sur leur expérience

à l'examen

- Notice how the language the reporter uses in exercises 1 and 5 is quite formal and factual, whereas the young interviewees who speak in both exercises use more informal language, including some slang (e.g. vachement, truc, etc.).
- Note also the abbreviation of **tu** before a vowel in familiar language (e.g. **t'**as l'impression de … **t'**es crevé).
- You will need to understand and recognise different registers of language (formal or informal) in your exam. It is also important to use the correct, formal register when addressing your examiner in the oral test!

Écouter 6 Réécoutez le reportage et notez les expressions familières ou argotiques suivantes dans l'ordre dans lequel vous les entendez.

hyper	vachement	plein de	être crevé
un truc	c'est la galère	ben	avoir la trouille

Lire 7 Choisissez dans les deux listes ci-dessous la traduction et la version plus formelle de chacune des expressions de l'exercice 6.

Sens en anglais	Version plus formelle
thing	être fatigué
to be scared	beaucoup de
really	bien
to be worn out	c'est embêtant
well,	très
it's a pain	une chose
loads of	avoir peur

Parler 8 Avec un(e) partenaire ou en groupes, préparez et enregistrez un reportage pour la radio ou la télé sur une école de ski. Incluez les informations suivantes:

- Use and adapt language from the texts in exercises 1 and 4.
- Include the correct forms of a range of regular and irregular verbs.
- As well as giving factual information about the school include short interviews with one or two young skiers.
- Include at least three opinions.
- Use the correct register for the reporter (formal) and the young interviewees (informal).

skiing-school in the Alps:

Les Sapins

Courses in *ski alpin, ski nordique, ski de fond and snowboard*

- **3,000 participants per year, beginners' level and beyond**
- **200 organisers/tutors, qualified by the École de Ski Français**

5 · Santé en danger

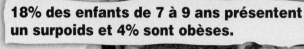

C 18% des enfants de 7 à 9 ans présentent un surpoids et 4% sont obèses.

A Un jeune Français sur trois est fumeur.

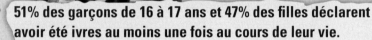

B 51% des garçons de 16 à 17 ans et 47% des filles déclarent avoir été ivres au moins une fois au cours de leur vie.

D À 18 ans, deux garçons sur trois et plus d'une fille sur deux ont expérimenté le cannabis.

Lire 1 Lisez les statistiques ci-dessus. Traduisez les statistiques en anglais.

When you translate from French into English, it's important to translate accurately, but also to make sure the English sounds right. For example, *51% of boys … declare having been drunk …* doesn't sound very natural. How would we say this in English?

Écouter 2 Écoutez ces trois dialogues. Associez chaque dialogue à l'une des statistiques de l'exercice 1.

Grammaire

Les verbes suivis de l'infinitif (*verbs followed by the infinitive*)

- Certain verbs are followed immediately by a second verb in the infinitive. Some common verbs which work like this are:
  aimer (*to like*), détester (*to hate*), préférer (*to prefer*)

  Je **préfère sortir** toute seule, mais il **aime inviter** ses copains.
  *devoir (*to have to/must*), *pouvoir (*to be able to/can*), *vouloir (*to want*)

  Ils **veulent arrêter**, mais ils ne **peuvent** pas.
  **il faut (*it is necessary to/have to/must*)

  Il **faut faire** attention à ce qu'on mange.
  (For a fuller list, see page 146)

  * These three are called modal verbs and are irregular. To find out how to form them, see verb tables, pages 158–169.

  This verb is impersonal and only exists in the **il form. It can be used to refer to *I*, *you*, or *we*.

- Modal verbs are sometimes used without a second verb in the infinitive, but the infinitive is implied.

Ils ne **peuvent** pas (arrêter).	They can't (stop).
Oui, je **veux** bien (boire un coup).	Yes, I'd like to (have a drink).

- The two parts of a negative expression go around the <u>first</u> verb.
  Tu **ne** peux **pas** continuer comme ça.
  Il **ne** faut **jamais** essayer le cannabis.
- Some other verbs use **à** or **de** with an infinitive. This is dealt with on page 62.

Écouter 3 Réécoutez les dialogues afin de compléter les phrases suivantes.

Dialogue 1

1 Il _____ attention à ce qu'on mange quand on est jeune.

2 Tu veux dire que je _____ de la salade, des légumes, tout ça?

3 Tu _____ de la viande, mais il _____ de la viande moins grasse.

Dialogue 2

4 Eux, ils _____ un coup, et donc je bois aussi.

5 Je _____ toute seule avec Luc, mais lui il _____ ses copains.

6 Je vais lui dire qu'il _____ entre ses copains et moi.

Dialogue 3

7 Si tu fumes beaucoup de marijuana, tu _____ des troubles de la mémoire, des difficultés de concentration et tu _____ de dépression.

8 Ils _____ pas mal de joints pour être comme ça.

9 Mon frère dit qu'ils _____ mais ils _____.

Écrire 4 Traduisez ce paragraphe en français, en faisant attention aux verbes suivis de l'infinitif et aux articles partitifs. Utilisez le vocabulaire de l'exercice 3.

You have to be careful about what you eat when you are young. You can eat meat, but you must eat less fatty meat, like chicken. You must eat lots of fruit and vegetables every day, too. You mustn't drink alcohol in order to impress your friends. You can drink something non-alcoholic, like cola, or water. If you smoke a lot of cannabis, it can have harmful effects. You can have memory problems, difficulty concentrating, or suffer from depression.

- Here, *you* does not refer to one person but to people in general, so it's best to use **on**.
- *You must* can be translated as either **on doit** or **il faut**.
- When talking to a friend, *you must* can be translated as either **tu dois** or **il faut**.

Parler 5 À deux. Imaginez que vous donnez des conseils à un(e) ami(e) qui fume des cigarettes. Utilisez les arguments des deux listes et commencez comme ceci:

- ● *Salut, ça va?*
- ■ *Non, ça ne va pas. J'ai trop fumé hier soir.*
- ● *Qu'est-ce que t'es bête, toi!*
- ■ *…*

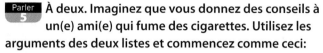

Smoker
- Don't smoke much, can stop when want to
- Smoke when out with boyfriend/girlfriend and his/her friends
- If you don't, they make fun of you
- Don't really like smoking
- Know must stop
- Must speak to boyfriend/girlfriend
- Think they don't like smoking either

Friend giving advice
- Must be careful what you do when you're young
- If continue, can have problems later in life, like heart disease and lung cancer
- Stupid to smoke to impress boyfriend/girlfriend's friends
- Boyfriend/Girlfriend must choose between friends and you

les maladies du cœur	heart diseases
le cancer du poumon	lung cancer
se moquer de	to make fun of
non plus	neither (in a negative sentence)

Grammaire

Les articles partitifs (*partitive articles*)

The partitive article means *some*.

article	masc sing	fém sing	devant une voyelle ou 'h' muet, sing	masc et fém pl
défini	le	la	l'	les
partitif	du poulet	de la viande	de l'eau	des fruits

The partitive is often used in French where the word *some* is not used in English, but is implied.

Il faut boire **du** coca ou **de** l'eau. — You must drink (some) cola or (some) water.

Tu peux avoir **des** bonbons. — You can have (some) sweets.

But use only **de** (shortened to **d'** in front of a vowel or silent **h**):

- after most negatives: On ne doit pas fumer **de** cannabis.
- after expressions of quantity (e.g. plus/moins de, un kilo de, etc.):
  Il faut manger moins **de** viande et pas trop **de** frites.
  Je veux acheter une bouteille **d'**eau.

- Plan first. Make a list of health risks to young people.
- Include one or two sets of statistics, to back up what you write.
- Use language and ideas from the spread to help you.
- Use the **ils/elles** part of the verb when referring to young people. (e.g. Les jeunes boiv**ent**/fum**ent**/doiv**ent**/peuv**ent** …)
- Use expressions from the list below to enhance your writing.

Écrire 6 Écrivez un court essai intitulé *Les jeunes et la santé*.

Opening sentences		Presenting facts and information		Closing sentences	
Les jeunes sont-ils en bonne santé?	*Are young people in good health?*	Selon les statistiques	*According to statistics*	En conclusion	*In conclusion*
		Beaucoup de/Trop de/50% des jeunes …	*A lot of/Too many/50% of young people …*	Pour conclure	*To conclude*
Quels sont les plus grands risques pour la santé des jeunes?	*What are the biggest risks for young people's health?*	De plus/D'ailleurs, …	*Moreover/What's more, …*	Avant qu'il ne soit trop tard	*Before it's too late …*
		Il faut …	*You/We must …*		
		Il est essentiel de …	*It is essential to …*		

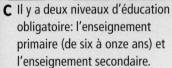
t Parler du système scolaire

g L'interrogation

s • Se méfier des faux amis
• Choisir le bon registre

Écouter 1 Écoutez cette explication du système scolaire français et reconstituez le texte en écrivant les lettres dans le bon ordre. Ensuite, recopiez-le.

Exemple: 1D, 2 …

A les élèves préparent l'examen du Baccalauréat, le diplôme qui permet d'entrer à l'université.

B En classe de troisième, la dernière année du collège, les élèves passent l'examen du Brevet.

C Il y a deux niveaux d'éducation obligatoire: l'enseignement primaire (de six à onze ans) et l'enseignement secondaire.

D En France, l'éducation est obligatoire de six à seize ans.

E le collège (de onze à quinze ans) et le lycée (de quinze à dix-huit ans).

F Pendant les deux dernières années du lycée, en classe de première et de terminale,

G S'ils entrent au lycée, ils entrent en classe de seconde, et c'est durant cette année que

H Il y a deux établissements d'enseignement secondaire:

I Mais en général, à l'âge de deux ans et demi ou trois ans, les enfants vont à l'école maternelle.

J les élèves choisissent la voie dans laquelle ils vont se spécialiser: les langues et la littérature, les sciences ou les arts.

Lire 2 Sans utiliser de dictionnaire, donnez le sens en anglais de ces expressions de l'exercice 1. Pour vous aider, utilisez le contexte.

1 obligatoire
2 niveau (m)
3 établissement (m)
4 enseignement (m)
5 passer un examen
6 une voie

 Beware of words like **passer** which look like cognates but mean something completely different; these are called *faux amis*. What does **passer** mean here? And how do you say *to pass an exam* in French? Make a list of other *faux amis* you have come across or come across in the future. Try listing them like this:

French word	NOT	BUT
passer un examen	to pass an exam	to …

Écrire 3 Créez un diagramme du système scolaire français, qui montre:

● Les niveaux de l'éducation (maternelle, primaire et secondaire)
● Les deux établissements secondaires (collège et lycée)
● L'âge des élèves dans chaque niveau et dans chaque établissement
● Le nom des classes de l'école secondaire (elle commence par la Sixième)
● Le nom des diplômes qu'on peut obtenir

Note how the school years are abbreviated in French: 1ère, 2nde, 3e, 4e (etc.).

Grammaire

L'interrogation (*the interrogative*)

You can form questions in French in different ways.

In speech:

• turn statements into questions simply by using *rising intonation* at the end:

En France, l'éducation est obligatoire jusqu'à seize ans?

• or use **Est-ce que** … + statement + **?**:

En France, **est-ce que** l'éducation est obligatoire jusqu'à seize ans**?**

Don't confuse **Est-ce que …?** with **Qu'est-ce que …?**, which means *What …?*

In more formal language, *invert* the subject and the verb (swap them around). If the subject is a noun, you add a pronoun, after the verb.

	Subject = a pronoun	Subject = a noun
Statement	**Ils** passent l'examen du Brevet.	**Les élèves** passent l'examen du Brevet.
Question	**Passent-ils** l'examen du Brevet?	**Les élèves, passent-ils** l'examen du Brevet?

Open questions require *question words* or phrases, such as:

qui?	que?	quand?	où?
comment?	quoi?	pourquoi?	de quoi?
combien?	combien de?	quel?	à quelle heure?
de quelle façon?		quelles sortes de?	

Note that **quel** is an adjective and must agree with the noun it refers to.

(Informal)	**Quoi?**	On passe le Bac **quand?**
	Qu'est-ce que tu dis?	**Quand est-ce qu'**on passe le Bac?
(More formal)	**Que** dis-tu?	**Quand passe-t-on*** le Bac?

*If the verb ends in a vowel, you add **t** to make pronunciation easier.

Lire 4 Complétez ces questions, en choisissant les bons mots de la liste ci-dessous.

1 À partir de _____ âge l'éducation est-elle obligatoire en France?
2 _____ s'appellent les deux établissements de l'enseignement secondaire?
3 Les élèves vont _____ à onze ans?
4 _____ les collégiens passent-ils le Brevet?
5 _____ on va au lycée à quinze ans ou à seize ans?
6 _____ les élèves choisissent en seconde?
7 _____ d'années on reste au lycée?
8 L'examen à la fin du lycée s'appelle _____?
9 En _____ année les élèves passent-ils le Bac?
10 _____ certains élèves veulent passer le Bac?

> combien   quel   pourquoi   quelle
> où   quand
> est-ce qu'   comment (x 2)   qu'est-ce que

Lire 5 Identifiez les questions de l'exercice 4 que vous utiliseriez plutôt à l'oral (registre informel) et celles que vous utiliseriez plutôt à l'écrit (registre formel). Ensuite, réécrivez chaque question dans le registre opposé.

Exemple: *1 Formal. In speech: L'éducation est obligatoire en France à partir de quel âge?*

Lire 6 Lisez ces opinions postées dans un forum au sujet de la rentrée. Expliquez en anglais si chaque personne est content(e) ou pas, et pourquoi.

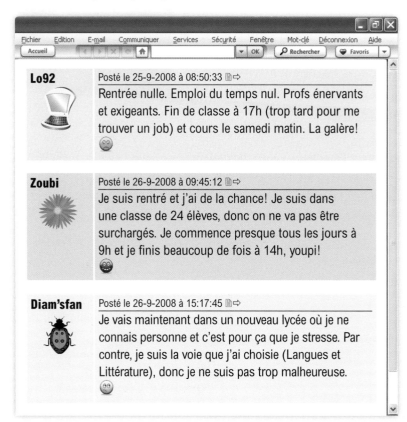

Fichier   Edition   E-mail   Communiquer   Services   Sécurité   Fenêtre   Mot-clé   Déconnexion   Aide

Accueil   Rechercher   Favoris

Lo92   Posté le 25-9-2008 à 08:50:33
Rentrée nulle. Emploi du temps nul. Profs énervants et exigeants. Fin de classe à 17h (trop tard pour me trouver un job) et cours le samedi matin. La galère!

Zoubi   Posté le 26-9-2008 à 09:45:12
Je suis rentré et j'ai de la chance! Je suis dans une classe de 24 élèves, donc on ne va pas être surchargés. Je commence presque tous les jours à 9h et je finis beaucoup de fois à 14h, youpi!

Diam'sfan   Posté le 26-9-2008 à 15:17:45
Je vais maintenant dans un nouveau lycée où je ne connais personne et c'est pour ça que je stresse. Par contre, je suis la voie que j'ai choisie (Langues et Littérature), donc je ne suis pas trop malheureuse.

Écrire 7 Écrivez une question informelle pour chacune des réponses ci-dessous.

Lo92
1 L'emploi du temps est nul.
2 Les profs sont énervants et exigeants.
3 La classe finit à 17h.
4 J'ai cours le samedi matin.

Zoubi
5 Il y a 24 élèves dans la classe.
6 Je finis à 14h.
7 Parce que je commence à 9h et je finis à 14h.

Diam'sfan
8 Je vais maintenant dans un nouveau lycée.
9 Parce que je ne connais personne dans mon nouveau lycée.
10 Je suis l'option Langues et Littérature.

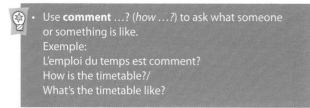

> • Use **comment** …? (*how* …?) to ask what someone or something is like.
> Exemple:
> L'emploi du temps est comment?
> How is the timetable?/
> What's the timetable like?

Parler 8 À deux. Vous êtes interviewé(e) à la radio française pour une émission sur le système scolaire chez vous. Préparez des questions (formelles ou informelles) et les réponses, puis faites l'interview.

• Focus on some of the differences between the French system and the system in your country (the names of types of school, years and exams, age-ranges, etc.)
• Use a range of different questions but stick to either a formal or an informal register throughout.
• Add at least two new questions which are not used in exercise 4.
• Make an audio recording of your interview, if possible.

Exemple:
● *Bonjour. Je voudrais vous poser quelques questions sur le système scolaire (anglais). Tout d'abord, est-ce que je peux vous demander: En (Angleterre), l'école est obligatoire jusqu'à quel âge?/jusqu'à quel âge l'école est-elle obligatoire?*
■ *Elle est obligatoire jusqu'à …*
● *Et comment s'appelle(nt) …?*

7 · Je connais mon métier!

Ève, professeure des écoles

«J'ai toujours voulu faire quelque chose en lien avec la nature, donc j'ai **1** _____ de devenir vétérinaire. J'ai **2** _____ nuit et jour pour réussir au concours. J'ai **3** _____ comme vétérinaire rural, mais quand j'ai vu qu'il y avait de moins en moins de petites fermes, j'ai **4** _____ de travailler comme vétérinaire canin. »

Didier, vétérinaire canin

«Dès le collège, j'ai fait des gardes d'enfants: babysitting, nounou l'été … J'ai toujours **5** _____ _____ jouer avec les petits, être responsable d'eux. La découverte de ma vocation pendant ma formation de professeure m'a **6** _____ une grande confiance en moi et je n'ai pas eu de problèmes de discipline. »

Clotilde, architecte d'intérieur

«Au collège, j'ai pris beaucoup de plaisir à défendre mes camarades en difficultés pendant les conseils de classe. Puis, lorsque j'avais 19 ans, ma grand-mère a été victime d'actes malhonnêtes de la part d'un notaire. J'ai **7** _____ ma grand-mère et j'ai obtenu gain de cause. J'ai **8** _____ la fac de droit en parallèle à mes études de commerce, puis je me suis spécialisé en droit des affaires. »

Nicolas, avocat

«Au lycée, j'ai dit «Je veux être architecte», mais mes parents, des scientifiques, ont **9** _____ de me laisser faire quelque chose de créatif. Donc j'ai dû faire un bac scientifique, suivi par une école d'ingénieurs. J'ai commencé à travailler, mais au bout de trois mois j'en ai eu assez et j'ai **10** _____. J'ai décidé de renouer avec mon ancienne envie et c'est grâce à l'aide financière de mon futur mari que j'ai pu payer mes études d'architecte d'intérieur. »

un concours	competitive exam
exercer	to do a job
un(e) notaire	solicitor
obtenir gain de cause	to win the case
la fac (faculté) de droit	law college/university

Écouter 1 Écoutez et complétez l'article en choisissant les bons participes passés.

aimé · décidé · choisi · donné · refusé · commencé · débuté · défendu · démissionné · travaillé

i culture

le conseil de classe: une réunion de tous les professeurs d'une classe de collège ou de lycée. Les élèves y sont représentés par des délégués de classe, c'est-à-dire, des élèves qui ont été élus par les autres.

Grammaire

Le passé composé avec l'auxiliaire avoir (*the perfect tense of verbs which take the auxiliary verb avoir*)

The perfect tense of regular verbs

See **Grammaire** page 149 for more on the use and meaning of the perfect tense.

		-er verbs (e.g. refuser)	-ir verbs (e.g. choisir)	-re verbs (e.g. défendre)
auxiliary **avoir**	past participles			
		-er → é	-ir → i	-re → u
j'ai tu as il/elle/on a nous avons vous avez ils/elles ont		refusé	choisi	défendu

Mes parents **ont refusé** de m'aider.   *My parents refused to help me.*
Il **a choisi** de devenir vétérinaire.   *He chose to become a vet.*
J'**ai défendu** ma grand-mère.   *I defended my grandmother.*

Écrire 2 Traduisez les phrases suivantes en français, en utilisant le vocabulaire du texte de l'exercice 1.

 The indefinite article (**un/une/des**) is not used when referring to jobs.

Je suis architecte.	I am an architect.
Il est avocat.	He's a lawyer.

1 I decided to become a teacher.
2 He has always loved working with children.
3 We have chosen to do something creative.
4 Did you (familiar) defend your parents?
5 Pauline started off as an architect.
6 They refused to work and have resigned.
7 Did you (plural) work as an engineer?

Grammaire

Le passé composé avec l'auxiliaire avoir *(the perfect tense of verbs which take the auxiliary verb avoir)*

The perfect tense of irregular verbs

Many important verbs have irregular past participles which need to be learned by heart. See the verb tables on pages 158–169 for the many verbs that have an irregular past participle.

Whether the verb is regular or irregular, most negatives go around the auxiliary verb:
Je **n'**ai **pas** eu de problèmes de discipline.

Écrire 3 Trouvez dans l'article de l'exercice 1 le participe passé de 10 verbes irréguliers.

1	voulu	vouloir	to want

Écrire 4 Copiez et complétez ce texte, en utilisant la bonne forme des verbes irréguliers au passé composé.

Depuis toujours mon frère et moi (**vouloir**) être propriétaires d'un restaurant, mais quand on était au lycée, nos parents (**dire**): «D'abord, il faut acquérir de l'expérience.» Donc on (**devoir**) trouver tous les deux un petit boulot dans les cuisines d'un restaurant. Après le bac, mon frère (**faire**) sa formation de chef, tandis que moi, je (**suivre**) des études de commerce. Trois ans après, je (**voir**) une petite annonce dans le journal et on (**obtenir**) les postes d'apprenti-chef et d'apprenti-gérant dans le même restaurant. Plus tard, les propriétaires du restaurant (**être**) victimes d'un incendie, à la suite duquel ils (**avoir**) des problèmes financiers. Grâce à l'aide financière de nos parents, mon frère et moi (**pouvoir**) acheter le restaurant. On (**connaître**) un grand succès et l'année dernière, on (**prendre**) possession de notre deuxième restaurant.

Lire 5 Traduisez en anglais les expressions suivantes tirées de l'article de l'exercice 1.

1 quelque chose en lien avec la nature
2 de moins en moins de petites fermes
3 dès le collège
4 pendant ma formation
5 actes malhonnêtes de la part d'un notaire
6 en parallèle à mes études de commerce
7 au bout de trois mois, j'en ai eu assez
8 j'ai décidé de renouer avec mon ancienne envie

Lire 6 Relisez l'article et complétez les phrases suivantes en anglais.

1 Didier chose to become a vet because …
2 He changed to being a dog vet because …
3 Ève became a teacher because …
4 As a result of her confidence, she …
5 At school, Nicolas …
6 When he was 19, he …
7 At university, he studied law …, then …
8 At school, Clotilde wanted to …, but …, so …
9 She started work as …, but …
10 Thanks to …, she was able to …

Écouter 7 Écoutez cette publicité pour le métier d'infirmier/infirmière et prenez des notes sur les points suivants. Ensuite, écrivez un résumé en français.

- Comment et pourquoi Sophie a décidé de devenir infirmière.
- Ce qu'elle aime dans son travail.

crise cardiaque	*heart attack*
guérir	*to cure, heal*

à l'examen

Note-taking

- You will need to take notes in your listening exam. If the follow-up task requires you to write in French, it's best to take notes in French so you have the right vocabulary.
- Don't try to note down everything – just key words.
J'ai fait ma formation à Paris. → fait formation Paris
- Abbreviate longer words. How could you abbreviate **infirmière**?
- Use simple symbols instead of some words.
♥ contact avec gens
- With verbs in compound tenses, like the perfect tense, just note the past participle or the infinitive.
J'ai voulu faire quelque chose pour aider les gens malades. → voulu aider gens malades

Parler 8 Créez une publicité à la télé ou à la radio pour les métiers d'agent de police ou sapeur-pompier.

● Prepare by making a list of reasons why you became a police officer or firefighter, reasons for liking the job, etc.
● Include at least five perfect tense verbs.
● Try to imitate the style of the exercise 7 advert.
● Come up with a slogan or strong message to finish your advert.

t · Décrire un voyage
g · Le passé composé avec l'auxiliaire **être**
  · Le pluriel des noms
  · Les adjectifs possessifs
s · Raconter une histoire

8 · Soif d'aventures

Écouter 1 Écoutez le reportage sur le voyage de la famille Frenkel et, en anglais, notez les informations-clés:

Note down:

● The size of the family and the children's ages
● The length of their journey and key dates
● Key events which took place in: The Comoros Islands   Cambodia   India
● The family's future plans

Écrire 2 Complétez ces phrases en utilisant la bonne forme des verbes au passé composé. Réécoutez le reportage si nécessaire.

1 La famille Frenkel _____ d'un voyage incroyable.
2 Les Frenkel _____ de France en 2005 et ils _____ en 2007.
3 Ils _____ loin pour se donner une idée de la vie ailleurs.
4 La famille _____ plusieurs mois à Madagascar où le père, Francis, _____ .
5 Aux îles Comores, Francis et Léa-Lou _____ assez profond, pour faire de la plongée avec des baleines à bosse.
6 Les Frenkel _____ au Cambodge au printemps, saison de la mousson.
7 Ils _____ à dos d'éléphant et ils _____ faire une expédition dans la jungle.
8 En Inde, la famille _____ en balade faire une traversée du désert, à dos de dromadaire.

Prononciation

Les sons **im** et **in**
When **im** or **in** are followed by a consonant they make a nasal sound, as though you were saying the English words *am* or *an* without pronouncing the *m* or *n*. When they are followed by a vowel they are not nasal and sound more like *eem* or *een*.

Parler 3 Écoutez et imitez.

important   **in**croyable   **In**de   **in**diquer   **in**térieur
immense   **in**oubliable   dest**in**ation   sous-mar**in**e
L'**In**de est **imm**ense. C'est une dest**in**ation **in**croyable et **in**oubliable.

périple (m)	journey
étape	stage/step (in a journey)
baleine à bosse (f)	humpback whale
mousson (f)	monsoon
à dos de	on the back of
dromadaire (m)	dromedary (single-humped camel)

Grammaire

Le passé composé avec l'auxiliaire être (*the perfect tense of verbs which take the auxiliary verb être*)

13 verbs use **être** as their auxiliary verb, rather than avoir, in the perfect tense. Most of them work as pairs of opposites.

Compound verbs, such as **de**venir (*to become*), **re**venir (*to come back*) and **re**ntrer (*to come/go home*) also take **être**, as do all reflexive verbs (see page 149).

The past participle of **être** verbs must agree with the subject of the verb.
La famille Frenkel est revenu**e** d'un voyage incroyable.
Quelques mois plus tard, **les Frenkel** sont arrivé**s** au Cambodge.

Questions in the perfect tense work in a similar way to present tense questions (see page 148).
Quand est-ce que vous êtes parties de France?

With inversion, the part of **avoir** or **être** swaps places with the subject pronoun.
Quand êtes-vous parties de France? (formal)

infinitive	past participle
aller	allé
arriver	arrivé
monter	monté
entrer	entré
naître	né
rester	resté
tomber	tombé
venir	venu
partir	parti
descendre	descendu
sortir	sorti
mourir	mort
retourner	retourné

Parler 4 À deux ou en groupes. Faites une liste de questions au passé composé pour interviewer Francis ou Monica Frenkel.

Use your notes from exercise 1 and the sentences in exercise 2 to create questions. You could ask them:
- How many children they have, their names and ages
- When they left and returned/How long the journey lasted
- How many countries they visited
- What they did in each country
- Where they are going on their next trip.

An interviewer would address the adult family members or the whole family as **vous** and use **votre/vos** for *your*. See **Grammaire** page 141 for information on possessive adjectives. The family's replies would probably be in the **on** or the **nous** form.

Exemple:
- ● *Monica, vous êtes revenue d'un voyage incroyable avec votre famille. Combien de pays avez-vous visité?*
- ■ *On a/Nous avons voyagé à travers sept pays.*
- ● *Quand êtes-vous partis de ...?*
- ■ *On est parti/Nous sommes partis ...*

Lire 5 Lisez l'article ci-dessous et trouvez 16 noms au pluriel. Écrivez-les au singulier et au pluriel, en donnant aussi leur genre (masculin ou féminin) et en les traduisant.

singulier	pluriel	anglais
enfant (m)	enfants	child(ren)

se souvenir de	to remember
pondre	to lay (an egg)
s'abriter	to take shelter

Le voyage selon Viktor

Viktor Frenkel (7 ans), qui avait 5 ans au départ de l'aventure, décrit ses souvenirs du voyage ...

«Voyager c'était bien parce que j'ai rencontré plein d'autres enfants qui ne parlaient pas la même langue que moi. Ils m'ont appris des nouveaux jeux, on a visité des temples bouddhistes, hindous, chinois ... On a vu plein d'animaux en liberté, des baleines, des dauphins, des requins, des oiseaux, des singes ... On a marché dans la jungle et on a appris comment vivent les gens vraiment loin de la France et aussi comment vivent les animaux.

On a fait un voyage tellement long que c'est très difficile de se souvenir de tout ce qu'on a vu, de tout ce qu'on a fait. Je me souviens très bien de la fois où je suis allé à l'école, dans la classe en bois dans la jungle, au Myanmar. Nous avons commencé la classe par une sorte de prière à Bouddha. Des poules sont entrées dans la classe et la maîtresse les a fait partir en disant «Chicken, chicken» parce qu'elle me parlait en anglais!

J'ai vraiment aimé traverser le désert du Thar sur mon dromadaire, dormir dans le sable, regarder les étoiles filantes. C'était génial d'observer les lémuriens blancs dans la forêt à Madagascar. J'ai même communiqué avec eux en imitant leur cri. Sur l'île de Mohéli, aux Comores, on a attendu la nuit que les tortues de mer viennent pondre, pour voir les œufs sortir. Après la ponte, j'ai raccompagné la tortue vers la mer. Elle était fatiguée ... Au Cambodge, on a traversé la jungle sur des éléphants. Mais la pluie est tombée si fort que nous avons dû nous arrêter dans une cabane dont on a cassé la porte pour s'abriter et passer la nuit.»

Lire 6 Sans consulter la section Grammaire du livre, regardez votre liste de l'exercice 5 et expliquez en anglais les règles grammaticales pour la formation du pluriel. Ensuite, vérifiez dans la section Grammaire (page 138).

Lire 7 Répondez aux questions en français.

1 Qu'est-ce que Viktor a appris au cours du voyage? (Nommez 3 choses).
2 Pourquoi est-ce difficile de se souvenir de tout?
3 Qu'est-ce qu'il s'est passé à l'école dans la jungle?
4 Nommez trois choses qui ont plu à Viktor au désert du Thar.
5 Comment Viktor s'est-il amusé à Madagascar?
6 Qu'est-ce que les tortues de mer aux Comores ont fait?
7 Pourquoi a-t-on dû casser la porte de la cabane, au Cambodge?

Écrire 8 Imaginez que vous avez fait un voyage inoubliable. Écrivez la description de votre périple, en utilisant les notes ci-dessous.

Avec: Meilleur(e)s ami(e)s
Départ: 14 septembre 2006
Retour: 21 mai 2008
Pays visités: Congo et Botswana (Afrique); Brésil, Pérou, Australie, Nouvelle-Zélande
Souvenirs: Congo: expédition montagne; voir gorilles
 Botswana: safari Okavango Delta (lions, girafes, hippopotames ...); visite école du village
 Pérou: temples des Incas
 Australie: expédition dromadaire dans désert; plongée Grande Barrière de corail
Histoire amusante: kangourous ont mangé pique-nique

t   Parler des vacances
g   • Les verbes pronominaux
    • Le futur proche
s   • Expliquer des statistiques
    • Résumer un texte

9 · Rechargeons nos batteries!

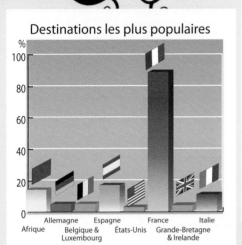

Destinations les plus populaires

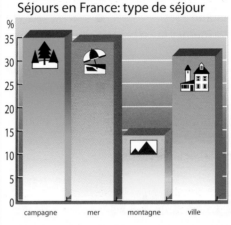

Séjours en France: type de séjour

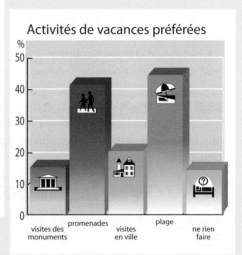

Activités de vacances préférées

Parler 1 Regardez les graphiques sur les Français et les vacances. Utilisez les mots-clés ci-dessous et expliquez ces statistiques en 10 phrases minimum.

La destination	la	plus	populaire	est …
Le type de séjour	le	moins		
Les activités	les		populaires	sont …

Plus de Moins de Autant de 20% (pour cent) de	Français	restent vont aiment aller	en France au Luxembourg aux États-Unis à la mer à l'étranger	qu'en …/au(x) …
		préfèrent	la montagne la mer	plutôt que … tandis que 15% …

> **i culture**
>
> **Les DOM-TOM** = Départements d'Outre-Mer – Territoires d'Outre-Mer = l'ensemble des territoires français sous souveraineté française qui sont situés hors de la métropole, la Guadeloupe, la Martinique (aux Antilles), l'Île de la Réunion (dans l'Océan Indien) et la Nouvelle-Calédonie (dans le Pacifique).
> **La Métropole** = la France

Grammaire

Les verbes pronominaux (reflexive verbs)

Reflexive verbs include a reflexive pronoun : **me, te, se, nous, vous** or **se** (**me, te** and **se** shorten to **m', t'** and **s'** in front of a vowel).

- Present tense
  je **m'**amuse   nous **nous** retrouvons
  tu **te** détends   vous **vous** promenez
  il/elle/on **se** bronze   ils/elles **s'**ennuient

  If you use a reflexive verb in the infinitive the reflexive pronoun changes according to the subject.

  J'aime **me** lever tard.   **Il** veut **se** reposer.

- Perfect tense
  All reflexive verbs forms the perfect tense with **être** and the past participle must agree with the subject of the verb.

  je me **suis** amusé(e)   nous nous **sommes** retrouvé(e)**s**
  tu t'**es** détendu(e)   vous vous **êtes** blessé(e)(**s**)
  il s'**est** bronzé   ils se **sont** énervés
  elle s'**est** ennuyée   elles se **sont** promené**es**
  on s'**est** baigné(**s**)

Negatives are positioned as follows:
Present tense: around the verb   On **ne** se repose **pas**.
Perfect tense: around the auxiliary   On **ne** s'est **pas** reposé.

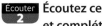 **Écoutez** ces gens parler de leurs vacances et complétez le tableau en français.

	Destination préférée	Activités habituelles	Dernières vacances	Type de séjour préféré
1	*France*			*mer, plage*

Écouter 3 Réécoutez les vacanciers et notez les phrases ci-dessous dans l'ordre dans lequel vous les entendez. Ensuite, décidez si le verbe pronominal dans chaque phrase est à l'infinitif, au présent ou au passé composé. Enfin, traduisez les phrases en anglais.

A je me souviens d'une fois

B j'aime me reposer autant que possible

C on s'est beaucoup promenés

D je m'ennuie facilement en vacances

E on se bronze, on se baigne un peu

F je me suis un peu énervée

G on ne se repose pas beaucoup

H elle s'est blessée

I je m'intéresse beaucoup à l'histoire

J on s'amuse bien là-bas

K on se détend sur la plage

L c'est fascinant de se retrouver dans un pays étranger

M je me lève tard

Écrire 4 Traduisez le paragraphe suivant en français.

What's important to me on holiday is relaxation. Normally I go to the seaside, in Spain, with my family. I like to get up late, then we relax on the beach, we sunbathe, sometimes I swim a bit. When I'm on holiday I prefer to rest as much as possible. I remember once, when we went on holiday to Italy, we visited a lot of monuments and we walked a lot. At the end of the day I fell and I hurt my foot. Moreover, I'm not interested in history, so I got irritated.

Lire 5 Lisez l'article ci-dessous et écrivez un résumé en anglais (120 mots maximum).

Vingt-huit jeunes nantais passent l'été en voyage humanitaire au Sénégal

Pendant que leurs copains sont en vacances, 28 jeunes des quartiers de Nantes âgés de 16 et 17 ans vont partir du 23 juillet au 9 août pour un voyage humanitaire au Sénégal. Plus précisément à Rufisque, ville jumelée avec Nantes. Ce séjour est organisé dans le cadre des 100 ans du scoutisme et des 70 ans des Éclaireuses. L'Accoord est à l'initiative de ce projet. «Cela fait 10 ans que l'on travaille avec les Éclaireuses, on va d'ailleurs loger dans leurs locaux là-bas», explique Bader Chrita, directeur du séjour.

Pas de vacances

«Les jeunes vont faire tout un travail autour de la paix, la santé, le tout sous forme d'ateliers. Ils vont aussi rencontrer 4000 autres jeunes du monde entier», ajoute-t-il. Tous les jeunes ont passé un entretien de 15 minutes «pour être sûr de leurs motivations et qu'ils aient bien compris le projet», précise le directeur.

Laurène et Laëtitia Martin font partie du voyage. «On n'a jamais eu la chance de partir sur un autre continent», précise Laurène, «on va pouvoir découvrir une autre culture et rencontrer d'autres jeunes de notre âge du monde entier».

Summarising is not the same as translating. You need to reduce the text to its shortest form, covering all the essential information, but leaving out any unnecessary information. Look at the text above:

- What are the key pieces of information? Jot these down in note form first, before you write the actual summary.
- What is 'padding' and could be left out?
- Try to combine information from different parts of the text
- Use reported speech to summarise essential information from quotations

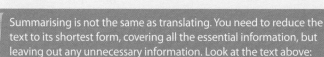

les Éclaireuses	*the (girl) guides*
jumelé	*twinned*
dans le cadre de	*as part of*
atelier (m)	*workshop*

Parler 6 Imaginez que vous allez partir en vacances. Lisez l'annonce ci-dessous. Préparez et donnez une présentation.

- Start by making sure you understand the advert.
- Make a list in French of things to include: where you are going, when, with whom, for how long, what you are going to do, etc. (**aller** + infinitive)
- Contrast this new holiday with where you normally go and what you normally do on holiday.
- Include a range of reflexive verbs in the appropriate tenses.
- Explain why you are particularly interested in this different type of holiday.

Safari naturaliste (Afrique du Sud)

Guidé par la naturaliste, botaniste et photographe Muriel Hazan, parcourez le Namaqualand pendant le printemps austral, la région montagneuse de Ritcherveld avant d'observer les manchots du Cap et les baleines franches.
9 au 27 septembre: 19j/18n à partir de 3 090 € (vols, transferts, pension complète, visites).

Grammaire

Le futur proche (the immediate future tense)

Use the immediate future to refer to events in the near future.

To form it use the present tense of **aller** followed by an infinitive.

Je **vais** m'**amuser**.

Vous **allez** vous **baigner**?

10 · On étouffe!

On s'empoisonne la vie!

La pollution est partout: dans l'air, dans l'eau, dans la terre. Et elle met notre santé en danger.

Des villes irrespirables

Certains jours, dans les très grandes métropoles que sont Mexico, Le Caire ou Athènes, un épais brouillard recouvre la ville. Il est dû au gaz émis par les voitures (les véhicules à moteur Diesel notamment) et les usines. L'utilisation de combustibles fossiles (charbon, pétrole) répand dans l'air d'énormes quantités de particules et de résidus de combustion qui empoisonnent les habitants des grandes villes.

Lire 1 Lisez la première partie de cet article sur la pollution et trouvez l'équivalent en français des mots ci-dessous. Puis traduisez le texte en anglais, y compris le titre.

1 city, metropolis
2 fog
3 to give out/emit
4 particularly
5 factory
6 fossil fuels
7 coal
8 oil
9 to spread
10 to poison

Écouter 2 Écoutez la suite de l'article et notez les mots qui manquent. Avant d'écouter, essayez de deviner ces mots en utilisant le contexte.

L'exemple de Linfen

On respire très mal dans cette **1** _____, qui a la triste réputation d'avoir l'air le plus pollué de Chine. Raison principale: le gaz carbonique rejeté par les mines de charbon. Les **2** _____ doivent rouler tous phares allumés en plein jour à cause d'un **3** _____ persistant. Et les **4** _____ sont obligés de porter des masques pour se protéger. L'eau de la ville est également **5** _____.

Les animaux sont touchés

La **6** _____ ne se limite pas à l'air que nous respirons. Elle s'infiltre dans la terre, dans les nappes phréatiques, dans les rivières et les **7** _____. Les bélougas, par exemple, avalent des produits toxiques rejetés dans le fleuve Saint-Laurent (au Canada). En **8** _____, le plancton, les larves de poisson, les oursins, les langoustes sont infectés par les produits rejetés par les bateaux. Or, ces êtres vivants sont la principale nourriture de nombreux mammifères qui, à leur tour, sont contaminés.

nappe phréatique (f)	*ground water*
oursin (m)	*sea urchin*
langouste (f)	*lobster*

In both exercise 1 and exercise 3 list the words dictionary-style:

- List nouns in the singular with (**m**) or (**f**) to indicate their gender. Some genders should be clear from the text: look for articles such as **un/une** or **le/la**, or adjective endings.

- List verbs in the infinitive. You should be able to guess some infinitives from the verb endings.

- Use a dictionary to look up any genders or infinitives you can't work out from the text.

Lire 3 Trouvez dans le texte de l'exercice 2 les mots qui correspondent à ces définitions.

1 inhaler et expirer de l'air
2 malheureux
3 voyager en voiture
4 la partie d'une voiture qui émet de la lumière
5 une chose qu'on porte pour se cacher le visage
6 un poisson dont on mange les œufs en caviar
7 absorber
8 une grande rivière
9 les aliments, les choses que l'on mange
10 un animal à sang chaud dont les jeunes boivent le lait

Écrire 4 Répondez aux questions en français en utilisant le plus possible vos propres mots.

1 Pourquoi Linfen est-elle la ville la plus polluée de Chine?
2 Nommez **trois** effets de cette pollution.
3 Citez un des effets de la contamination du fleuve Saint-Laurent.
4 Selon l'article, d'où vient la pollution de la mer?
5 Comment les mammifères sont-ils touchés par la contamination de la mer?

à l'examen

- In your exam you will be penalised if you 'lift' chunks of the text in your answers. You should use your own words as far as possible.

- Think carefully about how you would answer the questions in English and then work out what you need to do to adapt the language of the text to answer them in French.

- Make sure you use the following correctly:
  because = **parce que**   *because of* = **à cause de**
  Les habitants respirent mal **parce que** l'air est pollué.
  Les habitants respirent mal **à cause de** la pollution de l'air.

Grammaire

Les pronoms relatifs (*relative pronouns*)

Qui, **que** and **dont** are called relative pronouns and are used to replace a noun. Using a relative pronoun avoids repetition and enables you to build complex sentences.

Qui (*who, which*) can refer to either people or things. It replaces a noun which is the subject of the sentence (the person or thing doing the action).

Que (*whom, which* or *that*), (shortened to **qu'** in front of a vowel or silent **h**) can also refer to people or things. It replaces a noun which is the *object* of the sentence (the person or thing on the receiving end of the action).

Dont (*whose, of whom or of which*).

Écrire 5 Traduisez les phrases suivantes en français, en utilisant qui, que ou dont.

1 The cars which emit a lot of toxic gas are vehicles with diesel engines.
2 Linfen is a town whose inhabitants are suffering.
3 The persistent fog that covers Linfen is due to the pollution of the air.
4 The coal and oil which people (**on**) use in factories poison the air.
5 The people who have to wear masks in order to protect themselves are inhabitants of Linfen.
6 Numerous mammals whose main food is fish are contaminated.

Lire 6 Préparez-vous à répondre à l'oral à des questions sur la fin de l'article. D'abord, lisez le texte et résumez les idées du texte en anglais.

Maladies et allergies

Il semble que les hommes sont de plus en plus nombreux à souffrir d'affections liées à la pollution: allergies, asthme, cancers … Lors des pics de pollution dans les grandes villes, les personnes fragiles ont des difficultés à respirer, et les cas d'asthme se multiplient. Selon l'OMS (Organisation mondiale de la santé), la pollution serait responsable d'environ 2 millions de décès prématurés par an.

souffrir	*to suffer*
est dû à	*is due to*

Parler 7 À deux, l'un est l'examinateur, l'autre le candidat. L'examinateur choisit une question par section.

A Questions générales
1 Quel est le thème majeur de ce texte?
2 De quel problème s'agit-il dans ce texte?

B Questions sur des détails spécifiques
3 Quels sont les effets de la pollution sur la santé, selon ce texte?
4 Pourquoi le nombre de gens qui ont des difficultés à respirer augmente-t-il?

C Questions personnelles
5 À votre avis, que faut-il faire pour lutter contre la pollution?
6 Pensez-vous qu'il soit possible d'arrêter la pollution? Pourquoi/pourquoi pas?

Le thème majeur de ce texte, c'est …
Dans ce texte, il s'agit de …
Selon ce texte, il y a de plus en plus de …
L'augmentation est dûe au fait qu'il y a trop de …
à cause de …/parce que …/car …
À mon avis, il faut réduire le nombre de … parce que les gens refusent de …
Selon moi il est urgent de persuader les gens de moins/plus …
Il est impératif de …
Je pense qu'on peut/qu'on ne peut pas …
Je ne pense pas qu'il soit possible de …

Choix de vie — *Life choices*

le bac	*baccalaureate (18+ exam)*
la famille	*family*
le sport	*sport*
l'école (f)	*school*
l'ami (m)/le copain	*friend*
la détente	*relaxation*
la musique	*music*
les études (f)	*studies*
l'amitié (f)	*friendship*
le loisir	*leisure activity*
les sorties	*outings*
L'important dans ma vie actuelle, c'est …	*What's important in my life at the moment is …*
Ma priorité en ce moment, c'est …	*My current priority is …*
Pour moi, le plus important, c'est plutôt …	*The most important thing for me is more …*

Rêves et espoirs — *Dreams and hopes*

des amis sur qui pouvoir compter	*friends I can count on*
passionné de théâtre	*theatre lover*
d'un point de vue relationnel/professionnel	*from a personal/professional point of view*
réussir mes études/ma vie	*to succeed in my studies/my life*
découvrir de nouvelles choses	*to discover new things*
rencontrer des gens	*to meet people*
devenir (comédien)	*to become (an actor)*
faire une brillante carrière	*to have a brilliant career*
devenir très riche	*to become very rich*
garder les pieds sur terre	*to keep my feet on the ground*
être heureux(se)	*to be happy*
voyager	*to travel*
avoir des enfants	*to have children*
être libre de mes choix	*to be free to make my own choices*

Parler d'informatique (f) — *Talking about IT*

le CD/le DVD/le SMS	*CD/DVD/IM/text messaging*
le blog	*blog*
le supermarché virtuel	*virtual supermarket*
le jeu	*game*
indispensable	*indispensable*
en ligne	*online*
utiliser/se servir de	*to use*
être accro à	*to be hooked on*
passer du temps	*to spend time*
finir par passer des heures devant l'écran	*to end up spending hours in front of the screen*
visiter des sites web	*to visit websites*
faire des recherches scolaires/personnelles	*to do research for school/personal research*
jouer à l'ordinateur (m)/à la console	*to play on the computer/on the console*
écouter de la musique	*to listen to music*
regarder des vidéos	*to watch videos*
télécharger	*to download*
partager des photos	*to share photos*
communiquer	*to communicate*
correspondre par mail	*to email*
tchater	*to chat*
remplir son caddie	*to fill one's trolley*
acheter/vendre	*to buy/to sell*
gagner de l'argent	*to earn money*
faire des achats	*to buy*

La mode — *Fashion*

le style vestimentaire	*style*
le look (emo)	*(emo) look*
le skateur	*skater*
les vêtements (m)	*clothes*
le pantalon	*trousers*
le jean allumette	*skinny jeans*
la casquette	*cap*
le sweat à capuche	*hoodie*
le caleçon	*boxer shorts*
le lacet	*(shoe) lace*
les puces	*flea market*
le motif	*transfer (on a T-shirt)*
le badge	*badge*
le patch	*patch*
le sac	*bag*
les lunettes (f) à montures épaisses	*thick-rimmed glasses*
la couleur	*colour*
la mèche	*hair strand*
les cheveux (m)	*hair*

le sourcil	eyebrow	étriqué	tight
la lèvre	lip	étroit	narrow
le maquillage	make-up	nombreux(se)	numerous
être considéré comme	to be considered as	divers	numerous
être issu de	to come from, emerge from	décoré de	decorated with
comprendre	to comprise	teint	dyed
offrir un aspect	to present an aspect	violet	purple
tendre vers	to tend towards	platine	platinum blond
porter	to wear	foncé	dark
populaire	popular	sombre	dark
vintage	retro	épais	thick
usé	worn out	frisé	very curly
glané à	gleaned, found in		

Un stage sportif / A sports course

le stage (de voile)	(sailing) course	diplômé	graduate
l'escalade (f)	rock climbing	expérimenté	experienced
l'alpinisme (m)	mountaineering	autonome	independent
la première école d'Europe	the first school in Europe	en toute sécurité	in complete safety
le/la stagiaire	student, learner	suivre un cours/un stage	to attend a class/a course
le/la débutant(e)	beginner	apprendre	to learn
le dériveur	sailing dinghy	enseigner	to teach
la planche à voile	windsurfing board	se perfectionner	to improve
le moniteur/la monitrice	instructor	transmettre sa passion	to pass on one's passion
le seul inconvénient	the only disadvantage	devenir (autonome)	to become (independent)
la combi(naison de plongée)	wet suit	faire de la voile/de l'escalade	to go sailing/climbing
les sports (m) comme (le cata)	sports such as (catamaran)	sortir en mer	to go out to sea
le niveau	level	croire	to believe
la durée	duration	bouger	to be on the move, be active
l'expérience (f)	experience		
l'enthousiasme (m)	enthusiasm	avoir l'impression de (voler)	to feel as if you were (flying)
situé	situated	avoir confiance en soi	to feel confident
bénévole	voluntary	donner confiance en soi	to boost confidence

La santé des jeunes / Young people's health

le fumeur/la fumeuse	smoker	j'aime bien boire un coup	I enjoy drinking
la gueule de bois	hangover	provoquer (des changements)	to cause (changes)
la maladie du cœur	heart disease	risquer d'avoir des problèmes	to run the risk of having problems
le cancer du poumon	lung cancer		
ivre	drunk	avoir des effets nocifs	to have harmful effects
obèse	obese	avoir des troubles de la mémoire/ des difficultés de concentration	to have memory problems/ problems with concentration
expérimenter (le cannabis)	to experiment with (cannabis)		
fumer (un joint)	to smoke (a joint)	souffrir de dépression	to suffer from depression
être accro (au cannabis)	to be hooked (on cannabis)	quelque chose de non alcoolisé	something non-alcoholic
boire pour impressionner (les copains)	to drink to impress (friends)	faire attention (à ce qu'on mange)	to watch (what you're eating)
présenter un surpoids	to be overweight		
avoir des kilos en trop	to be overweight	manger plus équilibré	to eat more healthily
j'ai trop bu/fumé/mangé	I drank/smoked/ate too much	vouloir arrêter	to want to stop
		essayer	to try

Le système et la vie scolaires — *School system and school life*

l'école (f) maternelle	*nursery school*	obligatoire	*compulsory*
le collège	*secondary school (11–15)*	se spécialiser	*to specialise*
le lycée	*secondary school (15–18)*	entrer (au lycée)/entrer (en seconde)	*to go (to the lycée)/*
l'élève (m/f)	*pupil*		*to start (in seconde)*
l'enseignement (m) primaire/secondaire	*(primary/secondary) education*	passer un examen	*to take/sit an exam*
l'établissement (m)	*school*	la voie/la filière	*path*
la (classe de) sixième/cinquième/ quatrième/troisième	*the four years in a* collège	le niveau	*level*
		la rentrée	*back to school*
la (classe de) seconde/ première/terminale	*the three years in a* lycée	l'emploi (m) du temps	*timetable*
		le cours	*class, lesson*
l'examen (m)	*exam(ination)*	surchargé	*overloaded*
le bac(calauréat)	*18+ diploma*	nul(le)	*useless, rubbish*
le brevet	*15+ diploma*	énervant(e)	*annoying*
les langues (f) et la littérature	*humanities*	exigeant(e)	*strict*
les sciences (f)	*sciences*	choisir	*to choose*
les arts (m)	*arts*	avoir cours	*to have a class*
		préparer	*to prepare*

Parler des métiers — *Talking about jobs*

le/la professeur(e) des écoles	*primary school teacher*	quelque chose en lien avec	*something related to*
l'avocat (m/f)	*lawyer*	créatif	*creative*
l'architecte (m/f) d'intérieur	*interior designer*	j'en ai eu assez	*I'd had enough*
le notaire	*solicitor*	prendre beaucoup de plaisir à	*to really enjoy*
l'ingénieur (m/f)	*engineer*	renouer avec (mon) ancienne envie	*to go back to (my) original wish*
le chef	*chef*	obtenir gain de cause	*to win the case*
l'infirmier(ière)	*nurse*	refuser de me laisser faire qqch	*to refuse to let me do sth*
l'apprenti(e)	*apprentice*	j'ai toujours aimé	*I've always liked*
la découverte de ma vocation	*discovering my calling*		

La formation — *Training*

la fac(ulté)	*university college*	réussir un concours	*to pass a competitive exam*
les études (f) (de commerce)	*(business) course*	commencer la fac (de droit)	*to start (law) school*
l'école (f) d'ingénieurs	*engineering school*	décider de travailler comme	*to decide to work as*
le petit boulot	*small job*	vouloir être (architecte)	*to want to become (an architect)*
en parallèle à	*alongside*		
suivi par	*followed by*	devenir infirmier(ière)	*to become (a nurse)*
devoir faire un bac (scientifique)	*to have to do a (science) baccalaureate*	payer mes études	*to pay for my studies*
travailler nuit et jour	*to work night and day*	faire une formation de	*to train as*

Travailler — *Working*

voir une petite annonce	*to see an ad*	se spécialiser	*to specialise*
obtenir un poste	*to get a position, a job*	connaître un grand succès	*to be very successful*
débuter comme	*to start as*	démissionner	*to resign*
commencer à travailler	*to start work*	avoir des problèmes financiers	*to have financial problems*
acquérir de l'expérience	*to gain experience*		

Parler des voyages et des vacances   *Talking about trips and holidays*

le voyage à travers (sept) pays	*trip across (seven) countries*	s'intéresser à	*to be interested in*
le périple	*long journey*	s'ennuyer	*to get bored*
l'étape (f)	*stop*	s'énerver	*to get annoyed*
la visite	*visit*	à la mer/au bord de la mer	*at/to the seaside*
le safari	*safari*	à la neige	*skiing*
la destination (exotique)	*(exotic) destination*	la région montagneuse	*mountainous area*
la saison (de la mousson)	*(monsoon) season*	le désert	*desert*
voyager	*to travel*	à l'étranger	*abroad*
partir de (France)	*to leave (France)*	rester (en France)	*to remain, stay (in France)*
durer	*to last*	aller (au Luxembourg)	*to go (to Luxemburg)*
rester (sept mois)	*to stay (for seven months)*	la découverte	*discovery*
revenir de leur aventure	*to come back from their adventure*	la tranquillité	*peace and quiet*
		la détente	*relaxation*
visiter	*to visit*	le repos	*rest*
faire de la plongée sous-marine	*to go diving*	le marché traditionnel	*traditional market*
monter à dos de (dromadaire)	*to ride a (dromedary)*	la mosquée	*mosque*
partir faire une expédition	*to go on an expedition*	tranquille	*quiet*
sortir en balade	*to go on an outing*	se détendre	*to relax*
passer la nuit	*to stay the night*	se lever tard	*to get up late*
s'abriter	*to take shelter*	bronzer	*to sunbathe*
rencontrer	*to meet*	se baigner	*to swim*
nous avons dû (nous arrêter)	*we had to (stop)*	recharger ses batteries	*to recharge one's batteries*
l'expérience (f) inoubliable	*unforgettable experience*	se reposer	*to have a rest*
se souvenir de	*to remember*	passer des vacances actives	*to have active holidays*
se donner une idée de la vie ailleurs	*to get an idea of life elsewhere*	voir les monuments	*to see monuments*
		se promener	*to walk around*
ils m'ont appris	*they taught me*	se perdre	*to get lost*
comment vivent les gens	*how people live*	découvrir de jolis petits coins	*to discover pretty little areas*
C'était bien, parce que …	*It was great because …*	tomber par hasard sur	*to happen upon*
j'ai vraiment aimé (traverser)	*I really enjoyed (crossing)*	louer	*to rent*
la destination populaire	*popular destination*	tomber (en skiant)	*to fall over (while skiing)*
le type de séjour	*type of stay*	se blesser	*to get injured*
plus de/moins de/autant de	*more/fewer/as many as*	transporter (à l'hôpital)	*to take (to hospital)*
20 pour cent de	*20 percent of*	se remettre	*to recover*

Décrire la pollution et ses dangers   *Describing pollution and its dangers*

le véhicule à moteur (Diesel)	*(Diesel) motor vehicle*	recouvrir	*to cover over*
l'usine (f)	*factory*	rouler les phares allumés	*to drive with headlights on*
la mine de (charbon)	*(coal) mine*	l'affection (f)	*illness*
le combustible fossile	*fossil fuel*	la maladie	*disease*
le pétrole	*oil*	l'allergie (f)	*allergy*
l'épais brouillard (m)	*thick fog*	l'asthme (m)	*asthma*
le gaz carbonique	*carbon dioxide*	le cancer	*cancer*
le produit toxique	*toxic matter*	le décès prématuré	*premature death*
la particule	*particulate*	irrespirable	*unsafe (to breathe in)*
le résidu de combustion	*combustion residue*	lié à	*linked to*
le pic de pollution	*pollution peak*	respirer	*to breathe*
la nappe phréatique	*water table*	avaler	*to swallow*
la nourriture	*food*	empoisonner	*to be toxic*
le mammifère	*mammal*	porter un masque	*to wear a mask*
émis/rejeté	*emitted*	se protéger	*to protect oneself*
répandre	*to give off*	mettre (la santé) en danger	*to endanger (health)*
se limiter à	*to be limited to*	souffrir d'affections	*to suffer from ailments*
s'infiltrer dans (la terre)	*to infiltrate (the ground)*	(les animaux sont) touchés	*(animals are) affected*

Module I · objectifs

(t) Thèmes

- Discuter de l'avenir
- Parler des rapports affectifs
- Parler de la pression du groupe
- Parler des relations familiales
- Raconter une histoire de dépendance
- Donner son opinion sur les émissions de télé-réalité
- Parler de l'Internet
- Parler du portable et des jeux vidéo
- Parler de la musique

(g) Grammaire

- Le futur
- La négation
- Les pronoms compléments d'objet direct
- Les pronoms compléments d'objet indirect
- L'imparfait
- Les pronoms emphatiques
- Le comparatif et le superlatif
- Les adjectifs démonstratifs
- Les adverbes
- Les pronoms démonstratifs
- Révision du passé composé et de l'imparfait

(s) Stratégies

- Identifier des paraphrases
- Exprimer et justifier un point de vue
- Prédire en utilisant sa connaisance grammaticale
- Défendre ou contredire un point de vue
- Structurer un essai
- Écrire un essai d'après un texte
- Formuler des réponses avec ses propres mots
- Identifier des détails
- Inventer une histoire
- Adopter un point de vue contraire
- Anticiper des réponses possibles
- Poser des questions plus complexes
- Exprimer l'accord et le désaccord
- Prédire les idées et le vocabulaire
- Améliorer une présentation orale

t Discuter de l'avenir
g Le futur
s • Identifier des paraphrases
 • Exprimer et justifier un point de vue

I · L'avenir le dira!

À votre avis, l'avenir sera-t-il rose ou pas?

À l'avenir, je crois qu'on vivra mieux grâce aux avancées technologiques. On pourra travailler plus facilement de chez soi, moins de gens seront obligés d'aller au travail en voiture, et donc il y aura moins de pollution. La communication aussi sera plus facile. On se parlera par visioconférence, on verra la personne avec qui on parle directement sur l'écran de son ordinateur. En plus, on voyagera plus vite, donc on ira plus facilement à l'étranger, surtout dans les pays lointains comme l'Inde et l'Australie.
Thibault

Dans les années à venir, je pense que les inégalités qui existent déjà dans notre société deviendront de plus en plus marquées. Si c'est le cas, on verra plus de criminalité, de terrorisme, etc. Il faudra aussi accorder plus d'importance au réchauffement de la planète. Sinon, ce sera trop tard et il y aura beaucoup plus de désastres, comme des ouragans et des inondations. Moi, je me sens concerné, donc je continuerai à faire de mon mieux. Je prendrai le bus ou j'irai à vélo, par exemple. Mais le gouvernement, lui, que fera-t-il ?
Ibrahim

Je crois qu'à l'avenir la vie, et surtout la vie des jeunes, sera plus difficile. Le chômage est déjà un gros problème en France et je pense qu'on aura besoin de moins en moins de travailleurs à cause des progrès technologiques. Pour ces raisons, j'étudierai autant que possible et j'essaierai de me trouver un emploi bien payé. Mais beaucoup de gens seront sans travail, ce qui coûtera cher pour le gouvernement, et par conséquent ceux qui travaillent devront payer plus d'impôts.
Mathilde

À mon avis, beaucoup de choses iront mieux à l'avenir, surtout en ce qui concerne la santé. Dans quelques années, on trouvera le moyen de guérir ou de prévenir toutes sortes de cancers et d'autres maladies graves. De plus, on pourra vacciner plus de gens contre des virus mortels comme celui du sida, ce qui sauvera la vie de beaucoup de gens, notamment dans les pays en voie de développement par exemple. On réussira aussi à améliorer l'éducation des gens dans ces pays-là, ce qui leur donnera plus de possibilités de s'en sortir, et il y aura moins de pauvreté dans le monde.
Léane

mieux	*better*	déjà	*already*
grâce à	*thanks to*	sinon	*if not, otherwise*
chez soi	*home*	le moyen de	*the means to*

Lire 1 Avant d'examiner l'article en détails, intéressez-vous d'abord à l'essentiel du texte. Sans utiliser un dictionnaire:

1. Résumez en un mot le thème majeur de l'article.
2. Identifiez trois ou quatre mots-clés pour chaque personne.
   Exemple: *Thibault: avancées technologiques*
3. Décidez si Thibault, Mathilde, Ibrahim et Léanne sont optimistes ou pessimistes par rapport à l'avenir.

Lire 2 Trouvez dans l'article l'équivalent en français des expressions suivantes. Utilisez un dictionnaire, si nécessaire.

When you note down vocabulary, it's a good habit to list nouns in the singular with the gender (m or f) in brackets and verbs in the infinitive. Knowing genders will enable you to use the correct article and make adjectives agree correctly with the noun. The infinitive is the starting-point for putting a verb into whatever tense you need to use.

1. in the future
2. life
3. unemployment
4. tax
5. inequality
6. to give greater importance to
7. global warming
8. hurricane
9. flood
10. to do my best
11. government
12. to cure
13. Aids
14. developing country
15. to improve
16. poverty

Grammaire

Le futur (*the future tense*)
You use the future tense to translate *will (do)* or *shall (do)*.

Regular verbs
To form the future tense of regular verbs add the following endings to the infinitive (**-re** verbs drop the **e**):

je	-ai	nous	-ons
tu	-as	vous	-ez
il/elle/on	-a	ils/elles	-ont

Irregular verbs
For irregular verbs use the same endings but add them to the irregular stem, not to the infinitive. See *Tableaux de conjugaison*, pages 158–169, for a list of the most useful irregular verbs.

The future of *c'est*, *il y a* and *il faut*
Si on ne fait pas quelque chose, **ce sera** trop tard.
Il y aura plus de chômage.
Il faudra arrêter le réchauffement de la planète.

Lire 3 Chacune des affirmations suivantes correspond à ce que dit l'une des personnes de l'article. Écrivez le bon prénom pour chaque affirmation.

A La technologie causera des problèmes.

B La vie de beaucoup de gens sera de meilleure qualité, grâce aux progrès de la médecine.

C Je ferai des efforts pour protéger l'environnement.

D Malgré mes efforts au lycée, j'ai peur de me retrouver sans travail.

E La technologie rendra la vie plus facile.

Écouter 4 Écoutez quatre personnes qui parlent de l'avenir. Sont-ils plutôt optimistes, pessimistes ou un peu des deux? Notez aussi leurs raisons.

Écrire 5 Traduisez le passage suivant en français.

In the future many things will be better. As far as health is concerned, we will be able to cure serious illnesses like cancer and Aids. Moreover, we will improve the education of people in the developing word so they will have more opportunities. And thanks to the progress of technology, more people will work from home. But in years to come there will be more unemployment. I will do my best and try to find a well-paid job but it won't be easy. We will have to protect the environment too, otherwise we will see more floods and hurricanes.

All the vocabulary and expressions you need for this translation are in exercises 1 and 4 but think grammatically! You will need to adapt some phrases and change most of the verb forms (e.g. from *it will be* to *they will be*.)

Écrire 6 Et vous? Êtes-vous plutôt optimiste, pessimiste ou un peu les deux quand vous pensez à l'avenir? Pourquoi? Préparez vos notes pour un débat.

- First, decide whether you are optimistic, pessimistic, or both.
- List your reasons and ideas in French using the exercises, texts and answers to help you.
- Make sure you can justify each idea with a concrete example.
- Include a range of regular and irregular verbs in the future tense.
- Use as many expressions as possible from the first two sections of key language below.

Parler 7 À deux, en groupes ou en classe entière. Quand on pense à l'avenir, faut-il être optimiste ou pessimiste? Faites un débat à ce sujet. Expliquez et justifiez votre point de vue.

Use the third and fourth sections of the key language to help you to support or challenge other views.

à l'examen

Exam-style reading tasks like this will test your comprehension by providing statements which *paraphrase* what is said in the text, i.e. they convey the same idea but using different words. Don't fall into the trap of answering on the basis of one word you've spotted. Look carefully at the detail of the text and the statements. For example, two of the people and two of the statements mention technology but which person goes with which statement?

Quand je pense à l'avenir, je suis …

un peu (*a little*)	optimiste	parce que	je crois que
plutôt (*rather*)	pessimiste	car	il me semble que
très (*very*)	indécis(e)		selon moi
tout à fait (*completely*)			à mon avis
vraiment (*really*)			

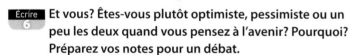

d'une part … d'autre part …	on the one hand … on the other hand …
malgré le fait que …	in spite of the fact that …
il y aura plus de/moins de …	there will be more/less …
améliorer/créer/causer	to improve/to create/to cause
… ce qui créera/causera …	… which will create/cause …
des problèmes comme/tels que …	problems such as …
tant de problèmes à résoudre	so many problems to solve
aller de mieux en mieux/de pire en pire	to get better and better/worse and worse
même si …	even if …
au lieu de …	instead of …
sinon, …	if not, …

Être d'accord

Tu as/Vous avez/(Nom) a bien raison.	You're/(Name) is quite right.
Je suis tout à fait d'accord avec toi/vous/(nom).	I totally agree with you/(name).
On est en partie d'accord.	We partly agree.
Je partage l'opinion/l'optimisme/les inquiétudes de (nom).	I share the opinion/optimism/concerns of (name).

Ne pas être d'accord

Au contraire.	On the contrary.
Tu as/Vous avez/(Nom) a complètement tort.	You are/(Name) is completely wrong.
Je ne suis pas (du tout) d'accord avec toi/vous/(nom).	I don't agree (at all) with you/(name).
Tu oublies/Vous oubliez que …	You're forgetting that …

t Parler des rapports affectifs
g La négation
s • Prédire en utilisant sa connaissance grammaticale
• Défendre ou contredire un point de vue

2 · Fidèle pour la vie

Croyez-vous au grand amour?

Lorsqu'on me demande pourquoi je n'ai pas de 1_____, je réponds que personne ne m'intéresse. Je ne 2_____ pas avec n'importe qui. Je crois sincèrement que pour tout le monde il n'y a qu'un seul partenaire et qu'on finit tous par le trouver. Je trouve bête de dire que l'on ne peut pas 3_____ l'amour de sa vie quand on est jeune. Mes 4_____ se sont connus au lycée, ils avaient 16 et 17 ans. Ils s'aiment toujours. J'ai beaucoup d'exemples autour de moi qui me prouvent que c'est possible d'5___ _ une seule personne pour la vie. Je n'ai peur que d'une chose: de me tromper de personne.

Joséphine, 15 ans

Si je cherche une 6_____ pour passer du temps avec elle, si j'ai envie d'être amoureux, je m'investis plus. Quand je n'ai pas envie de m'attacher, il m'arrive de sortir 7_____ des filles juste pour m'éclater. Pour le moment, je suis 8_____ content de n'avoir que des aventures. Mais il ne faut pas que cette période dure trop longtemps. Il n'y a rien dans le regard, rien dans les gestes. Le 9_____ amour, j'y crois, c'est possible, mais c'est très 10_____. Dans l'idéal, il est vrai que j'aimerais être avec une seule fille qui m'aime, et que j'aime aussi, pour la vie.

Benjamin, 16 ans

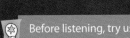

Écouter 1 Écoutez et complétez l'article.

Before listening, try using grammatical knowledge, logic and context to predict what word or type of word goes in each gap. If it's a noun or an adjective, will it be masculine, singular or plural? If it's a verb, what tense is it in?

lorsque	*when*
n'importe qui	*just anyone*
finir par	*end up*
ne … que	*only*
se tromper de	*to make a mistake*
avoir envie de	*to want to*
amoureux	*in love*
s'éclater	*to have fun*

Lire 2 Trouvez dans l'article sept phrases négatives et traduisez-les en anglais.

Lire 3 Indiquez si, selon l'article, les phrases ci-dessous sont vraies ou fausses. Si la phrase est fausse, corrigez-la.

1 Joséphine croit que tout le monde trouvera son partenaire idéal.
2 Elle pense qu'on est trop jeune à 16 ans pour trouver l'amour de sa vie.
3 Elle a peur de ne pas choisir la bonne personne.
4 Benjamin ne sort jamais avec des filles juste pour s'amuser.
5 Pour lui, avoir des aventures avec des filles est toujours satisfaisant.
6 Il a envie de trouver l'amour de sa vie.

Écouter 4 Écoutez ces ados et décidez si chaque personne croit au grand amour, n'y croit pas ou est indécis(e).

Écrire 5 Complétez ces phrases selon les ados de l'exercice 4, en choisissant la bonne forme négative de la liste ci-dessous. Ensuite réécoutez et vérifiez.

1 Je n'ai pas encore rencontré l'amour de ma vie, mais ça _____ veut _____ dire que je _____ le trouverai _____.
2 Je _____ ai _____ envie de me marier.
3 Pour les jeunes d'aujourd'hui, ça _____ se passe _____ comme ça.
4 Il _____ y a _____ pour me prouver que ça existe.
5 Je _____ ai _____ raison d'y croire et pourtant j'y crois.
6 Si tu crois qu'il _____ y a _____ une seule personne pour toi, tu risques de finir tout seul.
7 Si je n'arrive pas à trouver mon grand amour, je _____ aurai _____.

ne … aucune	ne … rien	ne … plus	ne … pas
ne … que	ne … jamais	ne … personne	ne … aucune

Grammaire

La négation (*the negative*)

ne … aucun(e)	*not any, none*
ne … plus	*no more, no longer*
ne … jamais	*never*
ne … personne	*nobody, no one*
ne … que	*only*
ne … rien	*nothing*

Like **ne … pas**, other negative expressions go around the verb: put **ne** or **n'** in front of the verb and the second part of the negative after the verb.

La vie **n'**est **plus** facile.
Je **ne** trouverai **jamais** le grand amour.

In the perfect tense (and other compound tenses), most negatives go around the auxiliary verb (**avoir** or **être**).

Je **n'**ai **rien** fait.

Personne, **que** and **aucun(e)** go after the past participle.

Il **n'**a rencontré **personne.**
Elle **n'**est sortie **qu'**avec un seul garçon.

Personne and **rien** can be the subject of a sentence. They then go before the verb with **ne** immediately afterwards.

Personne ne m'intéresse.

Aucun is an adjective and must agree with the noun which follows it:

Je **n'**ai **aucune** raison d'y croire.

> Je crois à la fidélité et je suis convaincue que je serai capable d'aimer la même personne toute ma vie. Mais pour moi, le mariage, c'est vieux jeu et je n'aurai pas besoin de me marier pour rester fidèle ou avoir des enfants un jour.
>
> **Nabila**

> Pour les couples gays, le mariage est toujours hors de question chez nous, mais par contre, beaucoup de couples homosexuels se sont pacsés, ce qui montre que dans notre société actuelle il est important pour un couple d'être reconnu de manière officielle.
>
> **Célia**

> On n'a qu'à regarder les taux de divorce pour voir que les gens ne sont pas faits pour rester fidèles toute leur vie. C'est pour ça que je n'aurai jamais d'enfants. En tant que fils de parents divorcés, je sais ce que c'est que de vivre sans ses deux parents.
>
> **Omar**

> Se marier, c'est montrer son engagement envers l'autre devant sa famille et ses amis. De plus, si comme moi on a l'intention d'avoir des enfants, c'est plus sécurisant pour eux aussi. Vivre ensemble en union libre, c'est pas pareil. C'est trop facile de pouvoir tout laisser tomber du jour au lendemain.
>
> **Jérôme**

 Lire 6 Chacune de ces affirmations correspond à ce que dit l'une des personnes de l'article. Écrivez les bons prénoms.

1 Les enfants peuvent souffrir quand le mariage ne marche pas.
2 On peut rester ensemble toute sa vie, sans cérémonie ou contrat légal.
3 Même si on ne peut pas se marier, il est important de s'engager publiquement.
4 Il est plus responsable de se marier si on veut avoir des enfants.
5 La fidélité à vie n'est pas réaliste dans la société contemporaine.

 Culture

PACS = Pacte Civil de Solidarité (équivalent du *civil partnership* britannique).

 Parler 7 À discuter à deux: croyez-vous au grand amour et au mariage? Adoptez des opinions opposées, en utilisant les idées ci-dessous.

A

You believe in one-to-one love, being faithful until death.

Marriage is a public demonstration of commitment. It's important to formalise your relationship.

Parents/grandparents together a long time, still love each other.

If people don't find love they have nothing, life is incomplete.

Living together isn't the same, it's too easy to give up. It's more secure, especially for children.

B

Marriage is old hat. You can spend the rest of your life together, without a legal ceremony.

People aren't made to stay faithful to one another for life. Look at the divorce rate. That's why you will never have children.

For today's young people life isn't simple any more, it's complicated and changes quickly.

Don't believe there's only one person for you in life. Everlasting love doesn't exist.

 Écrire 8 Croyez-vous au grand amour? Quelle est ton attitude envers le mariage? Écrivez un court article (100–150 mots). Vous devez mentionner les points suivants:

- Si vous croyez que le grand amour existe.
- Des raisons pour illustrer votre point de vue.
- La place du mariage dans la société contemporaine.
- Ce que vous espérez pour vous, dans les domaines de l'amour, du mariage et des enfants.

à l'examen

You will have to challenge or defend a point of view as part of your oral exam. Prepare your arguments carefully. During the discussion don't use all your ideas at once. Listen carefully to what the other person says and react accordingly.

3 · Faire comme tout le monde?

Parler 1 Expliquez ce qui se passe dans chacune de ces trois images. Utilisez le vocabulaire ci-dessous et un dictionnaire, si nécessaire.

Exemple: *Dans la première image, un groupe de jeunes qui portent …*

porter des vêtements de marque	*to wear designer clothes*
se moquer de (+ noun)	*to make fun of*
arrogant	*arrogant*
cruel	*cruel*
ne pas avoir les moyens de	*to not be able to afford to*
isolé(e)/tout(e) seul(e)	*isolated/alone*
triste	*sad*
ivre/saoul	*drunk*
forcer/encourager quelqu'un à (+ infinitive)	*to force/encourage someone to*
avoir peur de (+ noun or infinitive)	*to be afraid of*
refuser de (+ infinitive)	*to refuse to*
essayer un joint	*to try a joint*
prendre de la drogue/de l'ecstasy	*to take drugs/ecstasy*

Écouter 2 Écoutez Clément parler des vêtements de marque. Choisissez la bonne réponse.

1 Clément dit qu'il …
   a s'intéresse à la mode.
   b ne la suit pas du tout.
   c déteste la mode.

2 En ce qui concerne les vêtements de marque, …
   a il les trouve bien.
   b il les trouve ridicules.
   c il ne les trouve pas importants.

3 Dans sa classe …
   a très peu d'élèves sont habillés avec des marques.
   b tous les élèves sont habillés avec des marques.
   c la majorité des élèves sont habillés avec des marques.

4 Dans son école, si vous portez des vêtements sans marque …
   a les autres vous complimentent.
   b les autres vous acceptent.
   c les autres vous repoussent.

5 Clément met des habits sans marque …
   a quand il n'est pas à la maison.
   b quand on ne le voit pas.
   c quand ses amis peuvent le voir.

à l'examen

In an exam-style task like this, you won't hear exactly the same words which appear in the choices on the page. You need to listen for:

- **Synonyms** (a word which means the same as another word), e.g. les habits/les vêtements
- **Paraphrasing** (the same idea, worded differently), e.g. Je n'ai pas les moyens d'acheter des vêtements de marque./Les habits à la mode coûtent trop cher.
- **Small words**, which can significantly change the meaning of a sentence, e.g. Tout le monde fait ça./**Presque** tout le monde fait ça.

Écouter 3 Réécoutez et complétez les phrases selon le sens du passage.

1 Si je porte des vêtements de marque, c'est _____.
2 Il est vrai que _____ un critère _____ pour pouvoir s'intégrer _____.
3 Si tu portes _____, on te méprise et on ne va même pas prendre la peine de te connaître.
4 Même si c'est parce que tu n'as pas _____.
5 J'ai quand même des _____.
6 Par exemple, j'ai _____ mais je le mets seulement _____ __, où mes copains ne me voient pas.

Grammaire

Les pronoms compléments d'objet direct (direct object pronouns)

You use direct object pronouns to replace nouns which are the object of a sentence to avoid repetition.

me* (me)	te *(you)	nous (us)	vous (you)
le * (him, or it)	la * (her, or it)	les (them)	

* Shorten these to **m'**, **t'** and **l'** in front of a vowel or silent **h**.

Direct object pronouns go immediately before the verb.

Comment tu trouves **la mode**?   Je **la** trouve ridicule.

In a negative sentence the direct object pronoun goes between **ne** and the verb.

Je porte mon vieux sweat quand on **ne me** voit **pas**.

If a verb is followed by an infinitive the direct object pronoun goes in front of the infinitive.

Elle va acheter **une minijupe** et elle va **la** porter ce soir.

In the perfect tense (and other compound tenses) the direct object pronoun goes in front of the auxiliary verb, **avoir**.

Mon copain a acheté **un nouveau tee-shirt**, mais il ne **l'**a pas encore porté.

In the perfect tense when the direct object pronoun is in front of the auxiliary verb **avoir**, the past participle agrees with the direct object pronoun.

Il a insulté **Marie**.   Il **l'**a insulté**e**.

Écrire 4 Copiez et complétez les phrases suivantes.

A Complétez les phrases avec le bon pronom complément d'objet direct.

1 Mes copains ne suivent pas la mode, mais moi, je _____ suis un peu.

2 Les habits de marque coûtent trop cher, mais j'aime _____ regarder dans la vitrine.

3 Tu portes des habits sans marque quand tes copains ne _____ voient pas?

4 Si je porte des vêtements sans marque à l'école, on _____ méprise.

B Complétez les phrases avec l'auxiliaire avoir et le bon pronom complément d'objet direct. Accordez le participe passé, si nécessaire.

5 Tu as mis ton nouveau tee-shirt? Oui, je _____ mis.

6 Mon copain a acheté une casquette et il _____ porté hier soir.

7 Il a acheté quatre bouteilles d'alcool et il _____ bu tout seul!

8 Elle a fumé le joint que Marc lui a proposé? Non, elle _____ fumé, parce que c'est une drogue illégale.

Lire 5 Lisez ces deux articles et répondez aux questions en anglais.

J'ai osé affronter la tyrannie du groupe!

Thomas, 18 ans:

«Depuis qu'on a 15 ans, mes potes ne parlent que ça. Qui a une petite amie, qui n'en a pas? C'est une obsession, presque une compétition! L'autre jour, un copain a dit: «Que ceux qui ne sont pas encore sortis avec une fille lèvent la main!» J'étais le seul à lever le doigt. Les autres m'ont traité de loser, de minable. Je trouve ça injuste et je commence à en avoir assez. Être patient et ne pas vouloir sortir avec n'importe qui, c'est devenu une faiblesse. C'est n'importe quoi.»

Léa, 17 ans:

«En ce moment, tous mes amis découvrent l'alcool et c'est la débandade. Chaque fois qu'on sort, ils sont saouls. Certains deviennent malades et d'autres perdent toute dignité. Moi, je n'aime pas ça, je ne vais pas me forcer à faire comme tout le monde! Certains essaient de me faire boire, mais je m'en moque, je m'amuse bien sans ça.»

1 How does Léa describe her friends when they drink?
2 What is her reaction to the pressure on her to join in drinking?
3 What are Thomas' friends obsessed with?
4 What was Thomas' friends' reaction to his honesty?
5 How does he feel now?

débandade (f)	chaos
potes (m)	mates
traiter quelqu'un de	to call someone a
n'importe qui	just anybody

Écrire 6 Écrivez un essai (environ 150 mots) sur les pressions exercées par les jeunes sur d'autres jeunes.

● Expliquez quels types de pressions les jeunes exercent sur d'autres.

● Décrivez une ou deux situations dans lesquelles les jeunes sont victimes de la tyrannie d'un groupe.

● Si vous, ou un de vos copains, avez eu une expérience personnelle de ce genre, racontez-la. Quelle a été votre réaction?

● Comment peut-on résister aux pressions d'un groupe?

faire pression sur quelqu'un/exercer des pressions sur quelqu'un	to put pressure on someone
influencer/rejeter/exclure quelqu'un	to influence/reject/exclude someone
inciter/pousser/forcer quelqu'un à (+ infinitif)	to encourage/push/force someone to
avoir le courage de (+ inf.)	to have the courage to
résister à/affronter/refuser de (+ inf.)	to resist/stand up to/refuse
s'intégrer/appartenir à un groupe	to be part of/to belong to a group

4 · Conflits et confidences

 Écouter 1 Écoutez ces ados qui parlent de leurs relations avec leurs parents. Mettez les points suivants dans l'ordre dans lequel ils sont mentionnés.

A être en conflit avec ses deux parents
B être en conflit seulement avec sa mère
C entretenir de bonnes relations avec ses parents
D se disputer à cause du travail scolaire
E se disputer à cause des fréquentations (c'est-à-dire, les amis)
F se disputer à cause du futur métier
G se disputer à cause des sorties

 Écouter 2 Réécoutez le même passage. Reliez les phrases A–G à la bonne personne.

| Lucie | Romain | Yanis | Nathalie | Hugo |

A Ses parents lui laissent beaucoup de libertés.

B Parfois, il se dispute avec ses parents et leur dit des choses qu'il regrette après.

C Elle s'entend généralement bien avec sa mère, mais elles se disputent de temps en temps.

D Il s'est disputé avec ses parents au sujet de son avenir. Il leur a expliqué qu'il ne veut pas aller à l'université.

E Son père lui dit qu'elle doit rentrer de bonne heure et lui donne son opinion sur tous ses amis.

F Il peut se confier facilement à sa mère. Il peut lui parler de tout.

G Il pense que ses parents lui posent trop de questions sur sa vie. Il leur demande de le traiter comme un adulte.

s'entendre avec	to get on well with
se disputer avec	to argue with
se confier à	to confide in

Grammaire

Les pronoms compléments d'objet indirect (indirect object pronouns)

You use indirect object pronouns to replace *to* or *for* + a noun.

me* (*to me*)	nous (*to us*)
te* (*to you*)	vous (*to you*)
lui (*to him, to her, to it*)	leur (*to them*)

* Shorten these to **m'** and **t'** in front of a vowel or silent **h**.

You also use direct object pronouns with verbs which are followed by the preposition **à**.

Like direct object pronouns, indirect object pronouns go in front of the verb (or the auxiliary verb in compound tenses, like the perfect tense) but the past participle does not agree.
Je parle de tout **à mon père**. Je **lui** parle de tout.
J'ai expliqué mes angoisses **à ma mère**. Je **lui** ai expliqué mes angoisses.

If the sentence contains a verb followed by an infinitive, indirect object pronouns go in front of the infinitive:
Je ne peux pas demander **à mes parents** de m'aider. Je ne peux pas **leur** demander de m'aider.

Écrire 3 Répondez aux questions en remplaçant les mots soulignés avec un pronom complément d'objet indirect.

Exemple:
*Est-ce que tu parles de tout avec <u>tes parents</u>? Non, je ne **leur** parle pas de tout.*

1 Est-ce que tu as raconté toute l'histoire <u>à ta mère</u>? Oui, je _____ ai raconté toute l'histoire.
2 Est-ce que ton beau-père <u>te</u> donne de bons conseils? Oui, il _____ donne de bons conseils.
3 Est-ce que tu demandes de l'argent <u>à tes parents</u>? Non, je ne _____ demande pas d'argent.
4 Est-ce que tu vas <u>nous</u> dire la vérité? D'accord, je vais _____ dire la vérité.
5 Est-ce que je peux <u>vous</u> poser une question? Oui, tu peux _____ poser une question.
6 Est-ce qu'on <u>t</u>'a expliqué le problème?
    Non, on ne _____ a pas expliqué le problème.
7 Est-ce que tu veux parler <u>au policier</u>? Non, je ne veux pas _____ parler.
8 Est-ce que tu as téléphoné <u>aux sapeurs-pompiers</u>? Oui, je _____ ai téléphoné.

Parler 4 **Écoutez et imitez.**

u   t**u**, d**u**, s**u**jet, disp**u**ter, ref**u**ser, pl**u**sieurs, têt**u**, v**u**, H**u**go

ou   t**ou**t, t**ou**jo**u**rs, v**ou**s, s**ou**vent, éc**ou**ter, L**ou**is

ui   l**ui**, cel**ui**

t**u**, t**ou**t   v**u**, v**ou**s   L**ou**is, l**ui**

Louis se dispute toujours avec lui mais Hugo refuse souvent de l'écouter. Il est toujours tellement têtu, celui-là.

Prononciation

Correct pronunciation is key to being understood clearly. For example, don't confuse the pronunciation of **tu** with **tout**, or **lui** with **Louis**.

To pronounce **u** correctly, pull your top lip down when you say it.

To pronounce **ou** correctly, push both lips out.

To make the sound **ui**, give a slight whistle as you say it.

Lire 5 **Lisez le passage suivant et répondez aux questions en français, en utilisant le plus possible vos propres mots. Utilisez un dictionnaire, si nécessaire.**

1   Selon le premier paragraphe, comment la famille traditionnelle a-t-elle évolué?

2   Combien d'enfants vivent avec un parent qui s'est remarié?

3   Quel a été l'effet de ces changements sur les relations entre les parents et les adolescents?

4   Pourquoi les relations sont-elles parfois difficiles dans des familles recomposées? Donnez **deux** exemples.

5   Comment certains ados profitent-ils du divorce de leurs parents?

famille monoparentale	famille dans laquelle il y a un seul parent
conjoint	la personne avec qui on s'est marié
habiter	*to live (e.g. in a place)*
vivre (je vis, il/elle vit, ils vivent)	*to live (e.g. with someone)*

La nouvelle famille française

Familles monoparentales, unions libres, PACS, remariages … L'évolution de la notion de couple a fait éclater le modèle de la famille traditionnelle «papa, maman et les enfants». Actuellement en France, trois enfants sur dix ne sont pas issus d'une famille traditionnelle et plus d'un enfant français sur dix vit dans une famille recomposée (c'est-à-dire, avec son père ou sa mère biologique et un beau-père ou une belle-mère, et souvent des demi-frères ou sœurs).

Il ne faut pas donc s'étonner de voir que les relations qu'entretiennent les parents et les enfants ont, elles aussi, évolué et semblent plus complexes. Certains ados n'acceptent pas les nouveaux conjoints de leurs parents par exemple, ou bien ils éprouvent des difficultés à faire de la place au nouveau petit frère (ou demi-frère) dans leur foyer, et encore plus, dans leur cœur. D'autres ados savent profiter du sentiment de culpabilité de leurs parents suite au divorce, ou de l'absence d'autorité parentale pour faire et obtenir d'eux ce qu'ils veulent. Quoiqu'il en soit, il n'existe pas de modèle idéal de la famille. Chaque foyer est différent et les membres de chaque famille doivent trouver la façon de vivre ensemble qui leur convient le mieux.

à l'examen

In your exam if you copy whole chunks from the text in your answers you will get no marks. You may use the occasional word from the text, but try to create your own sentences and express ideas from the text in a different way.

For example, you could change **Certains ados n'acceptent pas les nouveaux conjoints de leurs parents** from the text into **Beaucoup de jeunes acceptent difficilement leur nouveau père ou nouvelle mère** in your answer.

Parler 6 **À deux ou à trois. Préparez et faites une entrevue à la radio ou à la télé avec un des parents de Nathalie ou d'Hugo (si vous travaillez à trois, interviewez les parents des deux). Répondez aux questions suivantes:**

-   Comment sont vos relations avec votre fille/fils?
-   À quel(s) sujet(s) vous disputez-vous le plus souvent?
-   Qu'est-ce que vous lui dites, par exemple?
-   Quelle est sa réponse?

Je m'inquiète au sujet de …	*I'm worried about …*	Je lui ai expliqué que …	*I explained to him that …*
On se dispute à cause de …	*We argue about …*	Il/Elle refuse de …	*He/She refuses to …*
Quand j'essaie de …	*When I try to …*	Je me fâche parce que …	*I get angry, because …*
Je lui dis que …	*I tell him/her that …*	On finit par se disputer parce que …	*We end up arguing because …*
Il/Elle me répond que …	*He/She replies that …*		

5 · Mon fils, ce drogué

L'histoire de Thomas

Pendant sept ans, Hélène a tout fait pour libérer son fils, Thomas, de l'emprise de la drogue. Voici son histoire.

Thomas, 13 ans

À 13 ans, c'était un ado adorable et charmant, mais aussi hyperactif et curieux. À l'école, ça ne marchait pas. Incapable de rentrer dans le moule du système scolaire, il ne réussissait pas. Les autres le traitaient de noms horribles, ils le menaçaient et le rackettaient. Il se faisait casser la figure régulièrement.

Thomas, 14 ans

Ses notes étaient abominables. Il ne travaillait pas. Un jour, je suis montée faire un peu de ménage dans sa chambre et j'ai découvert des taches sur le sol. Mais que pouvait-il bien faire dans sa chambre? Sa sœur et moi avons cherché partout et nous avons trouvé un joint et on a compris qu'il fumait du cannabis.

Thomas partait vers 10h du matin, fumait toute la journée et ne rentrait que tard le soir. Il maigrissait, il devenait même agressif et violent, surtout lorsque nous trouvions de la drogue sur lui. Il nous volait de l'argent et prenait la voiture alors qu'il n'avait pas le permis. Je devais tout cacher, mes cartes de crédit, l'argent, les clés de la voiture. Je passais mes nuits à le chercher dans la rue quand il ne rentrait pas. J'appelais tous les numéros d'urgence. Je craignais de le retrouver à l'hôpital ou au commissariat de police.

Écouter 1 **Écoutez et lisez cette histoire vraie. Ensuite, trouvez dans l'article l'équivalent des phrases en anglais.**

1 It wasn't going well at school.
2 Unable to fit into the mould of the school system.
3 He wasn't succeeding.
4 They threatened him and bullied him.
5 He regularly got punched in the face.
6 His marks were terrible.
7 I discovered marks on the floor.
8 He was getting thin.
9 I had to hide everything.
10 I feared I would find him in hospital.

Lire 2 **Lesquelles de vos réponses à l'exercice 1 sont à l'imparfait? En anglais, justifiez l'emploi de l'imparfait pour chacune de ces phrases. Ensuite, trouvez dans l'article 16 autres verbes à l'imparfait et traduisez-les.**

Lire 3 **Complétez la suite de l'article avec des verbes à l'imparfait.**

À 14 ans, Thomas (**avoir**) beaucoup de problèmes à l'école, les autres élèves ne l'(**aimer**) pas et ses professeurs nous (**appeler**) tout le temps. Son travail scolaire ne (**aller**) pas bien et il (**fumer**) du cannabis dans sa chambre. Il (**sortir**) avec ses copains, ils ne (**faire**) rien à part fumer et nous ne (**pouvoir**) pas l'arrêter. Nous ne (**savoir**) pas quoi faire. Je (**parler**) tous les jours avec Thomas, je lui (**demander**) de ne plus fumer, mais il (**refuser**) de m'écouter. Je (**être**) à bout de nerfs et on ne (**voir**) pas de solution.

Grammaire

L'imparfait (*the imperfect tense*)

You use the imperfect tense:

• to describe habitual or repeated actions in the past:
Ils le rackettaient. (It was a repeated pattern of violent behaviour.)

• to describe actions that went on for a period of time:
Il maigrissait. (It wasn't just once that he lost weight, but it went on for some time.)

To form the imperfect tense, take the **nous** form of the verb in the present tense, remove **-ons** and add the following endings to the stem:

nous travaill →

je	-ais	nous	-ions
tu	-ais	vous	-iez
il/elle/on	-ait	ils/elles	-aient

The only exception is **être**: j'étais, tu étais, il/elle/on était, nous étions, vous étiez, ils étaient

Verbs with a stem ending in **c** add a cedilla **ç** in front of **a**.
Il commen**ç**ait à nous inquiéter.
Verbs with a stem ending in **g** add an **e** in front of **a**.
Il ne man**gea**it pratiquement rien.

Écouter 4 Écoutez Hélène raconter la suite de l'histoire de Thomas et complétez le texte avec des verbes à l'imparfait. (Si besoin, aidez-vous des verbes à l'infinitif ci-dessous.)

pleurer	reconnaître	aller	dormir	vivre
se droguer	vouloir	dormir	refuser	vouloir
prendre		continuer	respecter	

Thomas, 18 ans

À 18 ans, Thomas a volé un scooter, et suite à son arrestation, il a été hospitalisé dans un service psychiatrique. Thomas se débattait, il ne **1** _____ pas y aller. Il y est resté un mois. À cause des médicaments qu'il **2** _____, nous ne le **3** _____ plus: il **4** _____ tout le temps ou bien **5** _____ toute la journée. Finalement, il est rentré à la maison. Il a tenu un mois et demi, puis il a replongé. Peu de temps après, Thomas s'est mis à l'héroïne.

Il **6** _____ toujours chez nous, il **7** _____ ses petits boulots, mais ne **8** _____ pas les horaires et **9** _____ tout le temps. Une nuit, son père a craqué: il a mis toutes ses affaires dans la rue. Comme nous **10** _____ de le laisser rentrer et que personne ne **11** _____ l'héberger, il **12** _____ dans la voiture. Puis un jour j'ai vu une petite annonce pour un boulot dans un centre commercial et je l'ai montrée à Thomas. Il m'a dit qu'il **13** _____ essayer d'avoir ce travail. Et il l'a eu. Mon mari et moi sommes partis en voyage et avant le départ, Thomas m'a dit «Maman, je ne toucherai plus à la drogue». Pendant notre absence, il a de nouveau installé ses affaires à la maison. Son boulot l'a transformé et, à notre grande surprise, il a tenu sa promesse.

se débattre	to fight, struggle
tenir	to hold (on), to stick at something
se mettre à	to start, take up
craquer	to lose patience, to have enough of something
héberger	to accommodate, put someone up

Lire 5 Complétez les phrases suivantes selon le texte de l'exercice 4.

1 Thomas a été hospitalisé en service psychiatrique parce que …
2 Il pleurait et dormait beaucoup à cause de …
3 Il est rentré chez lui, mais il a recommencé à se droguer au bout de …
4 Ensuite, il a commencé à prendre de …
5 Au travail, Thomas … et …
6 Thomas a dû dormir dans la voiture parce que …
7 Grâce à l'annonce que sa mère a vue, Thomas a réussi à …
8 Avant que ses parents partent en voyage, Thomas …

Parler 6 À deux. Préparez votre réponse aux questions suivantes, puis discutez-en avec votre partenaire.

1 À votre avis, pourquoi Thomas a-t-il commencé à se droguer?
2 Que pensez-vous des actions
   a de sa mère, **b** des médecins, **c** de son père?
3 Selon vous, comment Thomas a-t-il pu finalement renoncer à la drogue?
● Use the *perfect* tense to say whether you think somebody was right or wrong.
   Je crois que (sa mère) a eu raison de (+ inf), parce que …

● Use the *imperfect* tense to say what had to be done.
   Il fallait (faire quelque chose) parce que …
   Il ne fallait pas (faire cela), puisque …
● Try not to overuse **parce que**. You can use **car** or **puisque** as alternatives.
● But remember that *because of* = **à cause de**, NOT **parce que**

Look back at the previous four units for different ways of giving an opinion, agreeing and disagreeing, and giving examples to back up your views.

Écouter 7 Écoutez la fin de l'histoire de Thomas et choisissez les quatre bonnes réponses.

1 Thomas se lève de bonne heure pour aller à l'usine.
2 Il ne voit plus ses anciens amis.
3 Il boit du café, mais il a renoncé aux cigarettes et à l'alcool.
4 Thomas faisait de la musculation avant de prendre de la drogue.
5 Le week-end, Thomas sort avec plusieurs filles.
6 Au Phare, les familles touchées par la drogue viennent chercher du soutien.
7 Thomas parle aux lycéens de son expérience de la drogue.
8 Malgré une longue thérapie, la famille de Thomas n'est toujours pas heureuse.

laisser tomber	*to drop*
témoigner	*to testify, give evidence*
soutien (m)	*support*

à l'examen

Take the time to read the sentences carefully before listening. They will often be close to being correct but not quite correct, so look and listen closely for small differences.

Écrire 8 Écrivez une histoire de dépendance (à l'alcool ou à la drogue). Utilisez les idées suivantes.

Include:
● What your character was like and what his/her life was like before the problem started.
● When it started and why (problems at school? pressures of exams? family problems?).
● How it changed his/her behaviour, what he/she did or didn't do.
● How his/her family reacted, what they did, what problems it caused between him/her and them.
● How he/she felt and reacted.
● How he/she overcame his/her addiction and what life is like now.

• Use or adapt vocabulary you know. Think carefully about what needs to change. Whether your character is male or female will affect articles, pronouns, adjectives, past participles of **être** verbs.
• Think carefully about which tense is required for each verb in the past: imperfect for repeated or continuous actions but perfect for single actions which happened once only.
• Make sure you get the right ending on the verb.

41

6 · Divertissement ou télé-poubelle?

Quelle est la définition des émissions de télé-réalité?

Ce sont des émissions qui font du spectacle avec la vie des gens ordinaires, en particulier avec leur intimité. Dans les années 1980-1990, ces émissions étaient surtout des témoignages ou des «confessions» de personnes qui exposaient leurs problèmes ou leurs souffrances d'ordre privé: les reality shows. Aujourd'hui, la télé-réalité recouvre davantage des divertissements dans lesquels les participants sont placés dans des situations de compétition, donnant souvent lieu à des procédures d'élimination de certains d'entre eux, et où l'on observe leurs réactions psychologiques ou physiques à un certain nombre d'épreuves.

Lire 1   **Lisez l'article et donnez le sens en anglais des termes ci-dessous dans le contexte de l'article. Utilisez un dictionnaire, si nécessaire.**

1   émission (f)
2   faire du spectacle avec
3   intimité (f)
4   témoignage (m)
5   souffrance (f)
6   recouvrir
7   divertissement (m)
8   donner lieu à
9   certains d'entre eux
10   épreuve (f)

Lire 2   **Relisez l'article. Ensuite, fermez le livre et travaillez à deux. Essayez de résumer l'article en anglais, de mémoire.**

Écouter 3   **Écoutez ce reportage sur l'émission de télé-réalité *Loft Story* (l'équivalent français et canadien de *Big Brother*). Écoutez bien les chiffres mentionnés et notez en français:**

1   l'âge des participants
2   le nombre d'heures que les participants sont filmés
3   la durée de la série
4   le nombre de caméras et de microphones
5   le nombre de techniciens et réalisateurs
6   le nombre de candidats qui veulent y participer
7   le nombre de psychologues qui les sélectionnent

Lire 4   **Réécoutez et complétez ces phrases extraites du reportage. Ensuite, traduisez-les en anglais.**

1   Le concept de *Loft Story* est de tout montrer de _____ qui sont enfermées et coupées _____.
2   _____ et le voyeurisme est de rigueur. Rien n'échappe aux _____.
3   Les _____ au hasard. Ils sont soigneusement sélectionnés, afin de _____ photogéniques, narcissiques et désinhibés.
4   Pour eux, *Loft Story* est surtout _____ en passant _____.

Lire 5   **Lisez ces opinions sur les émissions de télé-réalité et décidez pour chacune si elles sont en faveur (F) ou contre (C) ce genre d'émissions.**

A   J'apprécie le fait que je peux y participer un peu moi-même. Si je veux favoriser un candidat en particulier, je peux voter pour lui.

B   Je n'y vois pas de mal, je crois qu'il ne faut pas les prendre trop au sérieux. En fin de compte, ce n'est qu'un divertissement.

C   Je les trouve plutôt débiles, mais mes deux filles, elles, elles en parlent tout le temps: «Tu crois que c'est lui ou c'est elle qui va être éliminé?».

D   Je dois avouer que, moi, j'y suis un peu accro.

E   Ça change un peu de regarder un programme où il s'agit de gens ordinaires, comme vous et moi. C'est comme si, nous, les téléspectateurs, on passait nous-mêmes à la télé.

F   Heureusement que chez nous on a deux télés, donc je peux regarder autre chose!

G   Il y a beaucoup de jeunes qui regardent des émissions comme *Loft Story* et eux, ils prennent ça au sérieux. Pour eux, les participants sont souvent des personnes qu'ils veulent imiter et je trouve ça dangereux.

H   Je n'ai aucun intérêt à regarder des gens s'exposer comme ça. Selon moi, c'est du voyeurisme et c'est malsain.

I   Si les gens n'aiment pas ce genre d'émissions, ils peuvent toujours changer de chaîne.

J   Les participants cherchent la notoriété à tout prix. C'est de la télé-poubelle!

Lire 6 Trouvez sept pronoms emphatiques dans les textes de l'exercice 5 et justifiez leur emploi en anglais.

Grammaire

Les pronoms emphatiques (*emphatic or disjunctive pronouns*)

Emphatic pronouns refer to specific people whose identities are obvious from the context.

moi (*me*)	lui (*him*)	nous (*us*)	eux (*them* – masculine)
toi (*you*)	elle (*her*)	vous (*you*)	elles (*them* – feminine)
soi (related to **on**)			

Moi, je trouve *Loft Story* débile.   Selon **vous**, c'est de la télé-poubelle.

Lire 7 Répondez en anglais aux questions sur l'article.

1 According to the article, what **three** types of video can be seen on these sites?
2 Name **three** reasons why the author of the article believes such sites are popular.
3 What comparison does the article make between these sites and reality TV programmes?
4 What, according to the article, makes it difficult to control the content of the sites?
5 Name **three** types of material which the author says should be prevented from being shown on such websites.

Cliquez ici pour devenir célèbre

La frontière entre monde réel et monde virtuel semble chaque jour devenir de plus en plus mince. Avec des milliers de vidéos téléchargées quotidiennement, les plateformes de vidéos en ligne telles que YouTube ou son homologue français Dailymotion connaissent un succès phénoménal.

Grâce à de tels sites, vous pouvez regarder un programme télé que vous avez raté, le dernier clip de votre chanteur préféré ou la vidéo de l'anniversaire de votre copain Simon. L'engouement pour ce type de média s'explique également par la possibilité qu'il offre aux internautes d'ajouter des commentaires, de rejoindre une communauté, ou de partager des vidéos avec ses amis. Qui plus est, tout le monde peut avoir son quart d'heure de célébrité. Pour

les mêmes raisons que certains veulent participer à des émissions de télé-réalité, d'autres publient leurs propres vidéos sur Internet. Un simple clic suffit pour une diffusion planétaire et pour recevoir les réactions de son audience.

Mais le nombre considérable de vidéos mises en ligne chaque jour rend pratiquement impossible le contrôle systématique de leur contenu afin d'éviter la propagande politique ou religieuse et la diffusion d'images répréhensibles par la loi. En effet, il ne s'agit plus de divertissement mais de crime lorsqu'on passe du vidéo-gag au «happy slapping», une pratique qui consiste à filmer l'agression d'une personne, le plus souvent avec un téléphone portable, dans le but de la diffuser sur Internet.

Parler 8 À deux. Adoptez deux points de vue opposés au sujet des émissions de télé-réalité ou des sites Web vidéo. Préparez vos arguments et anticipez ceux de votre adversaire. Qui aura le dernier mot? Attention: évitez d'utiliser un registre trop informel et soyez toujours poli(e)!

Exemple:
● *Pour moi, la télé-réalité, c'est du voyeurisme et c'est malsain.*
■ *Oui, mais si tu n'aimes pas ça, tu peux changer de chaîne.*
● *On ne montre pas vraiment «la réalité» puisque les personnes sont sélectionnées.*

Contredire

Au contraire
Mais c'est une absurdité/c'est n'importe quoi!
C'est un argument ridicule.
C'est absurde de dire que …
Vous avez complètement tort/Là, je ne suis pas du tout d'accord (avec toi/vous).
Je suis désolé(e) mais tu oublies/vous oubliez que …
Tu ne prends pas/Vous ne tenez pas compte de …

Écrire 9 Écrivez un court article, en présentant le pour et le contre des émissions de télé-réalité ou des sites Web vidéo.

Exemple:
Certains considèrent que les sites Web tels que YouTube ne sont qu'un divertissement et qu'il ne faut pas les prendre trop au sérieux. D'autres, au contraire, estiment que …

Beaucoup de gens/Certains/Certaines/personnes/D'autres	*A lot of people/Some/Some people/Others*
disent/croient/trouvent/déclarent/maintiennent/affirment/soutiennent/considèrent/estiment	*say/believe/find/declare/ maintain/claim/maintain/consider/think*
Une majorité de personnes/Une minorité/On pense/considère/estime	*Most people/A few people/One think/consider/thinks*
D'après certains …	*According to some …*
selon d'autres …	*to others …*
Les uns … les autres …	*Some … others …*
D'une part … De l'autre …/	*On one hand …*
D'un côté … De l'autre …	*On the other hand …*
En revanche …/Alors que …/Tandis que …	*Whereas …*

t Parler de l'Internet

g • Le comparatif et le
      superlatif
   • Les adjectifs
      démonstratifs

s • Anticiper des réponses
      possibles
   • Poser des questions plus
      complexes

7 · Accros au net

On ne peut pas y échapper, Internet fait partie de notre quotidien. Grâce à lui, la communication est devenue plus rapide, plus efficace et moins compliquée qu'avant, l'accès à l'information est meilleur, même faire les courses semble moins pénible lorsqu'on peut les faire en ligne. Bref, on est tous plus connectés qu'il y a 20 ans, on est tous devenus des internautes. Et pour les 15–24 ans qui ont grandi à l'ère du numérique, rien de plus naturel que les nouvelles technologies! Connectés via différents canaux (e-mail, messagerie instantanée, blogs) ces jeunes appartiennent à un, voire plusieurs réseaux sociaux tels que *MySpace*, *Facebook*, etc. Mais ce qu'ils recherchent avant tout, c'est la vitesse des échanges. «T'as vu cette vidéo sur YouTube? Non? D'accord, je t'envoie un lien sur MSN. Voilà.» «T'as écouté cette chanson? Non? Viens, on va la télécharger sur *iTunes*.» C'est ce qui leur vaut le titre d' «ultranautes», surnom attribué aux utilisateurs les plus habitués de la toile, ce sont les plus agiles mais aussi les plus exigeants. Attention donc aux ultranautes! Si la technologie est l'avenir, l'avenir, lui, leur appartient!

Hyper-connectés, ultra-communicateurs, les enfants du Net arrivent!

Lire 1 Trouvez dans cet article l'équivalent des définitions en français ci-dessous. Utilisez un dictionnaire, si nécessaire.

1 éviter
2 la vie de tous les jours
3 lourd, difficile, désagréable
4 une personne qui surfe sur Internet
5 le temps, l'époque
6 une communauté en ligne
7 une ligne de texte sur laquelle on clique pour accéder directement à un site Web
8 un nom familier qu'on donne à quelqu'un
9 un autre mot pour le Net, l'Internet

Lire 2 Complétez ces phrases en anglais, selon le sens de l'article.

1 Thanks to the Internet, communication _____.
2 Access to information _____.
3 Shopping seems _____.
4 We are all _____.
5 For 15–24 year-olds who've grown up in the digital era _____.
6 Ultranauts are _____ users of the Web.

Écrire 3 Traduisez ces phrases en français, en utilisant le comparatif et le superlatif.

1 Access to information is easier and quicker than before.
2 Communication is simpler and less complicated than 20 years ago.
3 Teenagers are more attracted to new technology than adults.
4 Downloading music is as important for young people as blogs.
5 Nowadays, more people do shopping online and fewer people send letters.
6 Websites like *YouTube* and *iTunes* are the most popular sites with young people.
7 The most important thing when you use the internet is speed.
8 Email and instant messaging are the best ways to contact your friends.

Grammaire

Le comparatif (*the comparative*)

You use the comparative to compare two things or people:

plus (+ adjective) **que** (*more … than*)*
moins (+ adjective) **que** (*less … than*)*
aussi (+ adjective) **que** (*as … as*)

* In English, we simply add *-er* to some adjectives to make a comparison (bigger, faster, etc.)

The adjective used must agree with the first item mentioned.

La communication est moins compliqué**e** qu'avant.

The comparative form of **bon** (*good*) is **meilleur** (*better*).

Use **plus de/moins de/autant de** (+ noun) **que** to mean *more/less* (or *fewer*) *than/as many as*.

Plus de jeunes utilisent les réseaux sociaux pour communiquer avec leurs amis.

Le superlatif (*the superlative*)

You use the superlative to refer to
the most (+ adjective)* → **le/la/les plus** (+ adjectif)
the least (+ adjective)* → **le/la/les moins** (+ adjectif)

* In English, we add *-(e)st* to some adjectives to form the superlative (e.g. smallest, nicest).

The definite article and the adjective must agree with the noun they refer to.
Ce sont **les** filles qui sont **les** plus attiré**es** par le blogging.

Note   the best = **le/la/les meilleur(e)(s)**
            the worst = **le/la/les pire(s)**

4 Écouter Complétez les phrases suivantes selon le sens du passage en utilisant des mots ci-dessous.

rarement	peu	minorité	souvent
plus	majorité	moins	tchater	télécharger

La folie des blogs gagne les jeunes!

Selon les recherches de l'organisation du «Baromètre Jeunes de Médiamétrie» la **1** _____ des jeunes de 11 à 20 ans connaissent les blogs. Mais les filles sont **2** _____ attirées par les blogs que les garçons. Trois jeunes sur dix âgés de 11 à 20 ans utilisent **3** _____ les messageries instantanées, tandis que les plus jeunes ont plus tendance à utiliser le Web pour **4** _____. Ils se connectent au Web tous les jours ou presque pour cela.

à l'examen

- Before listening work out which words fit logically and grammatically in each gap. There will be at least two possibilities for each gap.
- The version of the text that you hear will not be exactly the same as the one on the page, so listen carefully for words and phrases in the recording which have the same meaning as ones in the text on the page.
- Concentrate on listening for the key information you need to confirm which of the possibilities for each gap is the correct one.

5 Écouter Réécoutez et notez à quoi correspondent les chiffres suivants.

Exemple:

a Le nombre de jeunes de 11 à 20 ans qui connaissent les blogs.

a Près de 6 sur 10   **b** 31%   **c** 21%   **d** 12%
e 3 sur 10   **f** 16%   **g** 11%

Grammaire

Les adjectifs démonstratifs (*demonstrative adjectives*)

m. sing.	f. sing.	devant une voyelle ou un *h* muet	pluriel
ce	cette	cet	ces

To be specific, add **-ci** (for *this*) or **-là** (for *that*) to the noun.

6 Écrire Utilisez les informations des exercices 4 et 5 pour écrire au minimum 6 phrases sur les jeunes et Internet. Incluez au moins une fois les adjectifs démonstratifs ce, cette, cet et ces.

Exemple:

Près de 6 jeunes sur 10 de 11 à 20 ans connaissent les blogs. 31% de ce groupe-ci a déjà créé ou envisage de créer un blog.

7 Parler À deux. Interviewez votre partenaire sur son usage de l'Internet. Prenez des notes et ensuite, écrivez un résumé, à la troisième personne.

- Prepare your questions first. You can ask about any aspects of the topic that you wish but make make sure you include the following:
  - What he/she believes are the main advantages of the Internet and how he/she uses the Internet.
  - Whether he/she has a blog and what he/she uses it for.
  - How often he/she sends emails, uses instant messaging, participates in chatrooms, uses the Net for research/ school work.
  - Which websites he/she visits the most and why.
- As well as using common question-types like **comment** …? and **pourquoi** …?, include some more advanced questions (see below).
- Take notes in French during your interview in preparation for writing a summary.
- In your summary, include at least two examples of the comparative, one example of the superlative and at least two demonstrative adjectives.

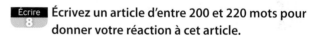

Avec quelle fréquence …?	*How frequently …?*
Dans quelle mesure …?	*To what extent …?*
Jusqu'à quel point …?	
En quoi consiste …?	*What does … consist of?*
De quelle manière/façon …?	*In what way …?*
À quoi sert …?	*What is the purpose of …?*
De quoi s'agit …?	*What is … about?*
À quelle fin …?	*With what purpose …?*

8 Écrire Écrivez un article d'entre 200 et 220 mots pour donner votre réaction à cet article.

Virus transmis par e-mail, vol d'identité, piratage de carte de crédit, escroquerie … Quotidiennement, des centaines de personnes sont victimes de crimes commis sur Internet et tombent dans les pièges de la Toile. Les victimes les plus vulnérables sont bien sûr les enfants. Certains sont confrontés à des images choquantes (violentes ou pornographiques). D'autres sont contactés par des personnes mal intentionnées dans les forums de discussion fréquentés par les jeunes. On peut se demander si le miracle que semblait être Internet n'est pas devenu une malédiction?

escroquerie (f)	*fraud, theft*
piège (m)	*trap*
malédiction (f)	*curse*

 Try to present a balanced view. If you think the arguments in the article are valid, acknowledge them but also present the other side of the argument and back it up with examples. Look back at page 43 for useful expressions to contrast points of view.

8 · Bijoux de technologie

A Évidemment, le portable permet aux jeunes d'avoir énormément de contacts avec leurs amis en dehors de l'école, ce qui est très important à leur âge.

B Malheureusement, certains en abusent. A-t-on vraiment besoin de bavarder toute la soirée avec celui ou celle qu'on vient juste de voir au lycée il y a à peine quelques heures?

C Actuellement, le portable est une mode et celle-ci coûte assez cher. Pour une famille modeste, pouvoir payer le forfait mensuel n'est pas toujours évident.

D Pour certains jeunes, le portable est devenu une drogue dont ils ne peuvent plus se passer. Personnellement, je trouve ça plutôt malsain.

Les portables: Progrès ou fléau?

E Tout récemment, j'ai lu un article inquiétant sur les dangers du portable pour la santé, surtout si on s'en sert trop fréquemment. Depuis je suis de l'avis qu'il faut interdire le portable aux enfants.

G Je ne comprends pas ceux qui laissent leur portable allumé en classe. Ça interrompt le cours et c'est énervant, non seulement pour les profs, mais aussi pour le reste de la classe.

F C'est plus rassurant pour les parents si on a un portable. Ils nous laissent plus facilement sortir parce qu'ils savent qu'ils peuvent nous joindre à tout moment.

H Si tu dis que tu n'as pas de portable, les gens te regardent bizarrement, même si c'est tout simplement parce que ta famille n'a pas les moyens. Je trouve ça injuste.

Lire 1 Traduisez les opinions. Utilisez un dictionnaire, si besoin.

venir de (+ infinitif)	*to have just (done something)*
se passer de	*to do without*

Écouter 2 Écoutez ces personnes parler du portable. Attribuez à chacune deux affirmations de l'exercice 1.

1 Saïd   2 Cécile   3 Blanche   4 Lucas

Prononciation

-eu should not sound like -er in English! Pull your top lip down a bit as you say it! And make sure you distinguish clearly between -eu and -eur by using a slightly 'rolled' r sound at the end of -eur.

Parler 3 Écoutez et imitez.

e**u**x, c**eu**x, mi**eu**x, p**eu**, **Eu**rope, malh**eureu**sement
p**eu**vent, s**eu**lement, l**eu**r, aill**eu**rs
Quand on v**eu**t on p**eu**t, mais à d**eu**x, c'est mi**eu**x.
Malh**eureu**sement, l**eu**r sœur est aill**eu**rs en **Eu**rope.

Parler 4 À deux. Avec quelles personnes de l'exercice 2 êtes-vous d'accord et pourquoi?

● *Je suis totalement d'accord avec Saïd quand il dit que le portable coûte trop cher. Je connais quelqu'un qui n'a pas les moyens d'acheter un portable et les autres au lycée se sont moqués de lui à cause de ça.*
■ *Je ne suis pas entièrement d'accord avec toi. À mon avis, il y a des forfaits raisonnables qui ne coûtent pas trop cher ...*

Être d'accord

Je suis (complètement/totalement/partiellement/plus ou moins) d'accord avec toi/(nom) ...	*I am (completely/partly/more or less) in agreement with you/(name) ...*
... quand tu dis/il/elle dit que ...	*when you say/he/she says that ...*
Je partage ton avis/ton opinion/ l'opinion de (nom) sur	*I share your opinion/the opinion of (name) about*

Ne pas être d'accord

Je ne suis pas (entièrement/ tellement/vraiment/du tout) d'accord avec toi/(nom) ...	*I am not (entirely/so much/really/at all) in agreement with you/ (name) ...*
Tu vas/(Nom) va trop loin quand tu dis/il/elle dit que ...	*You are going/(Name) is going too far when you say/he/she says that ...*
parce que/puisque/car ...	*because ...*
sauf ...	*except (that) ...*
cependant/pourtant ...	*however ...*
néanmoins ...	*nevertheless ...*

Grammaire

Les adverbes (adverbs)

Adverbs allow you to describe in more detail how something is done (well, badly, quickly, slowly, etc).

To form most adverbs add -**ment** to the feminine singular form of the adjective.

adjective in fem sing	add…	adverb
complète (complete)	-ment	complètement

Exceptions:
bien (*well*), mal (*badly*), mieux (*better*), pire (*worse*), vite (*quick*)

Quantifiers or intensifiers such as **très**, **trop**, **assez**, **peu**, **vraiment**, etc. are also adverbs and can be used to modify adjectives or other adverbs.

Adverbs go immediately after the verb or, in compound tenses, between the auxiliary verb and the past participle.

Avez-vous **vraiment** besoin d'utiliser votre portable?

J'**ai** tout **récemment lu** un article inquiétant.

For more help on adverb formation, see p.142.

Lire 5 Trouvez les adverbes en -*ment* de l'exercice 1. Notez aussi l'adjectif original et la règle de formation pour chaque adverbe.

Exemple:

Adverb	Adjective	Formation
évidemment (obviously)	évident (obvious)	adjective ends in -ent, add -emment

Grammaire

Les pronoms démonstratifs (demonstrative pronouns)

You use demonstrative pronouns to refer back to a noun which you have already mentioned. They must agree with the noun they refer to.

masc. sing.	fém. sing.	masc. pl.	fém. pl.
celui (*the one*)	celle (*the one*)	ceux (*the ones*)	celles (*the ones*)

To be more specific, add -**ci** or -**là**:

celui-ci	celle-ci	ceux-ci	celles-ci
(*this one*)	(*this one*)	(*these ones*)	(*these ones*)
celui-là	celle-là	ceux-là	celles-là
(*that one*)	(*that one*)	(*those ones*)	(*those ones*)

Lire 6 Remettez la fin de l'article dans le bon ordre. Ensuite, écoutez et vérifiez. Finalement, écrivez un résumé de l'article en anglais (moins de 100 mots). Utilisez un dictionnaire, si besoin.

Les jeux vidéo rendent-ils violents?

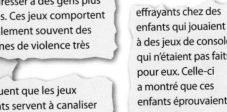

A leur comportement était plus hostile physiquement et verbalement. De même, un psychiatre français a souligné que la tendance s'aggrave chez ceux qui jouent dès l'âge de cinq ou six ans, sans aucun contrôle parental, ou pour ceux

B réalistes. Mais quels effets de telles scènes de violence peuvent-elles avoir sur les mineurs? Certaines recherches sur le sujet ont

C qui passent des heures entières devant leurs consoles. En revanche, d'autres recherches qui ont traité du même sujet contredisent cela. Celles-ci

D conclu que les jeux violents rendent les jeunes violents. Une vaste étude menée par un chercheur américain a mis en évidence l'existence de symptômes

E destinés aux enfants ou aux adolescents, ceux-ci étaient donc peu violents. Les jeux ont évolué et ceux d'aujourd'hui ont tendance à

F s'adresser à des gens plus âgés. Ces jeux comportent également souvent des scènes de violence très

G effrayants chez des enfants qui jouaient à des jeux de console qui n'étaient pas faits pour eux. Celle-ci a montré que ces enfants éprouvaient des sentiments hostiles et que

H concluent que les jeux violents servent à canaliser l'aggression des jeunes et que regarder le journal télévisé est plus néfaste que jouer à la console.

I L'industrie des jeux vidéo qu'on connaît actuellement est bien différente de celle des années 1970. On produisait alors principalement des jeux

9 • On connaît la chanson!

Parler 1 Écoutez ces six extraits de chansons françaises. Que pensez-vous de chaque morceau?

Personnellement, …
Je dois dire que …/Il faut avouer que …/On ne peut pas nier que …
J'apprécie beaucoup/Je ne supporte pas/J'ai horreur de ce/cette …
Ce genre/style de musique me plaît beaucoup/me paraît tout à fait/plutôt/un peu trop …
Je n'ai pas l'habitude d'écouter ce genre de musique.
Le chanteur/La chanteuse/L'interprète est/a une voix …
Je trouve cette chanson/l'air (de la chanson)/les paroles …

banal	original	rigolo	sérieux
triste	gai	romantique	sans émotion
superficiel	profond	niais	intelligent
tragique	léger	prétentieux	simple
optimiste	pessimiste	monotone	varié
agréable	désagréable	rétro	avant-garde
reposant	stressant		

Lire 2 Écoutez et lisez les articles suivants. Précisez si les informations contenues dans l'article et correspondant à 1–10 concernent Superbus ou Jenifer.

DEUX GÉANTS DU HIT-PARADE

JENIFER BARTOLI

Née d'une mère corse et d'un père algérien le 15 novembre 1982 à Nice, Jenifer Bartoli est la première gagnante du concours musical télévisé, *Star Academy*. Dès son enfance elle est plongée dans un univers musical et grandit avec Stevie Wonder, James Brown et Les Beatles. À l'âge de dix ans, elle chantait déjà dans des restaurants et des concerts, mais c'est en 2001, à la suite d'un casting, que Jenifer a participé à la première saison de la *Star Academy*, dont elle est sortie victorieuse en 2002. Elle a sorti depuis deux albums, dont un enregistré en public. En 2003, Jenifer faisait partie des nominés aux Victoires de la Musique. La même année elle chantait en duo avec Johnny Hallyday lors de sa tournée des stades de France. Jenifer est actuellement en studio en train de terminer son troisième album, dont elle a composé la musique avec son compagnon Maxim Nucci.

SUPERBUS

Formé en 1999 par la chanteuse, guitariste et batteuse Jennifer Ayache, Superbus est devenu un des groupes les plus connus de France. C'est Jennifer elle-même qui a donné le nom de Superbus au groupe. Rien à voir avec les transports en commun! Elle feuilletait les pages d'un dictionnaire de latin et elle est tombée sur ce mot qui signifie «magnifique» (dans le sens «superbe, insolent»). Superbus a sorti son premier album intitulé *Aéromusical* en 2002. Il a remporté un franc succès et s'est vendu à 80 000 exemplaires. À cette époque, leur musique était plutôt électrique et on pouvait reconnaître des sonorités pop rock et punk. Superbus a gagné son premier Disque d'Or grâce à *Pop'n'gum*, leur deuxième album, qui est sorti deux ans plus tard. Quant à leur troisième album *Wow*, il a été élu «Meilleur album pop rock» aux Victoires de la Musique, en 2006. Aux dernières nouvelles, ils prévoyaient la sortie d'un DVD live comprenant deux concerts à Paris, dont un acoustique et un électrique.

élu (participe passé d'élire)	*elected, chosen*
casting (m)	*audition*
tournée (f)	*tour*
Les Victoires de la Musique	*French music awards*

1 son lieu et sa date de naissance
2 ses influences musicales
3 l'origine de son nom
4 son âge lors de ses premières représentations en public
5 le nom de ses trois albums
6 son style de musique
7 l'année de sa victoire à un programme télé
8 les chiffres de vente de son premier album
9 l'année de sa participation aux concerts d'un autre chanteur
10 la catégorie dans laquelle il/elle concourait aux Victoires de la Musique

les années 1940 — Édith Piaf

Jacques Brel

les années 1950 — Juliette Gréco

les années 1960

Johnny Hallyday — les années 1970

Grammaire

Le passé composé et l'imparfait (*the perfect and imperfect tenses*)

When you are speaking or writing about the past, you will need to use a mix of the perfect and imperfect tenses. Examiners will reward correct use of these key tenses. Remember: The perfect tense is used mainly for events which have been completed:

Elle est née le 15 novembre 1982.

The imperfect tense is used for past habits and past actions which happened more than once, or went on for some time: À dix ans, elle chantait dans des concerts.

Parler 3 Faites des recherches sur Internet pour préparer et donner une présentation orale d'environ deux minutes sur un chanteur, une chanteuse ou un groupe français(e) (soit un des artistes mentionnés dans cette unité, ou un artiste que vous avez choisi vous-même).

À inclure
- Des informations personnelles (vrai nom, nom de scène, date et lieu de naissance, etc.)
- Style musical
- Influences et expériences
- Résumé de carrière
- Succès (titre de chansons, albums, récompenses, etc.)
- Projets
- Extraits de musique et impressions

- Adapt key phrases from exercise 2 and use at least 3 of the following expressions:
  à cette époque (*at that time*)   quant à (*as for*)   dès son enfance (*from his/her childhood onwards*)   suite à (*following*) lors de (*during, as part of*)
- Vary your sentence structure. Start one or two sentences with a past participle:
  Formé en 1999, le groupe …
  Née le 15 novembre 1982, elle …
  Nommé aux Victoires de la Musique en 2003, il …

Écouter 4 Vrai ou faux? Corrigez les phrases fausses.

1 La chanson française populaire n'a jamais évolué.
2 Brassens est un auteur-compositeur-interprète de chansons dites à textes.
3 Les chansons de variété contiennent des messages politiques.
4 Les chansons de variété divertissent le public tandis que les chansons engagées le font réfléchir.
5 Malheureusement la tradition de la chanson d'auteur a disparu.
6 La suprématie de la langue anglaise a fini par tuer la chanson française.

Écouter 5 Dans ce passage, il s'agit des changements dans la façon d'écouter et d'acheter de la musique. Répondez aux questions en français.

La musique à l'ère du numérique!

1 Quel changement a eu lieu depuis les années 1990?
2 Selon ce texte, pourquoi les iPods sont-ils populaires auprès des jeunes?
3 Pour ceux-ci, quel est l'avantage principal du MP3 par rapport au baladeur traditionnel?
4 Pourquoi peut-on télécharger plus de morceaux de musique sur certains appareils?
5 Quelle autre raison expliquant la popularité de la musique numérique est citée dans ce texte?
6 De quoi l'industrie de la musique profite-t-elle actuellement?
7 Quel est le chiffre d'affaires des ventes de musique numérique?
8 À quel type de distribution numérique correspond ce chiffre d'affaires?

disque (m) dur	*hard disk*
appareil (m)	*piece of equipment*
croissance (f)	*growth*

Écrire 6 Utilisez vos réponses à l'exercice 5 pour écrire un court article sur la musique numérique. Incluez vos préférences musicales et votre opinion sur l'évolution des modes de diffusion et de consommation de la musique.

Dalida — Renaud — les années 1980—1990 — Léo Ferré — Téléphone — Serge Gainsbourg — Superbus — MC Solaar — les années 2000 — Jenifer Bartoli

Parler de l'avenir — *Talking about the future*

le travailleur	*worker*	le virus mortel	*deadly virus*
l'avancée (f)/le progrès technologique	*technological progress*	travailler chez soi	*to work from home*
		prendre le bus	*to take the bus*
le pays lointain	*faraway country*	se parler par visioconférence	*to speak by videoconference*
l'emploi bien payé	*well-paid job*		
l'éducation (f)	*education*	étudier	*to study*
le pays en voie de développement	*developing country*	être sans travail	*to be jobless*
		coûter cher	*to be expensive*
l'inégalité (f)	*inequality*	payer plus d'impôts	*to pay more tax*
le chômage	*unemployment*	trouver le moyen de (guérir)	*to find means of (curing)*
la pauvreté	*poverty*	prévenir	*to prevent*
la criminalité	*crime*	vacciner	*to immunise*
le terrorisme	*terrorism*	sauver la vie	*to save life*
le réchauffement de la planète	*global warming*	s'en sortir	*to get by, improve (one's) lot*
le désastre	*disaster*	se sentir concerné	*to feel concerned*
l'ouragan (m)	*hurricane*	accorder plus d'importance à	*to give more importance to*
l'inondation (f)	*flood*	devenir de plus en plus marqué	*to increase*
le cancer/la maladie grave	*cancer/serious illness*	faire de son mieux	*to do one's best*
le sida	*Aids*		

Parler d'amour et du mariage — *Talking about love and marriage*

le copain/la copine	*boyfriend/girlfriend*	ils se sont connus	*they met*
le partenaire	*partner*	il m'arrive de sortir	*I sometimes go out*
l'amour de (ma) vie/le grand amour	*the love of (my) life*	l'engagement (m)	*commitment*
		l'union (f) libre	*cohabitation*
l'aventure (f)	*fling*	le taux de divorce	*divorce rate*
amoureux(se) de	*in love with*	vieux jeu	*old hat*
se tromper de personne	*to get the wrong person*	sécurisant	*reassuring*
avoir envie de	*to want to*	croire à (la fidélité)	*to believe in (being faithful)*
finir par (trouver)	*to end up (finding)*	se pacser	*to enter into a civil partnership*
s'attacher	*to fall in love*		
s'éclater	*to have fun*	laisser tomber	*to drop, walk away from*

La pression du groupe — *Peer pressure*

les vêtements (m) de marque	*designer clothes*	résister à/affronter	*to stand up to*
les baskets (f)	*trainers*	avoir le courage de	*to have the courage to*
isolé(e)/tout(e) seul(e)	*isolated/alone*	refuser de	*to refuse to*
saoul/ivre	*drunk*	avoir peur de	*to be afraid of*
s'intégrer à	*to become part of*	se forcer à	*to force oneself to*
appartenir à	*to belong to*	se moquer de	*to make fun of*
faire comme tout le monde	*to do the same as everyone else*	mépriser	*to look down on*
		repousser	*to reject*
essayer (un joint)	*to try (a joint)*	inciter/encourager/pousser/forcer qqn à	*to encourage/push/force sb to*
prendre (de la drogue)	*to take (drugs)*		
suivre la mode (à la lettre)	*to follow fashion (closely)*	faire pression/exercer des pressions sur qqn	*to put pressure on sb*
ne pas avoir les moyens de	*to not be able to afford to*		
oser	*to dare*	traiter qqn de (minable)	*to call sb a (loser)*

Le fossé des générations   *Generation gap*

le conflit	*conflict*	(bien) s'entendre (avec)	*to get on (well) (with)*
proche	*close*	partager (les goûts musicaux)	*to share (musical tastes)*
se disputer	*to argue*	entretenir de bonnes	*to have a good relationship*
faire confiance à qqn	*to trust sb*	relations avec	*with*
confier quch à qqn	*to share sth with sb*	vivre en harmonie avec	*to live in harmony with*
se confier à qqn	*to confide in sb*	on ne se supporte pas	*we can't stand each other*
contrôler	*to control*	on se respecte	*we respect each other*
avoir le droit de	*to be entitled to*	ça ne me dit rien (comme	*it isn't (a job) that appeals to*
manquer d'ambition	*to lack ambition*	métier)	*me*

La nouvelle famille   *New family*

la famille monoparentale	*single-parent family*	le demi-frère/la demi-sœur	*half-brother, step-brother/ half sister, step-sister*
la famille recomposée	*step-family*	le conjoint	*spouse*
l'union (f) libre	*cohabitation*	le foyer	*home*
le PACS (pacte civil de solidarité)	*civil partnership*	le sentiment de culpabilité	*feeling of guilt*
le beau-père/la belle-mère	*step-father/step-mother*	faire éclater	*to explode*
		être issu de	*to come from*

Parler d'une drogue et de la dépendance   *Talking about a drug addict and addiction*

l'emprise (f)	*hold, addiction*	le soutien	*support*
le moule	*mould*	libérer	*to free*
la tache	*stain*	réussir	*to succeed*
le petit boulot	*small job*	hospitaliser	*to admit to hospital*
les affaires (f)	*possessions*	se débattre	*to fight, struggle*
menacer	*to threaten*	tenir	*to resist*
maigrir	*to get thinner*	héberger	*to put sb up*
voler	*to steal*	renoncer à	*to give up*
cacher	*to hide*	retrouver	*to get back*
craindre de	*to fear*	régler	*to solve*
replonger	*to become hooked again*	témoigner	*to testify, give evidence*
se mettre à	*to start, take up*	se rendre à	*to go to*
craquer	*to lose patience*	tenir sa promesse	*to be true to one's word*
traiter qqn de	*to call sb a*	laisser tomber	*to drop*
se faire casser la figure	*to get beaten up*	faire face à	*to cope with*
ça ne marche pas	*it doesn't work*		

La télé-réalité   *Reality TV*

le divertissement	*entertainment*	au hasard	*by chance*
la télé-poubelle	*trash TV*	à tout prix	*at any cost*
le genre d'émission	*type of programme*	sélectionner	*to select*
le/la célibataire	*single person*	éliminer	*to eliminate*
le témoignage	*account, story*	passer à la télévision	*to appear on television*
la notoriété	*fame, celebrity*	favoriser	*to give an advantage to*
le voyeurisme	*voyeurism*	avouer	*to admit*
la souffrance	*suffering*	changer de chaîne	*to switch channels*
l'épreuve (f)	*test, challenge*	donner lieu à	*to lead to*
célèbre	*famous*	être accro à	*to be hooked on*
enfermé	*locked in*	faire du spectacle avec	*to make a show of*
débile	*stupid*	prendre ça au sérieux	*to take it seriously*
malsain	*unhealthy*	je n'y vois pas de mal	*I can't see any harm in it*

Les vidéos en ligne / *Online videos*

le monde réel/virtuel	*real/virtual world*	la propagande	*propaganda*
la plateforme de vidéos en ligne	*online video platform*	l'image (f) répréhensible	*reprehensible picture*
l'homologue (m)	*equivalent*	téléchargé	*downloaded*
l'engouement (m)	*craze*	quotidiennement	*every day*
l'internaute (m)	*Internet user*	publier	*to publish*
la diffusion (planétaire)	*(worldwide) broadcasting*	mettre en ligne	*to put online*
le contenu	*contents*	connaître un (grand) succès	*to be (very) successful*

Accros au net / *Hooked on the net*

le quotidien	*everyday life*	exigeant	*demanding*
l'ère (f) du numérique	*digital age*	rapide	*fast*
l'usage (m)	*use*	efficace	*efficient*
la messagerie instantanée	*MSN IM*	pénible	*unpleasant, tiresome*
le réseau social	*social network*	attiré par	*attracted by*
le tchat/le forum de discussion	*chatroom*	habitué de	*familiar with*
		fréquenté par	*attended by*
le blog	*blog*	télécharger	*to download*
le téléchargement	*downloading*	se connecter à	*to connect to*
l'échange (m)	*exchange*	faire partie de	*to be part of*
le lien	*link*	appartenir à	*to belong to*
l'utilisateur (m)	*user*	gagner	*to spread to sb*
la toile	*web/the Net*	avoir tendance à	*to tend to*

La criminalité en ligne / *Online crime*

le virus	*virus*	vulnérable	*vulnerable*
le piratage	*hacking*	transmis par	*transmitted via*
l'escroquerie (f)	*fraud*	choquant	*shocking*
le vol d'identité	*ID theft*	mal intentionné	*with bad intentions*
la malédiction	*curse*	tomber dans le piège	*to fall in the trap*

Le portable / *Mobile phone*

le progrès	*progress*	l'effet (m)	*effect*
le fléau	*scourge*	l'appel (m)	*(phone) call*
le forfait (mensuel)	*(monthly) flat rate*	l'onde pulsée	*pulsating wave*
malsain	*unhealthy*	la radiation	*radiation*
inquiétant	*worrying*	la migraine	*migraine*
rassurant	*reassuring*	la perte de mémoire	*memory loss*
allumé	*on*	la fatigue	*fatigue*
énervant	*annoying*	la dépression	*depression*
joindre qqn	*to get in touch with sb*	le cancer	*cancer*
abuser de	*to overuse*	les maux (m) de tête	*headaches*
bavarder	*to chat*	le cerveau	*brain*
se passer de	*to do without*	le cœur	*heart*
interrompre	*to interrupt*	invisible	*invisible*
s'inquiéter	*to worry*	dangereux(se)/nocif(ve)	*dangerous/harmful*
déranger	*to disturb*	sensible	*sensitive*
laisser sonner	*to let ring*	enceinte	*pregnant*
interdire qqch qqn	*to forbid sb from having sth*	entraîner	*to cause*
ne pas avoir les moyens	*to not be able to afford*	entourer	*to be around*
le côté (négatif)	*(negative) side*	éteindre	*to switch off*

Les jeux vidéo / *Video games*

le jeu de console	*console game*	produire	*to develop*
la scène de violence	*scene of violence*	évoluer	*to evolve*
le sentiment (hostile)	*(hostile) feeling*	s'adresser à	*to target*
le comportement	*behaviour*	comporter	*to include*
la tendance	*tendency*	éprouver	*to feel*
le contrôle (parental)	*(parental) control*	s'aggraver	*to get worse*
l'agression (f)	*aggressivity*	canaliser	*to channel*
néfaste	*harmful*	jouer à la console	*to play on the console*
effrayant	*frightening*	rendre (violent)	*to make (violent)*
physiquement	*physically*	passer (des heures)	*to spend (hours)*

La musique / *music*

banal	*banal*	le hit-parade	*charts*
triste	*sad*	le/la guitariste	*guitar player*
superficiel	*shallow*	le batteur/la batteuse	*drummer*
tragique	*tragic*	le nom de scène	*stage name*
optimiste/pessimiste	*optimistic/pessimistic*	le disque d'or	*gold record*
agréable	*pleasant*	le concert	*concert*
reposant	*restful*	le gagnant/la gagnante	*winner*
gai	*joyful*	le concours (musical télévisé)	*(TV music) competition*
profond	*deep*	le casting	*audition*
léger	*light-hearted*	la tournée	*tour*
désagréable	*unpleasant*	le studio	*studio*
stressant	*stressful*	connu	*famous*
rigolo	*funny*	intitulé	*called*
romantique	*romantic*	acoustique	*acoustic*
niais	*silly*	électrique	*electric*
prétentieux(se)	*pretentious*	élu	*elected, chosen*
monotone	*monotonous*	plongé (dans un univers musical)	*steeped (in a music world)*
rétro	*retro*	enregistré	*recorded*
sans émotion	*devoid of feeling*	chanter	*to sing*
intelligent	*intelligent*	composer	*to compose*
simple	*simple*	sortir victorieux(se) de	*to win*
varié	*varied*	sortir (un album)	*to bring out (an album)*
avant-garde	*avant-garde*	se vendre à X exemplaires	*to sell X copies*
le genre/style de musique	*music genre/style*	remporter/rencontrer un (grand) succès	*to be (very) successful*
la musique (de variété)	*French pop music*		
la chanson à texte/d'auteur	*song with a message*	le chanteur/la chanteuse (de variétés)	*(pop) singer*
la chanson engagée	*protest song*		
les paroles (f)	*lyrics*	l'interprète (m/f)	*performer*
le géant	*giant*	l'auteur-compositeur (m/f)	*writer-composer*

L'ère du numérique / *The digital age*

la musique numérique	*digital music*	le mode d'achat	*purchasing method*
le consommateur	*consumer*	l'industrie (f) de la musique	*music industry*
le baladeur numérique	*digital personal stereo*	le canal de distribution	*distribution channel*
le baladeur CD	*CD personal stereo*	le taux de croissance	*growth rate*
l'appareil (m)	*piece of equipment*	le revenu	*income*
la grande marque	*major brand*	la maison de disques	*record company*
le dernier gadget à la mode	*latest gadget*	distribution en ligne	*online distribution*
le lecteur MP3/MP4	*MP3/MP4 player*	proposé	*offered*
le téléchargement de musique	*music downloading*	tenir absolument à	*to absolutely want to*
la capacité de mémoire du lecteur	*memory capacity of the player*	posséder	*to own*
le format numérique	*digital format*	profiter à	*to benefit*

Épreuve orale

The short text below is typical of the kind of stimulus material you will be given in your speaking exam. You will have 15 minutes to prepare, then the examiner will ask you 4 questions related to the text which will lead into a general discussion of the topic. In the actual exam you will not see the questions. The exam will last 8–10 minutes.

Lire 1 **Lisez le texte et préparez vos réponses aux questions ci-dessous.**

Comment protéger les jeunes en ligne?

Selon des recherches récentes, les ados américains utilisent des réseaux sociaux en ligne:

- Pour rester en contact avec les amis qu'ils voient souvent: 91%
- Pour rester en contact avec les amis qu'ils voient rarement: 82%
- Pour s'organiser avec leurs amis: 72%
- Pour se faire de nouveaux amis: 49%
- Pour «flirter» ou draguer: 17%

Mais comment protège-t-on ces jeunes? Sur les réseaux sociaux, a priori, tout le monde peut être contacté par tout le monde, ce qui pose des problèmes pour la protection des mineurs.

1 Quelle conclusion peut-on tirer des statistiques de cet article?
2 Pourquoi l'auteur de l'article s'inquiète-t-il pour les jeunes?
3 Quelle a été votre réaction en lisant cet article?
4 Que peut-on faire pour protéger les jeunes en ligne?

- The first two questions will relate closely to the content of the text.
- Answer them using your own words, as far as possible. Remember, the aim is to show the examiner that you understand the text and what you can do with the language, rather than just reading bits of the text out loud or repeating part of the question!
- Use synonyms as much as possible, to avoid repeating from the text, e.g. **les jeunes/les ados; utiliser/se servir de; poser des problèmes/présenter des difficultés.**
- The other two questions will ask you to give an opinion reaction or suggest a solution to a problem.

Parler de statistiques

Ces statistiques/ces chiffres/ces pourcentages	These statistics/figures/percentages
indiquent/suggèrent que …	show/suggest that …
D'après ces statistiques, on peut conclure que …	From these statistics, you can conclude that …
une majorité/une minorité/(presque) la moitié/deux tiers/un quart de …	the majority/minority/(almost) half/two thirds/a quarter of …
Plus/moins/autant de jeunes … que….	More/fewer/as many young people … than …
passer beaucoup de temps à (+ infinitif)	to spend a lot of time …ing
communiquer avec/tchater avec …	to communicate with/chat with …
Ils s'en servent aussi pour (+ infinitif)	They also use it for …ing
Ce qui l'inquiète /Ce qu'il trouve inquiétant, c'est que/c'est le fait que …	What worries him/What he finds worrying is that/is the fact that …
les jeunes peuvent être contactés par …	young people can be contacted by …

(Look back at pages 46–47 for ways of agreeing or disagreeing.)

L'auteur de l'article a raison/tort de s'inquiéter, car …	The author of the article is right/wrong to be worried, because …
Je connais des jeunes/Je ne connais pas de jeunes qui …	I know young people/don't know any young people who …
avoir une mauvaise expérience	to have a bad experience
rencontrer des gens dangereux/mal intentionnés	to meet dangerous/nasty people
Je ne vois pas de solution facile à ce problème.	I can't see an easy solution to this problem.
On ne peut pas empêcher les jeunes de (+ infinitif)	You can't stop young people …ing
Il faut enseigner aux jeunes de (ne pas) (+ infinitif)	We have to teach young people (not to)…

Parler 2 **À deux. Répondez oralement aux questions de l'exercice 1.**

Écouter 3 Écoutez un candidat répondre aux mêmes questions pendant l'examen oral. Notez:

1 Les réponses du candidat/de la candidate aux quatre questions.
2 Les questions qu'utilise l'examinateur/l'examinatrice pour entamer une discussion plus générale sur le même sujet.
3 Les idées et les opinions du candidat/de la candidate lors de la discussion.

Gare aux gaffes!
Make sure you avoid these common mistakes in your exam:

	Gaffe ✗	Version correcte ✓
Leaving out **que**	Je pense c'est vrai.	Je pense **que** c'est vrai.
Leaving out **pas**	Je ne suis d'accord.	Je ne suis **pas** d'accord.
Using **pas** with another negative.	Il ne faut **pas jamais** …	Il ne faut jamais …
Using infinitives when the verb should be conjugated.	Certains penser que … Les parents devoir …	Certains **pensent** que … Les parents **doivent** …
Using singular verb forms with plural subjects.	Les jeunes peut … Des jeunes qui a rencontré …	Les jeunes **peuvent** … Des jeunes qui **ont** rencontré …
Using infinitives instead of past participles.	Je connais des jeunes qui ont avoir …	Je connais des jeunes qui ont **eu** …

 Lire 4 Lisez l'article et préparez vos réponses aux questions ci-dessous.

Le cannabis: Pire que la cigarette

Fumer trois joints est l'équivalent de fumer un paquet de cigarettes, avec les mêmes risques de maladies du cœur ou de cancer. C'est ce que révèlent les résultats d'un test effectué en laboratoire par le magazine *60 millions de consommateurs*. Le cannabis est la drogue illicite la plus consommée en France et fait inhaler sept fois plus de goudron et de monoxyde de carbone que la cigarette.

goudron (m)   *tar*

1 Quel est le thème majeur de ce texte?
2 Quelles conclusions peut-on tirer des recherches mentionnées dans l'article?
3 Pensez-vous que la consommation de cannabis des jeunes est un problème sérieux?
4 À votre avis, faut-il légaliser le cannabis?

- Jot down key words you could use to answer the questions, using synonyms as much as possible.
- Try to predict how the discussion might develop and prepare things you could say.
- Avoid overusing **parce que**. How many other words do you know for *because*? But remember **parce que** = *because* and **à cause de** = *because of*.

 Parler 5 À deux. Répondez oralement aux questions de l'exercice 4.

Parler 6 Lisez le texte suivant et écrivez quatre questions qu'on pourrait vous poser.

Dans le monde d'aujourd'hui le concept de l'amour exclusif, celui de rester fidèle à un seul partenaire pour la vie, n'est plus la norme. En France, près d'un mariage sur deux se termine par un divorce et le nombre de personnes qui se marient continue de baisser chaque année. Pourtant, les ados déclarent toujours croire au grand amour. Même s'ils ne tiennent pas tous à se marier, la majorité espère trouver un partenaire pour la vie. Cela semble coïncider avec les chiffres selon lesquels un couple sur dix, soit environ 5 millions de français, préfère l'union libre au mariage.

Épreuve écrite

Lisez l'article et les instructions ci-dessous.

 The following article is the kind of short text you will be given as a stimulus in your writing test. You will be asked to write a letter or article in French of between 200 and 220 words based on the text. You will be given four bullet points outlining the areas you must include in your writing.

Appartenir à une tribu, c'est choisir une image de soi

Si on regarde une sortie de lycée, vue de loin, c'est le rendez-vous du noir. Mais zoom avant sur les groupes d'amis et ça se complique. Des codes d'apparence se distinguent: pantalons baggy de skateurs, longues vestes noires gothiques, joggings et baskets de marque, jeans et petits tops fashion, jupes hippies et imprimés ethniques. Un mélange de genres qui illustre une recherche de style et d'image. La mode offre un moyen important de s'affirmer et de créer son identité.

Vous écrivez un article pour expliquer ce que vous pensez de la mode. Vous devez mentionner les points suivants:

● Pourquoi la mode a une telle importance pour les jeunes.
● Ce que vous pensez de la mode en général.
● Ce que vous pensez des «codes d'apparence» adoptés par les jeunes.
● Quelle influence, positive ou négative, la mode a sur les jeunes.

Lisez la copie d'un candidat et les conseils suivants.

Replace repeated nouns with subject pronouns like **ils**.

Use synonyms.
codes d'apparence = styles vestimentaires

Vary opinion expressions.
Il me semble/Je crois/Selon moi/À mon avis, etc.

Je pense que les jeunes aiment la mode et que la mode a beaucoup d'importance pour les jeunes parce que les gens célèbres aiment la mode et les jeunes veulent imiter les gens célèbres. J'aime la mode, mais je ne suis pas la mode à la lettre, parce que c'est cher. Je pense que les codes d'apparence sont importants pour les jeunes. Je pense que les codes d'apparence aident les jeunes dans leur recherche d'identité. Je pense qu'il est important pour les jeunes de choisir une image. La mode peut avoir une mauvaise influence sur les jeunes ou créer des problèmes parce que parfois quand un jeune ne porte pas de marques, les autres jeunes se moquent de lui.

Replace repeated nouns after prepositions with emphatic pronouns like **eux**.

Use direct object pronouns like **les** to avoid repetition.

- The above answer covers all the required points and is in correct French but it wouldn't score very high marks. Why not? Firstly, because the candidate has used words and phrases from the text, rather than showing what he/she can do with the language. Which parts of his/her answer could be changed to avoid using whole phrases from the text and how?
- Secondly, the style is quite repetitive. Which words has the candidate overused and how could he/she avoid repeating them?
- Thirdly, it's too short (it must have a minimum of 200 words) and points are only covered briefly. The candidate needs to expand on each part of his/her answer, giving reasons which back up his/her opinions and using examples to illustrate what he/she thinks. Can you identify points in the above answer where the candidate could add more detail?

Donner des exemples

Prenons l'exemple de	Let's take the example of
pour prendre un (autre) exemple	to give (another) example
l'exemple de … confirme que …/	the example of … confirms that …/
… illustre bien le fait que …	… is a good example of the fact that …
en premier lieu/dans un premier temps	in the first place
tout d'abord	first of all
de même/également	also
de même que	the same goes for
d'ailleurs/on doit dire en plus que/en outre	what's more
non seulement … mais aussi …	not only … but also …
il ne faut pas oublier (que) …	let's not forget (that) …

Écrire 3 Améliorez les réponses du candidat aux questions de l'examen en tenant compte des conseils donnés.

 Lire 4 Lisez l'article suivant.

Moins de blabla, plus de réflexion

Du 6 au 8 février éteignez vos portables! Ces Journées mondiales qui ont lieu tous les ans depuis 2001 sont l'initiative de Marso, écrivain français indépendant. L'objectif de ces trois jours de réflexion est de débattre et de sensibiliser les gens aux problèmes de santé et de savoir vivre posés par cet outil de communication qui a envahi les lieux publics. En Espagne, des internautes ont même lancé une journée «téléphones mobiles muets», pour protester contre les hausses de tarifs proposés par les opérateurs. Reste à voir si l'initiative se répandra dans d'autres pays du monde.

Écrire 5 Écrivez un article entre 200 et 220 mots pour expliquer ce que vous pensez de l'idée de ces Journées sans téléphone portable. Vous devez mentionner les points suivants:

- Ce que vous pensez de l'utilisation du portable dans votre pays.
- Les avantages et les inconvénients du portable.
- Ce que vous pensez de l'idée de ces Journées sans portable.
- Quelles autres mesures vous proposez pour minimiser les problèmes associés au portable.

- Make sure you cover all four bullet points in your answer.
- Write at least 200 words but do not exceed the word limit. Anything you have written beyond that might not be marked. You may be penalised for not covering all the bullet points.
- As well as giving your own opinions try to present both sides.
- Give reasons for your and others' opinions and use examples.

Gare aux gaffes!
Make sure you avoid these common mistakes in your exam:

	Gaffe ✗	Version correcte ✓
Using the wrong or no adjective agreement.	Les portables sont une bon chose.	Les portables sont une **bonne** chose.
Not using infinitives after modals, verbs of liking, etc.	On doit utilise moins son portable.	On doit **utiliser** moins son portable.
Using made-up 'franglais' words.	Il faut recogniser que …; pour solver le problème; on peut advertiser dans le journal.	Il faut **reconnaître** que …; pour **résoudre** le problème; on peut **mettre une annonce** dans le journal.

The common mistakes mentioned on page 55 apply to the written exam as well as the oral, so make sure you avoid those, too!

 Lire 6 Lisez le texte suivant.

La musique, ça fait du fric!

S'évader, se détendre après une longue journée à l'école: ce sont les principales raisons que citent la majorité des adolescents pour expliquer l'importance qu'ils attachent à la musique. Grâce à l'apparition d'appareils numériques tels que les lecteurs MP3 et MP4, les ados peuvent désormais télécharger des centaines, voire des milliers de morceaux, autant de musique qu'ils ont besoin pour oublier leur stress quotidien. Mais la musique numérique ne représente-t-elle pas également un nouveau moyen de tirer profit de ceux qui sont adeptes, de musique et des nouvelles technologies? À en juger par la croissance des revenus des maisons de disques et des compagnies produisant les baladeurs numériques on peut se demander à qui profite le plus cette nouvelle ère musicale.

Écrire 7 Vous écrivez un article pour donner votre réaction à ce texte. Écrivez entre 200 et 220 mots en français. Vous devez mentionner les points suivants:

- Quelle importance vous attachez à la musique.
- Ce que vous pensez de la musique numérique.
- Si vous croyez que les jeunes sont exploités par l'industrie de la musique.
- Quels changements vous proposez aux moyens d'acheter et d'écouter de la musique.

Module 2 · objectifs

(t) Thèmes

- Choisir un sport suivant son tempérament
- Discuter des sports extrêmes
- Parler des loisirs
- Parler de l'évolution des styles de vie
- Parler des régimes alimentaires
- Discuter de la perte de poids
- Parler du tabagisme
- Parler des campagnes de prévention

(g) Grammaire

- Le conditionnel
- à ou **de** + infinitif
- Les adjectifs indéfinis
- Les pronoms **y** et **en**
- Révision de l'imparfait
- Faire des hypothèses avec **si**
- Le participe présent
- L'impératif
- Le passif

(S) Stratégies

- Comprendre des expressions idiomatiques
- Débattre: être pour ou contre
- Paraphraser et utiliser des synonymes
- Donner des exemples pour développer son opinion
- Expliquer des causes et proposer des solutions
- Répondre en changeant la forme des verbes
- Conseiller
- Faire passer un message important
- Écrire une lettre formelle

1 · À chacun son sport

Face à soi ou face aux autres, le sport est révélateur de personnalité.

Êtes-vous fait(e) pour les sports collectifs tels que le foot, le rugby ou le basket? Avez-vous l'esprit d'équipe ou bien êtes-vous plutôt du genre solitaire et préférez pratiquer des sports individuels? Pour connaître le sport qui correspond le mieux à votre personnalité, faites ce test!

1 Un code vestimentaire strict pour certains événements …
  A Dans la vie, il y a des règles, c'est comme ça.
  B Vous adorez, vous avez l'impression de devenir un personnage différent.
  C Ça va pas la tête?

2 Faire des footings pour gagner en endurance …
  A C'est indispensable, et ça permet de se vider la tête.
  B Vous en faites, mais vous préférez le sprint.
  C Pour quoi faire? Courir tout seul et sans but, c'est ennuyeux.

3 Vous préférez …
  A La terre, le feu et l'eau.
  B La terre, l'air et le feu.
  C L'eau, l'air et la terre.

4 Ne parler à personne pendant dix minutes …
  A C'est impossible. D'ailleurs, votre téléphone portable ne vous quitte jamais.
  B C'est long. Mais ça permet de réfléchir.
  C C'est reposant.

5 Un bon sport pour vous, c'est …
  A Une activité qui vous fatigue et vous fait transpirer.
  B Une activité qui vous fait prendre l'air et permet de vous évader.
  C Un mélange de défoulement et de dépaysement.

6 Suivre la tactique de quelqu'un d'autre …
  A Aucun problème. Quelqu'un qui n'est pas au cœur de l'action a toujours une meilleure vue d'ensemble.
  B Si vous comprenez la tactique et qu'elle est appropriée, pas de problème.
  C Jamais! Personne ne vous dit quoi faire.

7 La vie en collectivité …
  A C'est votre philosophie. Un pour tous, tous pour un.
  B À part la salle de bains commune, vous n'êtes pas contre/vous n'y êtes pas opposé.
  C C'est l'enfer!

Une majorité de A
Vous n'aimez pas vous trouver seul(e) face à vous-même. Vous préférez vous identifier à un groupe, faire partie d'une équipe. Vous êtes perdu(e) sans une balle ou un ballon. Les sports collectifs (le rugby, le football, le basket-ball, le handball) seraient parfaits pour vous.

Une majorité de B
Vous êtes attiré(e) par la confrontation physique ou mentale dans le sport. Vous avez l'esprit d'équipe cependant, vous préférez ne dépendre que de vous-même plutôt que d'affronter un adversaire. Un sport individuel ou solitaire conviendrait mieux à votre personnalité (la natation, le tir à l'arc, le kayak, le parapente, le billard).

Une majorité de C
Au lieu d'affronter des concurrents, vous préférez les défis personnels, vous préférez vous mesurer à vous-même. Vous préférez les sports de face-à-face individuels (le tennis, le ping-pong, le judo, le karaté).

Lire 1 Trouver le sens des mots suivants dans le dictionnaire.

1 vestimentaire 5 but 9 défoulement
2 règles 6 transpirer 10 dépaysement
3 personnage 7 s'évader 11 cœur
4 footing 8 mélange 12 enfer

Lire 2 Sans utiliser un dictionnaire, trouvez l'équivalent dans le test des phrases suivantes.

1 are you crazy? 5 to get away from it all
2 what's the point? 6 to be at the heart of what's going on
3 to clear your mind 7 it's hell!
4 to get some fresh air

- Look for near-cognates (e.g. **activité**/*activity*, **réfléchir**/*reflect*).
- Remember, some expressions may not be the literal equivalent of the English, especially colloquial phrases (*are you crazy?*, *what's the point?*) or idiomatic expressions (*clear your mind, at the heart of what's going on*). Look for words which might link to the expression in English (*crazy*/**tête**).

Parler 3 À deux. Faites le jeu-test oralement et notez les lettres de vos réponses.

Lire 4 Lisez les résultats du test. Quel sport correspondrait le mieux à votre personnalité? Êtes-vous d'accord ou pas? Pourquoi?

Écouter 5 Écoutez Éléa, Margaux et Jérémy qui eux aussi ont fait le jeu-test. Pour quel type de sport sont-ils faits? Prenez des notes, puis expliquez en français.

Selon le test	il est fait / elle est faite	pour les sports	individuels … d'équipe … collectifs …	puisque … parce que … car …

Grammaire

Le conditionnel (*the conditional*)

It usually translates as *would …*, except for **devoir**, **falloir** (*should/ought to*), and **pouvoir** (*could*):
je voudrais faire (*I would like to do*), **je devrais faire** (*I ought to do*), **on pourrait faire** (*we could do*).

To form the conditional, take the future tense stem of the verb and add the imperfect tense endings. (See future tense and imperfect tense p.150).
The future tense stem of regular verbs is the infinitive.
The imperfect tense endings are:

je -ais	nous -ions
tu -ais	vous -iez
il/elle/on -ait	ils/elles -aient

I would like → to like = aimer → future stem = **aimer** → + *I* ending **-ais** = conditional: **j'aimerais**

Remember many common verbs have irregular future stems.
For a full list of irregular future stems and conditionals, see the *Tableaux de conjugaison* (p.158–169).

Écrire 6 Mettez les verbes au conditionnel. Ensuite traduisez les phrases.

1 Il (**aimer**) bien essayer le judo.
2 Je ne (**faire**) jamais un sport comme la natation.
3 Tu (**avoir**) trop peur de l'eau?
4 Ils (**préférer**) les sports d'équipe.
5 Elle (**vouloir**) bien savoir jouer au rugby.
6 On (**pouvoir**) faire des recherches sur Internet plus tard.
7 Nous (**devoir**) essayer le tir à l'arc.
8 Il ne (**falloir**) pas faire d'équitation si tu es allergique aux poils de cheval!
9 C' (**être**) chouette d'apprendre à faire du tir à l'arc.
10 Selon le test, le judo ou le karaté m'(**aller**) bien.

Parler 7 Sans prendre de notes, parlez de vos résultats au jeu-test.

● Explain what the results say about you, adapting phrases from the test results.
● Say whether you think the results are correct.
● Say whether you would like to try any of the sports recommended for your personality and, if not, why not.
● Include at least five different examples of the conditional. Use or adapt phrases from exercise 6.
● Include at least one colloquial or idiomatic expression (see exercise 2).

Selon les résultats du test, je (ne) serais (pas)/je serais plutôt fait(e) pour …
Les sports qui correspondraient le mieux à ma personnalité/mon tempérament/mon profil sont …
D'après ce test, j'aime/je n'aime pas/je suis/j'ai tendance à …

ce qui est	un peu vrai	parce que …
	complètement faux	puisque …
	assez ridicule	car …
ce qui n'est pas	tout à fait exact	
D'une part, il est vrai que …	D'autre part, …	

Par contre/En revanche/Cependant/Pourtant/Néanmoins …
Je n'ai jamais essayé …
Quant à …

Selon les résultats du test, je serais plutôt faite pour les sports individuels, les sports solitaires tels que la gymnastique, la natation ou l'équitation. D'après ce test, j'aime les défis mais je n'aime pas affronter d'autres concurrents, ce qui est complètement faux, puisque j'aime jouer au tennis, par exemple. Quant à la natation, il est vrai que j'aime bien ce sport. En revanche je ne voudrais pas faire d'équitation, car j'aurais trop peur de tomber. Ce serait intéressant d'apprendre à faire de la gymnastique, je pourrais faire un stage peut-être.

Écrire 8 Écrivez un paragraphe sur vos résultats, en suivant les conseils de l'exercice 7.

t	Discuter des sports extrêmes
g	• à ou de + infinitif • Les adjectifs indéfinis
s	Débattre: être pour ou contre

2 · Accros à l'adrénaline

SPORTS EXTRÊMES:
à la recherche de sensations fortes

le base-jump

le canyoning

le zorbing

le parkour

Écouter 1 De quelle photo ces personnes parlent-elles? Leur réaction est-elle positive, négative ou ont-elles un avis partagé?

> You don't have to use the same adjectives as the people in the recording (use some new adjectives, if you wish), but each group of phrases must make sense and add up to a consistent opinion.

Écouter 2 Réécoutez ce passage. Cinq des adjectifs ci-dessous ne sont pas mentionnés. Lesquels?

courageux	effrayant	dangereux
casse-cou	impressionnant	fou
ridicule		irresponsable
incroyable	terrifiant	stupide
	marrant	

Grammaire

L'infinitif précédé par à ou de (*the infinitive preceded by à or de*)

Some verbs can be followed by a second verb in the infinitive. The infinitives may follow directly or be preceded by à or de. There is no rule to this, you just have to learn each verb by heart. You may find it is easier to learn a verb with an example.

J'**aimerais sauter** en parachute.
Elle **apprend à faire** du base-jump.
Il faut **empêcher** les gens **de prendre** de tels risques.

For a list of these verbs, see page 146.

Lire 3 Complétez ces phrases avec le bon adjectif. Il y a plusieurs possibilités correctes.

1 Plonger du haut d'une cascade dans une rivière pleine de rochers, c'est très _____. Il faut être _____ pour faire une telle activité. Ça doit être _____.

2 Je trouve ça _____ de pouvoir sauter d'un bâtiment à l'autre. C'est _____ de pouvoir le faire. Je ne sais pas si je serais assez _____ pour essayer de faire ça.

3 Descendre une pente en roulant dans une grande boule en plastique – c'est _____ comme sport. Ce serait _____ de faire ça.

4 C'est _____, ça! Sauter du pic d'une montagne avec un tout petit parachute, c'est tout à fait _____. À mon avis, c'est complètement _____ de prendre de tels risques.

Lire 4 Reconstituez ces phrases au conditionnel puis traduisez-les en anglais.

1 Je ne ferais jamais …
2 J'aurais trop peur …
3 Je mourrais …
4 Je ne sais pas si je serais …
5 J'aimerais bien …
6 Ce serait marrant …
7 Je ne sais pas si …
8 On ne devrait pas …
9 Il faudrait empêcher les gens …
10 Je voudrais bien apprendre …

a prendre de tels risques.
b essayer de faire ça, mais en prenant certaines précautions.
c de peur.
d j'oserais faire certains sports, comme le base-jump.
e de me tuer à chaque saut.
f une telle chose.
g assez courageuse pour prendre tous ces risques.
h d'essayer quelques sports extrêmes.
i à faire plusieurs sports extrêmes.
j de faire un tel sport.

Parler 5 Quelle est votre réaction face aux photos? Discutez à deux, en utilisant le vocabulaire des exercices précédents et vos propres idées.

Exemple:

● *Quelle est ta réaction face à ces photos? Que penses-tu du base-jump, par exemple?*

■ *À mon avis, il faut être fou pour faire ça! Sauter du pic d'une montagne avec un tout petit parachute, c'est … Je ne ferais … J'aurais … Et toi, qu'en penses-tu?*

Écrire 6 Traduisez ces phrases en français.

1 He can't come every day because he is learning to do canyoning.
2 She refuses to do certain activities and he hates all the sports.
3 They want to prevent me from doing such activities.
4 You must stop taking all these risks and start being responsible.
5 We have decided to continue doing several sports.
6 I would like to try a few extreme sports but I think I would be too afraid to hurt myself.

Lire 7 Lisez les réponses postées sur ce blog. Chacune des phrases ci-dessous correspond à ce que dit l'une des personnes. Écrivez le bon prénom pour chaque phrase.

à l'examen

- In an exam task like this, the statements will *paraphrase* what is said in the text.
- Look carefully at the fine detail of each text and each statement, don't jump to conclusions based on one or two words e.g. Farid's text and statement **c** both use **risquer sa vie**, but does what Farid says mean the same as statement **c**?

a On devrait donner des soins médicaux aux gens qui le méritent le plus.
b Le niveau de danger est comparable à celui d'autres sports.
c Chacun est libre de risquer sa vie.
d Personne n'a le droit de mettre d'autres personnes en danger.
e Il est essentiel que les pratiquants de sports extrêmes soient informés et conscients des risques qu'ils prennent.

Grammaire

Les adjectifs indéfinis (*indefinite adjectives*)

Indefinite adjectives agree in gender and number.

m sing	f sing	m pl	f pl	
chaque	chaque	-	-	*each, every*
-	-	plusieurs	plusieurs	*several*
certain	certaine	certains	certaines	*some, certain*
quelque	quelque	quelques	quelques	*a few*
un tel	une telle	de tels	de telles	*such a/such*
tout	toute	tous	toutes	*all*

Je ne ferais jamais une **telle** activité.*
On ne peut pas empêcher les gens de prendre **certains** risques.

* Note the word order in French to say *such a …*

Faut-il interdire les sports extrêmes?

Charlotte

Il s'agit de la liberté de chacun. Les gens qui pratiquent certains sports extrêmes font ça à leurs risques et périls et on n'a pas le droit de les empêcher de faire comme ils veulent. Tout ce qu'on peut faire, c'est encourager les gens à pratiquer de tels sports de façon responsable.

Farid

Ce qui me pose problème, c'est que faire de telles activités peut mettre en danger d'autres personnes, voire entraîner leur mort. Suite à un accident de canyoning par exemple, ce serait les sauveteurs de montagne qui risqueraient leur vie pour venir au secours de quelques personnes irresponsables et je trouve ça inacceptable.

Vincent

Ceux qui pratiquent de telles activités sont inconscients, ils ne pensent pas aux conséquences de leurs actes. Ils ne tiennent pas compte du fait que s'ils se blessent et qu'ils doivent être hospitalisés, ils prennent la place d'autres personnes qui sont vraiment malades et qui ont besoin de soins, comme des personnes âgées ou des enfants par exemple.

Romane

On peut constater que plusieurs sports dits «extrêmes» ne sont pas forcément plus dangereux que certains sports traditionnels tels que le rugby, la boxe ou la course automobile. Comment donc justifier l'interdiction de certains sports et pas d'autres?

Parler 8 Faites un débat autour de la question «Faut-il interdire les sports extrêmes?». Une partie de la classe serait pour les interdire et l'autre partie de la classe contre cette interdiction.

- Make notes about what you want to say, using only key words, not whole phrases.
- As well as using ideas from the spread, come up with some ideas of your own.
- Look back at previous units for useful debating phrases (see pages 33, 43 and 46).
- During the debate, work only from your notes. This will help you to sound more natural rather than as though you are reading things out.
- Listen carefully to what each person says and be ready with your counter-arguments, backing up what you say with reasons and examples.

t Parler des loisirs

g Les pronoms **y** et **en**

s Paraphraser et utiliser des synonymes

3 · Pantoufles ou baskets?

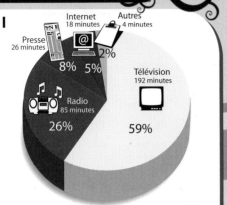

I

Internet 18 minutes · Autres 4 minutes · Presse 26 minutes · 2% · 8% · 5% · Télévision 192 minutes · Radio 85 minutes · 26% · 59%

Temps moyen quotidien consacré aux différents médias par les Français entre 16 et 60 ans.

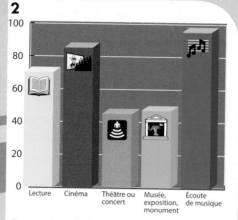

2

Lecture · Cinéma · Théâtre ou concert · Musée, exposition, monument · Écoute de musique

Proportion de Français de 15 à 29 ans qui, l'année dernière, ont pratiqué au moins une fois ces activités culturelles.

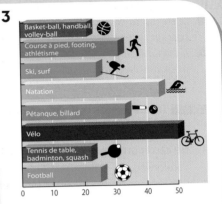

3

Basket-ball, handball, volley-ball · Course à pied, footing, athlétisme · Ski, surf · Natation · Pétanque, billard · Vélo · Tennis de table, badminton, squash · Football

0 · 10 · 20 · 30 · 40 · 50

Proportion de Français de 15 à 29 ans qui pratiquent ces activités sportives.

Écrire 1 Regardez les graphiques sur les Français et les loisirs. Écrivez dix phrases, dont trois fausses, sur ces statistiques. Échangez vos phrases avec un(e) partenaire et identifiez le plus vite possible les phrases fausses.

Exemple:

*Les Français consacrent chaque jour **plus** de temps à la radio **qu'**à l'Internet. (vrai)*

*Les sports **les moins** pratiqués par les jeunes Français sont le tennis de table, le badminton et le squash. (faux)*

***Plus** de jeunes Français vont au cinéma **qu'**ils ne …*

Écouter 2 Justine, une lycéenne, est interviewée au sujet de ses loisirs. Dans quelle mesure ses habitudes sont-elles similaires à celles de la majorité des Français? A-t-elle des habitudes différentes? Justifiez votre réponse.

Exemple: *En ce qui concerne le sport, ses réponses sont différentes des statistiques. Elle joue au volley et au basket, elle n'aime pas la natation et le vélo, alors que ce sont les sports les plus populaires chez les jeunes entre 15 et 29 ans.*

En ce qui concerne les médias …/Dans le domaine de la culture …

Ses réponses correspondent/Ce qu'elle dit ne correspond pas aux statistiques.

Ses réponses sont différentes de …/ pareilles que …

parce que …

contrairement à la plupart/la moyenne/la majorité des Français qui …

Comparatif

Les Français consacrent chaque jour plus/moins de temps à (+ nom) qu'à (+ nom).

Plus de jeunes Français lisent/écoutent/font/jouent/pratiquent … qu'ils ne vont/ jouent …

Superlatif

Les Français consacrent quotidiennement la plupart de leur temps à (+ nom).

L'activité la plus/moins populaire parmi/chez les jeunes Français est … (+ nom ou inf).

Le(s) sport(s) le(s) plus/le(s) moins pratiqué(s) par les jeunes Français est/sont … (+ nom).

pratiquer une activité   consacrer du temps **à** + inf   passer du temps **à** + inf

s'entraîner **à** un sport   s'intéresser **à** une activité

Grammaire

Les pronoms *y* **et** *en* (*the pronouns* ***y*** *and* ***en***)

Use **y**:

- To replace **à** + noun.
  Ils aiment jouer **au rugby**?   Oui, ils **y** jouent tous les week-ends.
- To replace **à** + infinitive verb. (See page 62)
  Elle pense **à s'entraîner** tous les jours?   Oui, elle **y** pense tous les jours.
- To replace most prepositions of place (**à, chez, sur,** etc.) + noun.
  Vas-tu souvent **au cinéma**?   J'**y** vais au moins une fois par mois.

Use **en**:

- To replace **de** (**du/de la/de l'/des**) + noun.
  Ma sœur joue **de la clarinette**.   Elle **en** joue très bien.
- To replace **de** + infinitive (See page 62)
  On va se rappeler **du concert**.   Oui, on va s'**en** rappeler.
- To replace expressions of quantity, to mean *some, of it* or *of them*.
  Il a lu **cinq journaux**.   Il **en** a lu cinq.

When more than one pronoun is used in a sentence, they go in a specific order (see page 144).

Il a donné deux DVD à Paul. → Il **lui en** a donné deux.

Ils vont accompagner ma sœur au cinéma. → Ils vont l'**y** accompagner.

Écrire 3 Répondez aux questions suivantes, en utilisant *y* ou *en*.

Exemple: 1 *Oui, j'y vais assez souvent.*

1 Allez-vous souvent au cinéma?
2 Combien de fois par semaine faites-vous du sport?
3 Avez-vous déjà joué à la pétanque?
4 Vous intéressez-vous à la musique classique?
5 Avez-vous déjà fait du ski?
6 Jouez-vous du piano?
7 Consacrez-vous beaucoup de temps à la lecture?
8 Lisez-vous des journaux?

Parler 4 Utilisez ou adaptez les questions de l'exercice 3 pour interviewer votre partenaire. Il/Elle doit répondre en utilisant *y* ou *en*.

Lire 5 Trouvez dans l'article l'équivalent des mots ou des phrases ci-dessous.

1 l'endroit où on habite (3 expressions)
2 protégé, à l'abri
3 qui fonctionnent bien
4 des appareils pour écouter ou enregistrer de la musique ou des films
5 très grand
6 connexion Internet rapide
7 diminuent, deviennent plus petits
8 deviennent plus grandes, s'améliorent
9 apprécier, goûter avec plaisir
10 préparer
11 apporter chez soi
12 les hypermarchés

Lire 6 Répondez en français aux questions sur l'article, en utilisant le plus possible vos propres mots.

1 Selon le premier paragraphe, pourquoi les Français préfèrent-ils sortir le moins possible?
2 Dans le contexte du passage, expliquez le sens de l'expression «connectés à distance».
3 Quels changements dans la qualité des appareils domestiques ont réduit la nécessité d'aller au cinéma, à un concert ou au cybercafé? Donnez **trois** détails.
4 Quel facteur économique encourage aussi les gens à acheter ces appareils?

Les loisirs: pas besoin de sortir!

Les loisirs à domicile ont connu un très fort développement. Les Français sont de plus en plus attachés à leur foyer, lieu abrité des «agressions» du monde extérieur. D'autant plus qu'ils peuvent rester «connectés» à distance par des équipements de plus en plus nombreux et efficaces: télévision, radio, téléphone, Internet, etc.

L'offre de biens d'équipement et de services de loisir domestiques s'est ainsi considérablement enrichie. On peut trouver chez soi la qualité d'image et de son des salles de cinéma ou de concert grâce aux systèmes audiovisuels numériques: lecteurs-enregistreurs de CD et de DVD de salon; téléviseurs LCD ou plasma à écran plat et géant recevant des programmes en haute définition; ordinateurs connectés à Internet à haut débit, etc. D'autant que les prix de ces appareils baissent régulièrement, tandis que leurs performances augmentent.

Il n'est donc plus obligatoire de se rendre dans une salle de cinéma pour voir un film ou dans un cybercafé pour envoyer un mail ou surfer sur Internet. On n'est même plus obligé d'aller dans un café traditionnel pour y déguster un expresso, puisque des machines permettent de le faire chez soi en quelques secondes et pour moins cher. On peut même se passer de fréquenter des restaurants en se faisant livrer à domicile des plats préparés signés de grands chefs, vendus dans les grandes surfaces. De même, on peut faire l'économie d'une inscription dans une salle de gymnastique puisque des appareils individuels sophistiqués peuvent être installés à domicile.

5 Selon le passage, pourquoi n'a-t-on plus besoin d'aller dans un café traditionnel?
6 Comment les grandes surfaces contribuent-elles à décourager les gens d'aller au restaurant?
7 Selon la fin du passage, quel est l'avantage de se faire installer de l'équipement sportif chez soi?

Écrire 7 Choisissez un des deux essais. Écrivez un essai d'entre 200 et 220 mots au sujet des loisirs. Vous devez mentionner les points suivants:

Essai 1
● Les loisirs que vous pratiquez, où et avec quelle fréquence.
● Comment le monde des loisirs a changé depuis votre enfance.
● Comment vous imaginez le monde des loisirs d'ici vingt ans.

Essai 2
● Les loisirs que vous pratiquez, où et avec quelle fréquence.
● Les avantages de sortir ou de rester à la maison pour pratiquer ses loisirs.

à l'examen

Remember, you won't gain marks if you copy whole chunks from the text. The aim is to show that you can manipulate the language confidently and accurately. You can do this by:
• Using synonyms. How could you avoid repeating **écran géant** or **à haut débit** from the passage in your answer to question 3?
• Paraphrasing. Simply say in French *they cost less* instead of *the price of these regularly goes down.*

You may be asked to explain what a particular expression means in the context of the passage (question 2). Try to think of how you would explain it as simply as possible in English, then find a way of saying the same thing in French.

à l'examen

• Aim to include at least two examples of **y** or **en**.
• Use *some* ideas from the article, but
a make sure you paraphrase and use synonyms as much as possible and
b add some new ideas.
e.g. The number of leisure centres has greatly increased, people are much more health-conscious, you can now download music, films and TV programmes from the internet, etc.
e.g. What might virtual reality enable us to do in sport, in TV, or in the cinema? Will cinemas, concert venues and restaurants still exist? If so, what will they be like? Use the future tense to describe your ideas (see page 32).

4 · Ça bouge la jeunesse?

Parler 1 Racontez ce qui se passe dans la bande dessinée.

Écouter 2 Écoutez. Dans ce passage, il s'agit du temps que les jeunes consacrent à l'activité physique. Choisissez **les quatre** bonnes réponses.

Qui est-ce qui pousse les jeunes à se bouger?

a Presque les trois-quarts des jeunes font de l'activité physique grâce à leurs parents.

b Moins de la moitié des jeunes font de l'exercice grâce à leurs parents.

c Les profs d'éducation physique influencent moins les jeunes à faire de l'exercice que leurs amis.

d Les profs d'éducation physique influencent plus les jeunes à faire de l'exercice que leurs amis.

e Plus d'un tiers des jeunes font de l'activité physique en plus de leurs études.

f Plus d'un tiers des jeunes ne font aucune activité physique à cause de leurs études.

g La plupart des filles font de l'exercice pour améliorer leur apparence physique.

h La plupart des garçons font de l'exercice pour améliorer leur apparence physique.

Lire 3 Lisez l'article et répondez aux questions en anglais.

1 According to the article, what is wrong with the 21st century lifestyle?

2 Give **three** examples of this, from the text.

3 Explain the recommendations of the PNNS.

4 Name **five** benefits of physical exercise which are mentioned.

5 Give the English equivalent of the following words and expressions:

a au lieu de   f augmenter

b d'autant plus inquiétant que   g diminuer

c ajouter   h favoriser

d os (m)   i sommeil (m)

e y compris

---

paresseux	continuer à (+ inf)
manquer de motivation	remarquer
pousser quelqu'un à (+ inf)	s'intéresser à (+ inf ou nom)
se bouger	flirter avec
terrain de tennis (m)	tenue (f) de tennis
être assis par terre	impressionner

à l'examen

- In an exam-style listening task like this, you need to understand the fine detail in both what you hear and in the statements on the page.
- Remember, small words can often completely change the meaning of a sentence, e.g. **davantage** (*more*) on the recording and **presque** (*almost*) in statement **a**.
- Numbers are particularly important in this task and at A-Level generally. Make sure you can understand quickly any numbers you hear, especially the 'tricky' ones from 60 to 99 and ones which can sound similar.
- Also make sure you know words like **le/la plupart** (*most*), **la moitié** (*half*), **le tiers** (*third*), **le quart** (*quarter*), **les trois-quarts** (*three quarters*). NB *percent* = **pour cent** in French and *decimal point* = **virgule** (expressed as a comma, not a dot), e.g. 3.5 = 3,5 (trois, virgule cinq).

Au vingt-et-unième siècle on peut pratiquement vivre sans sortir de chez soi. On prend l'ascenseur au lieu de l'escalier, on va partout en bus ou en voiture au lieu de marcher ou de faire du vélo. On peut même faire ses courses assis devant son ordinateur. La situation est d'autant plus inquiétante que le PNNS (Programme National Nutrition Santé) recommande de faire au moins 30 minutes d'exercice par jour. Il faut ajouter à cette activité physique une ou deux heures de sport par semaine: un effort indispensable si on veut éviter les problèmes d'obésité, de diabète et les maladies cardiaques. Faire régulièrement de l'exercice renforce aussi les os et les muscles (y compris le cœur), améliore la fonction respiratoire, augmente le taux d'énergie, diminue le stress et favorise le sommeil. Alors, qu'est-ce que vous attendez? Bougez-vous!

Parler 4 Écoutez et imitez les paires de mots.

pas/par joue/jour fait/fer dit/dire rat/rare mais/mère
sait/sert paix/paire vais/vert du/dur

Faire une heure de sport par jour au lieu de jouer à l'ordinateur, et prendre l'escalier au lieu de l'ascenseur améliorent la fonction respiratoire et font du bien au cœur.

Parler 5 À deux. Interviewez votre partenaire au sujet de son activité physique.

Utilisez les idées suivantes pour préparez vos questions.

Cover the following in your interview, using ideas and language from exercises 1–3:

- how much time he/she spends exercising or doing sport.
- whether he/she is getting enough exercise, according to PNNS guidelines.
- what prevents him/her from doing more exercise.
- how he/she could be more physically active. (Use the conditional.)
- if you need to revise how to form questions, see page 16.

Écrire 6 Regardez les images. Écrivez un paragraphe en comparant le niveau d'activité physique des jeunes dans le passé avec celui des jeunes d'aujourd'hui.

Exemple: *Dans le passé, les jeunes étaient plus actifs qu'aujourd'hui. Ils allaient …, ils … De plus, ils … Tandis que de nos jours, ils sont moins …*

autrefois	avant	auparavant	regarder
de nos jours	aujourd'hui	maintenant	courir
plus	pas autant	moins	jouer
actif	aller	sédentaire	prendre
bouger	être	faire	utiliser

Écrire 7 «Les jeunes de nos jours ne bougent pas assez». Dans quelle mesure êtes-vous d'accord avec cette déclaration? Écrivez un essai entre 200 et 220 mots pour donner votre point de vue.

- You could agree or disagree with the statement, or present both sides of the argument.
- Support your opinion with examples and explanations.
- Avoid 'lifting' whole sentences from the page. Aim to create your own sentences.
- Include one or two sets of statistics.
- Structure your essay clearly, with an opening, main points and a conclusion.

Prononciation

Although most consonants are silent at the end of a word, **r** *is* pronounced. Not pronouncing a final **r** could confuse the person you're speaking to.
e.g. **pas** = *not*/**par** = *by* **joue** = *(I) play*/**jour** = *day*
Exception: when a word ends in **-er** (or **-ier**), the **r** sound is like **-é** (e.g. **jouer**, **escalier**, **régulier**).

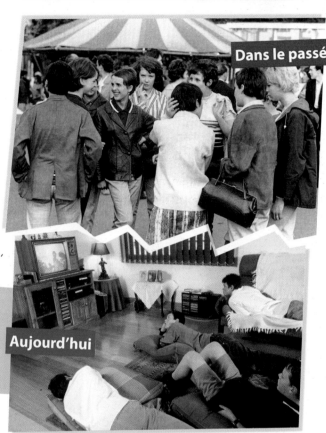

Dans le passé

Aujourd'hui

Grammaire

L'imparfait *(the imperfect tense)*

You use the imperfect tense to refer to repeated or habitual actions in the past. It is often used to convey the idea of *used to (do)*. (See p40)
Dans le passé on **utilisait** moins la voiture.
Les jeunes **allaient** souvent à l'école à pied.

Introduction	Exemples, opinions	Conclusion
Certaines personnes pensent/disent/ soutiennent que …	Certes, il est vrai que …	En conclusion …
Selon/D'après certains chiffres …	D'après les statistiques …	Si on ne veut pas finir par créer une génération de/ qui …, il faut …
On pourrait penser/ croire que …	Dans le passé …, tandis qu'aujourd'hui/que de nos jours …	Il faut donner la priorité (d'urgence) …, sinon …
	Personnellement, …	Alors, le message aux jeunes est …
	Quant à mes amis …	
	Il me semble que …	
	Selon le Programme National Nutrition Santé, il faut …	
	On pourrait/On devrait/Il faudrait (+ inf) …	
	Beaucoup de jeunes disent qu'ils auraient besoin de … pour …	
	Pourquoi donc ne pas (+ inf) …?	

- **t** Parler des régimes alimentaires
- **g** Faire des hypothèses avec **si**
- **s** Expliquer des causes et proposer des solutions

Pains et féculents

Boissons

Viandes et poissons

Matières grasses

Produits laitiers

Produits sucrés

Fruits et légumes

alimentation (f)	diet (what you eat)
aliment (m)	(item of) food
manger équilibré	to have a balanced diet
être en pleine croissance	to be growing
os (m)	bone
grignotage (m)/ grignoter	snacking, eating between meals/to snack, nibble
être en surpoids	to be overweight
enceinte	pregnant
fer (m)	iron
sec	dry, dried

Écouter 1 Un nutritionniste parle de ce qu'il faut manger pour être en bonne santé. Notez les aliments et les boissons qu'il recommande, et avec quelle fréquence, pour:

- Les enfants et les adolescents
- Les adultes
- Les femmes enceintes
- Les sportifs

Écouter 2 Réécoutez et complétez ces phrases selon le sens du passage.

1 Manger équilibré consiste à consommer _____ des sept catégories d'aliments qui existent.

2 Les règles alimentaires varient selon _____ de chaque individu.

3 _____, on doit consommer tous les nutriments nécessaires à la croissance.

4 Il est important pour les adultes de manger trois _____.

5 Si on veut éviter le surpoids, il ne faut pas _____.

6 Si on mange trop de choses sucrées et trop de matières grasses, on risque de _____.

7 Si vous êtes une femme enceinte, vous devez adopter une alimentation _____.

8 Si on pratique un sport, on doit boire _____ et manger _____ ____ pour avoir de l'énergie.

Parler 3 Mangez-vous équilibré? Discutez à deux.

À inclure dans votre discussion:

- Dans quelle mesure vous mangez et buvez selon les conseils du nutritionniste de l'exercice 1.
- Si vous adaptez votre régime alimentaire lorsque vous faites du sport.
- Si vous avez tendance à grignoter ou si vous consommez des choses qu'il faudrait éviter, et pourquoi.
- Ce que vous pensez des conseils du nutritionniste. Sont-ils pratiques et faciles à suivre?

Exemple:

- ● *À ton avis, as-tu une bonne alimentation/une alimentation équilibrée?*
- ■ *D'un côté, j'aime bien manger, je consomme des fruits et des légumes. Mais de l'autre je n'en mange pas assez, parce que ... En ce qui concerne la viande ... Quant aux produits laitiers ...*
- ● *Pour moi/En ce qui me concerne ... c'est pareil, sauf que je n'aime pas les ... , donc ... Et si tu fais du sport, est-ce que tu ...?*
- ■ *Malheureusement, j'ai tendance à ... Je trouve que les conseils du nutritionniste sont/ne sont pas ...*

La crise de l'obésité infantile

La proportion d'enfants français de 5 ans en simple surpoids a été multipliée par six depuis la fin des années 80, passant de **2%** à **12%**. **18%** de ceux de 7 à 9 ans présentent un surpoids et **4%** sont obèses.

Le surpoids de l'enfant est souvent lié à celui de ses parents: plus de **61%** des enfants de plus de 2 ans considérés comme obèses vivent dans un foyer avec un parent obèse. Le milieu social exerce aussi une forte influence. C'est dans les familles d'ouvriers ou d'employés de bureau que la proportion d'enfants obèses est la plus élevée.

Quelles en sont les causes principales? En premier lieu, l'alimentation des enfants en surpoids est trop riche en graisse et en viande et elle n'est pas assez diversifiée. En deuxième lieu, **la moitié** des enfants obèses ne prennent pas de petit déjeuner, de sorte qu'ils grignotent plus gras et plus sucré au cours de la journée. La méconnaissance en matière nutritionnelle est l'une des explications de ces comportements.

Un autre facteur clé est le manque d'activité physique lié à la vie urbaine trop sédentaire. L'activité physique ne représente que **12%** des dépenses calorifiques moyennes, alors qu'elle devrait atteindre **25%** (on pense aux quatre heures passées devant la télévision chaque jour!).

Un autre motif d'inquiétude est que les enfants obèses deviendront peut-être des adultes obèses, et que leurs enfants auront à leur tour encore plus de risques de devenir obèse que les autres. Cette évolution sur plusieurs générations pourrait avoir des conséquences à la fois sur la qualité de vie et sur sa durée. La prévalence de l'hypercholestérolémie est **triplée** en cas d'obésité, celle du diabète est **multipliée par neuf** et les facteurs de risque cardio-vasculaires sont aussi considérablement accrus.

lié à	linked to
milieu (m)	environment, background
méconnaissance (f)	ignorance
comportement (m)	behaviour
manque (m)	lack
dépense calorifique (f)	use of calories
atteindre	to reach
motif (m) d'inquiétude	grounds for concern
hypercholestérolémie (f)	high cholesterol

Lire 4 Lisez l'article et expliquez en anglais à quoi correspondent les chiffres en gras.

Écrire 5 Relisez l'article et expliquez en vos propres mots en français.

1 Le lien entre l'obésité de l'enfant et sa famille.
2 Comment l'alimentation de l'enfant peut mener à l'obésité.
3 Ce qui se passe si les enfants ne prennent pas de petit déjeuner.
4 Le rôle de l'activité physique contre l'obésité infantile.
5 Ce qui se passe quand les enfants obèses grandissent.
6 Les conséquences de l'obésité sur la santé.

à l'examen

Avoid copying chunks out of the text and use your own words. This is good practice for your exam. Think of how you would explain things in English, then find a simple way of expressing the same ideas in French. Questions 2 and 3 could be answered using a **si** clause in the present and future tenses.

Grammaire

Les propositions avec si (si clauses)

When you use **si** (if), you must use the following sequence of tenses:

First part of sentence	Second part of sentence
Si + verb in present tense	verb in future tense
Si un enfant ne **déjeune** pas, …	il **aura** tendance à grignoter.
Si on **veut** arrêter l'obésité infantile, …	on **devra** informer les parents.
Si + verb in imperfect tense	verb in the conditional
Si les enfants **mangeaient** moins gras, …	ils **seraient** moins obèses.
S'il y **avait** moins d'enfants en surpoids, …	il y **aurait** moins d'adultes diabétiques.

If you need to check how to form the imperfect and the conditional, see pages 40 and 61.

Parler 6 À votre avis, que faut-il faire pour lutter contre la crise de l'obésité infantile? Préparez et donnez une courte présentation d'environ deux minutes.

- Introduce the subject with an opening line which makes an impact, perhaps quoting one of the sets of statistics in the article above.
- Break the problem down into its different causes and try to come up with a suggestion for tackling each of these.
- Use **si** clauses.
- When giving your presentation, work from short written prompts only. (See pages 8 and 49.)

Exemple:
Trop d'enfants ne prennent pas de petit déjeuner, c'est un des facteurs qui contribue à l'obésité. Si on ne prend pas de petit déjeuner, on aura tendance à grignoter. Si les parents encourageaient leurs enfants à manger un bol de céréales avant de quitter la maison, les enfants auraient moins faim pendant la matinée et …

6 · Mincir ou maigrir?

Écouter 1 Dans ce passage, une lycéenne, Camille, parle de l'amaigrissement. Choisissez la bonne réponse.

1 Camille trouve que dans les magazines de mode …
   A les mannequins sont belles.
   B les mannequins sont bêtes.
   C les mannequins sont trop minces.

2 Les amies de Camille ont peur …
   A de devenir malades.
   B de devenir grosses.
   C de devenir maigres.

3 Une de ses amies …
   A a besoin de faire un régime.
   B refuse de suivre un régime.
   C est toujours en train de faire un régime.

4 Camille s'autorise à manger des choses grasses …
   A une fois par semaine.
   B deux fois par semaine.
   C trois fois par semaine.

5 Pour aller à l'école …
   A Elle y va toujours à vélo.
   B Elle y va quelquefois à vélo.
   C Elle n'y va jamais à vélo.

6 Elle trouve …
   A qu'elle est trop maigre.
   B qu'elle est trop grosse.
   C qu'elle a un poids normal.

Lire 2 Complétez ce paragraphe, puis vérifiez en réécoutant.

Camille n'est pas obsédée par **1** _____, contrairement à certaines de ses amies. Elle trouve qu'on peut aller trop loin en se comparant à des **2** _____ et en essayant de leur ressembler. Au lieu de suivre un régime, elle garde la forme en faisant **3** _____ à ce qu'elle mange, ou plutôt en mangeant **4** _____, en évitant de manger souvent des choses trop grasses ou trop **5** _____ et en consacrant un peu de temps chaque jour à **6** _____.

la peau	attention	sucrées	maigre
l'activité physique	mannequins	son poids	équilibré

Grammaire

Le participe présent (the present participle)

You use the present participle with **en** to mean by (do)-ing or while (do)-ing.

To form the present participle, take the **nous** form of the verb in the present tense, remove the **-ons** ending and replace it with **-ant**.

nous suivons → suiv- → suivant: **En suivant** soigneusement ce régime, elle a perdu trois kilos.

Exceptions: être → **ét**ant; savoir → **sach**ant

Note the position of the negative with the present participle:

On peut garder la forme en **ne** mangeant **pas** trop gras.

The participle can sometimes be used without **en** to mean simply (do)-ing.

Sachant qu'elle a tendance à grignoter, je l'ai encouragée à manger des fruits secs.

à l'examen

In an exam-style listening task like this:
- look and listen for paraphrasing (e.g. **ne pas avoir un kilo de trop = être mince**);
- pay careful attention to detail (e.g. **Je suis maigre/Je suis loin d'être maigre**);
- and to small words which alter meaning (e.g. **Je ne me permets d'en manger que … fois par semaine (ne … que)**).

Lire 3 Traduisez en anglais le texte de l'exercice 2, en faisant surtout attention aux participes présents.

Écrire 4 Complétez ces phrases avec vos propres idées et en utilisant des participes présents.

1 Si on a quelques kilos en trop, on pourra perdre du poids _____.
2 On peut éviter d'avoir faim pendant la matinée _____.
3 _____, les mannequins arrivent à rester très minces.
4 J'ai réussi à faire plus d'exercice _____.
5 _____, on risque de devenir obsédé par le poids.
6 J'ai un ami qui s'est rendu malade _____.
7 Tu pourrais améliorer ton alimentation _____.
8 Malheureusement, _____ il est devenu obèse.

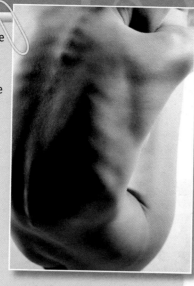

À 16 ans, Claire est devenue assez ronde. Elle mangeait très mal, comme beaucoup d'ados. Elle a fait un régime toute seule, et elle a retrouvé un poids normal. Mais elle ne s'est pas arrêtée là … Un jour, en me montrant de nouveaux sous-vêtements, elle m'a donné un choc: elle était vraiment maigre. Je lui ai dit d'arrêter son régime tout de suite, mais elle se trouvait bien comme ça.

Elle continuait à maigrir et pourtant je la voyais manger. J'ai fini par comprendre qu'elle trichait, en se faisant vomir après chaque repas. Son apparence a rapidement changé. Les yeux lui sortaient de la tête tant ses joues étaient creuses. Elle ne riait plus. Un zombie. Elle est tombée à 30 kilos, pour 1m62. Toutes les semaines, le médecin la pesait, mais Claire cachait son vrai poids en mettant de petites bouteilles de parfum dans ses poches avant de monter sur la balance.

À 18 ans, hyper maigre, affaiblie, elle se tenait aux meubles pour marcher. Pour monter dans le bus, il lui fallait porter sa jambe. Mais ça ne l'empêchait pas de focaliser sur ses genoux, de les trouver gros. Elle est allée voir plusieurs psychiatres, sans succès. Sachant que j'étais désespérée, elle a enfin accepté d'être hospitalisée, mais elle m'appelait sans cesse, criant qu'elle était là contre sa volonté. Malheureusement, étant majeure, elle a eu le droit de signer son propre bulletin de sortie et elle est rentrée. Claire était au pire de la maladie, mais j'étais toujours déterminée à gagner cette guerre. Peu à peu, on s'est mis à négocier sur son poids. Je disais 50 kg, elle répondait «Ah non, je vais être énorme!». Alors, on disait 45 kg. Et ainsi de suite. Petit à petit, elle a accepté de remanger. Aujourd'hui, elle est mince mais elle n'est plus maigre. Je pense qu'elle ne rechutera pas. Je ne sais toujours pas ce qui a fait qu'elle s'en est sortie, pourquoi d'un coup elle s'est remise à s'alimenter. Claire non plus ne peut pas l'expliquer. Mais elle, elle est certaine que ça l'a aidée de sentir que sa mère était là. Elle a dit: «Maman, tu m'as donné deux fois la vie.»

rond	round, plump
peser	to weigh
balance (f)	scales
joue (f)	cheek
creux (-se)	hollow
faible/affaibli	weak/weakened
meuble (m)	(piece of) furniture
désespéré	desperate
majeur	of age (i.e. over 18)
se remettre à	to start (something) again

Lire 5 Marie Philippe parle de sa bataille contre l'anorexie dont souffrait sa fille, Claire. Lisez son histoire vraie et répondez aux questions en français.

1 Comment Claire a-t-elle commencé à prendre du poids?
2 À quel moment la mère de Claire s'est-elle rendue compte que Claire était trop maigre?
3 Que faisait Claire pour donner à sa mère l'impression qu'elle mangeait?
4 Pourquoi Claire mettait-elle des bouteilles de parfum dans ses poches quand elle allait chez le médecin?
5 Comment sait-on que Claire était très faible à cause de l'anorexie? (Donnez deux exemples.)
6 Pourquoi Claire a-t-elle eu le droit de quitter l'hôpital?
7 Comment sa mère a-t-elle encouragé Claire à recommencer à manger?
8 Selon Claire, comment a-t-elle pu se sortir de cette maladie atroce?

à l'examen

- Use synonyms (e.g. **être majeur = avoir 18 ans**), or paraphrase (e.g. *by eating badly* → *by not eating very well*).
- Show that you can manipulate the language. Instead of **elle tenait les meubles pour marcher**, try saying *she couldn't walk without holding the furniture* (**sans** + infinitive).
- Think carefully about what tense or verb form to use.
- Some questions with **comment …?** can be answered using a present participle.
- Some **pourquoi …?** questions can be answered with **pour** + infinitive (*in order to (do something)*).
- **À quel moment …?** questions can often be answered with **Au moment où …**

Parler 6 «De nos jours, les célébrités et les mannequins trop maigres donnent un mauvais exemple aux jeunes filles.» Qu'en pensez-vous? Préparez des notes sur votre point de vue et discutez à deux.

être la faute de	to be the fault of
être responsable (de)	to be responsible (for)
reprocher à quelqu'un de (+ nom ou inf)	to blame someone for (+ noun or inf)

Exemple:
Je suis partiellement d'accord avec cette déclaration, puisque beaucoup de jeunes filles veulent imiter/ressembler à … À mon avis, l'industrie de la mode devrait … Pourtant, on ne peut pas reprocher seulement … C'est aussi la faute de … S'ils s'occupaient plus de …

Écrire 7 Écrivez un paragraphe pour exprimer votre réaction à la déclaration de l'exercice 6. Utilisez au moins deux participes présents et deux propositions avec *si*.

t	Parler du tabagisme
g	L'impératif
s	• Conseiller • Faire passer un message important

7 · Au top sans clope!

Parler 1 À deux. Que pensez-vous de cette affiche? Justifiez votre réponse.

VOTRE CIGARETTE, CE SONT AUSSI LES AUTRES QUI LA FUMENT
Le tabac est la première source de pollution domestique.

Lire 2 Trouvez dans l'article l'équivalent des expressions suivantes.

1 pas permis, défendu
2 école
3 quelqu'un qui fume beaucoup
4 ce qu'on prend pour encourager les gens à ne pas fumer
5 de très grands messages publicitaires
6 réussi, ayant le bon effet
7 créer des rapports, se faire des amis
8 mot argotique pour cigarette
9 naturellement, évidemment
10 sympa, sociable
11 fait des progrès
12 la façon la plus rapide

choquer/choquant	*to shock/shocking*
fort/puissant	*strong/powerful*
frappant/saisissant	*striking/impressive*
tabagisme (m) passif	*passive smoking*
imiter/faire comme (+ nom)	*to imitate/copy*
faire semblant de (+ inf)	*to pretend to (+ inf)*
prendre l'habitude de (+ inf)	*to pick up the habit of (-ing)*
masque (m) à oxygène	*oxygen mask*
respirer/respiration (f)	*to breathe/breathing*
poumon (m)	*lung*
souffrir d'un cancer	*to suffer from cancer*
dépendre d'(une drogue)	*to depend on (a drug)*
message (m)/slogan (m)	*message/slogan*
il s'agit de	*it's about, the subject is*
mettre le paquet	*to pull out all the stops, spare no expense*
étaler	*to spread*
rendre impuissant	*to make (someone) impotent*
ramer	*(literally) to row, as in rowing against the tide (here: to fight, to struggle)*

Depuis le 1er février 2007, il est interdit de fumer en milieu scolaire en France. En outre, à partir du 1er février 2008, cette interdiction s'est étendue à tous les lieux publics, y compris les magasins, les bars, les restaurants et les boîtes de nuit.

Les jeunes Français sont les plus gros fumeurs de toute l'Union européenne: 53 % des 17–24 ans sont des fumeurs réguliers (au moins une cigarette par jour). Et ils commencent de plus en plus jeunes: 15 ans en moyenne. Contre la cigarette, le gouvernement a décidé de mettre le paquet. En plus de l'interdiction de fumer dans les collèges et les lycées, les mesures anti-tabac comprennent l'interdiction de vente de tabac aux moins de 16 ans; l'augmentation substantielle du prix des paquets de cigarettes (+20 % en moyenne, étalés sur deux ans); des placards énormes sur les paquets comportant des messages frappants tels que «Le tabac tue» et «Fumer peut rendre impuissant».

Reste la question suivante: ces mesures seront-elles efficaces? À 16 ans, quand on cherche à faire sa place, la cigarette permet de nouer des liens («T'as pas une clope?»), de marquer son appartenance au groupe. Le fumeur (la fumeuse) est forcément plus cool, plus sexy, plus classe … Une petite clope au café, rien de plus convivial. C'est contre tout ça que les campagnes de prévention rament. Mais la cause anti-tabac gagne du terrain. Les industriels du tabac passent aujourd'hui pour des marchands de mort. Le phénomène de dépendance au tabac est reconnu et beaucoup de jeunes recherchent déjà des plans pour arrêter. Plus que les interdictions, ce sont les campagnes d'information qui finiront peut-être par convaincre les jeunes que la dépendance n'est pas le plus court chemin vers la liberté.

Lire 3 Répondez aux questions en anglais en donnant tous les détails nécessaires.

1 What is the legal situation with regard to smoking in public in France?

2 According to the second paragraph, why should the French government be particularly worried about young people and smoking? Give three reasons.

3 Apart from the smoking ban, what three measures has the French government taken to change the situation?

4 Name three things that attract young people to smoking, according to the article.

5 Give three pieces of evidence that anti-smoking messages are succeeding.

à l'examen

When answering questions like these, make sure you give *all* the information required. Look carefully at the number of reasons, measures, etc. you are asked for in the questions.

Écouter 4 Écoutez cette émission de radio dans laquelle on donne des conseils pour arrêter de fumer. Complétez ce texte avec les bons verbes selon le sens du passage. Ensuite traduisez le texte.

Conseils généraux

1 _____ à vos amis ou à votre famille. 2 _____-leur de ne pas vous tenter en fumant devant vous. Mieux, 3 _____-les d'arrêter avec vous! 4 _____ en groupe. 5 _____ une date. 6 _____ entre vous et 7 _____ une date qui convient à tout le monde.

> arrêtez   demandez   discutez   fixez   parlez
> pensez   persuadez   regardez   trouvez

Conseils à Jérôme

8 _____ peu à peu le nombre de cigarettes que tu fumes. Chaque jour 9 _____ de retarder le moment où tu fumes ta première cigarette. 10 _____ ta routine. Il faut dissocier café et cigarette. Au lieu de prendre un café, 11 _____ une petite promenade, ou 12 _____ autre chose que du café. Si tu fumes à table à la fin du repas, 13 _____-toi tout de suite et 14 _____ dans le salon, 15 _____ la télé, ou 16 _____ un peu de musique.

> bois   change   écoute   essaie   fais   lève
> mange   réduis   regarde   sors   va

Conseils à Natacha et Lucas

L'un de vous peut dire à l'autre: «17 _____, on a déjà économisé soixante euros en ne fumant pas; 18 _____ au cinéma», ou «19 _____ telle ou telle chose», ou «20 _____ au resto ce soir.» 21 _____-vous un petit cadeau pour vous récompenser. Et surtout 22 _____ toute tentation. Ne 23 _____ pas de cigarettes à la maison.

> achetons   allons   arrêtons   écoute   évitez
> faisons   gardez   mangeons   offrez

Grammaire

L'impératif (the imperative)

You use the imperative to give commands or suggest doing something. It exists in the **tu**, **vous** and **nous** forms.

To form the imperative, use the **tu**, **vous** or **nous** forms of the present tense without the subject pronoun.
choisir → ~~tu~~ choisis → Choisis la liberté! (*Choose freedom!*)

With **-er** verbs in the **tu** form, drop the final **s**.
arrêter → ~~tu~~ arrêtes → Arrête de fumer. (*Stop smoking.*)

Exceptions:
avoir	**aie, ayez, ayons**
être	**sois, soyez, soyons**
savoir	**sache, sachez, sachons**

With reflexive verbs, keep the reflexive pronoun (**te** becomes **toi**). The pronoun comes after the verb, joined with a hyphen.
s'arrêter de fumer: Arrête-**toi**, arrêtez-**vous**, arrêtons-**nous**. Ne te démotive pas.

Direct and indirect object pronouns also follow the verb with a hyphen.

Encourage-**la** à abandonner la cigarette. (*Encourage **her** to give up cigarettes.*)
Ne **lui en** donnez pas. (*Don't give **him/her any**.*)

Écrire 5 Traduisez en français.

1 (**tu**) Do some sport or go to the cinema.
2 (**vous**) Finish your meal and listen to some music.
3 (**nous**) Let's ask for some advice and (let's) avoid smoking.
4 (**tu**) Fix a date and don't buy any more fags.
5 (**vous**) Don't stop completely straight away, gradually reduce the number of cigarettes you smoke.
6 (**nous**) Let's be positive and (let's) have confidence in ourselves!

Parler 6 Seul(e), à deux ou en groupes: inventez une campagne anti-tabac pour la télé ou la radio.

To convey the message of your advert effectively:

● Start with one or two powerful facts about smoking.
● Research and use some statistics on smoking-related deaths.
● Offer advice about stopping smoking and suggest some techniques for coping with the craving to smoke.
● Use the **vous** form imperative for most of the advice but include examples of the **tu** and **nous** form imperative, either by quoting someone else (e.g. *If your partner smokes, say to him/her: …*), or by including a scene between two other people who refer to each other as **tu** and **nous**.
● Use expressions for persuading or convincing someone.

Écrire 7 Écrivez un email à un ami qui a du mal à arrêter de fumer pour lui donner des conseils.

8 · Mieux vaut prévenir que guérir

Plus de trou grâce à Sam?

Le gouvernement français a compris l'importance d'informer et de modifier les comportements à risques afin de diminuer le nombre d'accidents et de décès qui peuvent être évités. Dans ce but, une multitude de campagnes de prévention et de sensibilisation sur des problèmes de santé publique qui touchent notamment les jeunes ont été organisées par le Ministère de la Santé.

Pour les campagnes d'affichage qui ont été lancées pour rappeler que le sida fait encore des victimes et pour combattre la discrimination contre les personnes infectées par le VIH, des sportifs, entre autres, n'ont pas hésité à prêter leur image.

LE VIH EST TOUJOURS LÀ.

PROTÉGEZ-VOUS.

1ᵉ DÉCEMBRE 2007
JOURNÉE MONDIALE DE LUTTE CONTRE LE SIDA
SIDA INFO SERVICE 0800 840 800

L'abus d'alcool, la toxicomanie, le tabagisme et les maladies sexuellement transmissibles ont déjà fait l'objet de plusieurs campagnes. Pour atteindre les jeunes on n'hésite pas à faire appel à des célébrités pour figurer dans des spots publicitaires diffusés à la radio, à la télé, au cinéma, sur des affiches ou des bannières Internet. En plus des brochures qui sont distribuées, des conseils sont donnés et des numéros verts sont mis en place pour répondre aux questions. Prenons en exemple la campagne «Sam», elle a été créée pour sensibiliser les jeunes aux risques auxquels ils s'exposent lorsqu'ils prennent le volant en revenant de soirée. Alcool, drogue (cannabis, LSD, ecstasy), fatigue et vitesse, un cocktail mortel. La solution: Sam, le conducteur qui sera désigné par les autres et qui restera sobre toute la soirée.

Sam. Celui qui conduit, c'est celui qui ne boit pas

C'est le sida qu'il faut exclure, pas les séropositifs

Notons qu'il n'est pas seulement question pour le gouvernement d'améliorer la santé des jeunes, il s'agit aussi d'économiser de l'argent. Si le système de couverture sociale français est bien connu pour la qualité de ses soins, la «Sécu», elle, est en déficit. Les frais médicaux sont partiellement remboursés par l'assurance maladie (la Sécurité sociale), mais toutes les dépenses de santé ne sont plus entièrement couvertes par les cotisations obligatoires qui sont payées par tous les salariés. En réduisant le nombre de jeunes qui mettent leur santé en péril, on espère aussi réduire les coûts des soins et des traitements. Le «trou de la Sécu» serait alors en partie comblé.

i culture

En France comme en Grande Bretagne, l'assurance maladie est obligatoire et tout salarié doit payer des cotisations.

À la différence du National Health System, les consultations chez le médecin ou chez un spécialiste et les médicaments sont payants, mais ils sont ensuite partiellement remboursés (à 70 %) par la «Sécu» (la Sécurité sociale).

La Sécu est en déficit, on parle du «trou de la Sécu», c'est-à-dire que les cotisations ne couvrent plus les dépenses médicales. Le vieillissement de la population (qui nécessite donc plus de soins) et le coût des équipements de plus en plus sophistiqués contribuent en partie à creuser le «trou de la Sécu».

à l'examen

- Remember, you will often have to change verbs forms or tenses from the text, when answering questions in French.
- Make sure you give the number of details asked for.

Écrire 2 Traduisez en français:

en utilisant le passif:

1 Healthcare is paid for by the social security.
2 The campaign was organised by the government.
3 Young people will be informed.
4 I have been designated as the driver tonight.
5 The cost of treatment would be reduced.
6 People are reimbursed by the social security.

en utilisant on:

7 Advice will be given to young people.
8 Brochures have been distributed in schools.

en utilisant un verbe pronominal (reflexive verb):

9 Too many young people are killed at the wheel.
10 The situation will be improved.

Lire 1 Répondez aux questions, en utilisant le plus possible vos propres mots.

1 Pourquoi le gouvernement français veut-il modifier certains comportements parmi les jeunes?
2 Donnez quatre exemples de ces comportements à risques.
3 Comment atteint-on les jeunes lors des campagnes publicitaires?
4 Par quels moyens cherche-t-on à informer les jeunes? Mentionnez-en trois.
5 Pourquoi a-t-on besoin d'un conducteur désigné quand on sort en groupe?
6 Quels sont les deux buts des campagnes d'affichage au sujet du sida et du VIH?
7 Comment espère-t-on économiser de l'argent en lançant toutes ces campagnes?

Grammaire

Le passif *(the passive)*

By using the passive form of the verb, you can turn the object of a sentence into the subject of the sentence. Use the passive to add variety to your speaking and writing styles.

Active form:

Le gouvernement	a lancé	plusieurs campagnes.
The government	*has launched*	*several campaigns.*

Passive form:

Plusieurs campagnes	ont été lancées	par le gouvernement.
Several campaigns	*have been/ were launched*	*by the government.*

Form the passive using the appropriate tense of **être** followed by a past participle. The past participle must agree with the subject.

Present tense: Des cotisations **sont payées** par tous les salariés. *Contributions **are paid** by every salaried person.*

Perfect tense: La campagne Sam **a été organisée** pour protéger les jeunes. *The Sam campaign **was organised** to protect young people.*

Imperfect tense: Avant les soins n'**étaient pas remboursés**. *Medical care **wasn't reimbursed** before.*

Future tense: Le «capitaine de soirée» **sera choisi** par les autres membres du groupe. *The designated driver **will be chosen** by the other members of the group.*

Conditional: Ainsi, le déficit de la Sécu **serait réduit**. *In this way, the social security deficit **would be reduced**.*

Avoidance of the passive

The French often avoid using the passive:

• By using **on** (when the action in the sentence is performed by a non-specific person)

On a réussi à réduire le nombre d'accidents mortels sur la route.
The number of fatal road accidents has been successfully reduced.

• By using a reflexive verb:

Les jeunes **s'exposent** à de nombreux risques en buvant avant de conduire.
Young people are exposed to numerous risks when they drink before driving.

 Formal letters should have your name and address in the top right-hand corner and the name and address of the person you are writing to in the top left-hand corner. You should address them as **Monsieur/Madame**. (You do not use **cher/chère** in formal letters.) Sign off using **Veuillez agréer** or **Je vous prie d'agréer, Monsieur/Madame, l'expression de mes sentiments distingués** *(yours sincerely)*.

Écouter 3 Écoutez ce passage sur les dangers du bronzage et choisissez les quatre bonnes réponses.

a   En 20 ans, le nombre de cas de mélanome a augmenté par deux.

b   En 20 ans, le nombre de cas de mélanome a augmenté par trois.

c   Les vacances au soleil sont devenues populaires il y a quarante ans.

d   Les vacances au soleil sont devenues populaires il y a soixante ans.

e   Seule la moitié des Français utilise de la crème solaire.

f   Seul un quart des Français utilise de la crème solaire.

g   19 % des jeunes se protègent du soleil.

h   19 % des jeunes ne se protègent pas du soleil.

Parler 4 Proposez une campagne pour la prévention du cancer de la peau visant les jeunes. Faites une mini-présentation.

● Start by explaining the problem (use some facts and figures from exercise 3).

● Describe what the campaign should consist of. What type of publicity? How? Where? When? What celebrities would you use to front the campaign?

● Include at least two examples of the passive (e.g. les jeunes sont exposés à …; des brochures seraient distribués dans …; le nombre de cas de mélanome sera réduit.)

Écrire 5 Vous écrivez une lettre à un journal pour donner votre réaction par rapport aux campagnes sur la santé des jeunes telles que celles de «Sam» et de la campagne VIH. Écrivez environ 200 mots en français.

● Say whether you think such campaigns are a good idea, explaining why and backing up your opinion with reasons and examples.

● Suggest how the campaigns could be improved and any other campaigns you think should be launched.

● Look back at pages 33, 39, 42, 46, 67 & 69 for helpful phrases, as well as using some of the language below.

Certes/Il est indéniable que …
Certainly /It's undeniable that …
Sans doute …, toutefois ….
No doubt …, however …
Soulignons que/Notons que …
Let me point out that ….
Il faut tenir en compte de …
You have to take into account ….
Il faut attirer l'attention sur le fait que …
It's important to draw attention to (the fact that …)
Il faut déterminer les causes (de …)
We must identify the causes of …
Il me semble injuste de (dire) …
It seems to me unfair to (say) …
Considérons l'exemple de …
Take the example of …

Sport et tempérament   *Sport and personality*

le personnage	*character*	individuel	*individual*
le concurrent	*competitor*	tout seul	*on one's own*
l'adversaire (m/f)	*opponent*	sans but	*aimlessly*
le sport (collectif)	*(team) sport*	reposant	*relaxing*
l'esprit (m) d'équipe	*team spirit*	approprié	*appropriate*
la règle	*rule, regulation*	commun	*shared*
le footing	*jogging*	révélateur de	*revealing about*
le sprint	*sprinting*	entouré de	*surrounded by*
la tactique	*tactics*	perdu	*lost*
le cœur de l'action	*heart of the action*	inhabituel	*unusual*
la confrontation	*confrontation*	fatiguer qqn	*to make sb tired*
la victoire	*victory*	(faire) transpirer	*(to make sb) sweat*
la défaite	*defeat*	faire prendre l'air	*to make sb get some fresh air*
le face à face	*confrontation*	gagner en endurance	*to improve one's stamina*
le défi	*challenge*	s'évader	*to get away from it all*
le genre	*type*	correspondre à	*to match*
l'élément (m)	*element*	permettre (de)	*to allow (to)*
le code vestimentaire	*dress code*	se vider la tête	*to clear (one's) mind*
l'événement (m)	*event*	quitter	*to leave*
le mélange	*mix*	réfléchir	*to think, reflect*
le défoulement	*(psychological) release*	être contre/opposé	*to be against*
le dépaysement	*change of scene*	s'identifier à	*to identify with*
la vue d'ensemble	*overview*	dépendre de	*to depend on*
la vie (en collectivité)	*(group) life*	se mesurer à	*to pit oneself against*
la philosophie	*philosophy*	convenir à	*to fit, suit*
l'enfer (m)	*hell*	être fait(e) pour	*to be cut out for*
solitaire	*solitary*		

Sports extrêmes   *Extreme sports*

la sensation forte	*thrill*	inconscient	*reckless*
le saut	*jump, leap*	inacceptable	*unacceptable*
le parachute	*parachute*	cinglé	*crazy*
le casque	*helmet*	à la recherche de	*in search of*
l'accident (m)	*accident*	à (mes) risques et périls	*at (my) own risk*
l'acte (m)	*act, action*	(prendre) un risque	*(to take) a risk*
la conséquence	*consequence*	(prendre) des précautions	*(to take) precautions*
le sauveteur (de montagne)	*(mountain) rescuer*	apprendre à	*to learn (how) to*
le blessé	*casualty (injured)*	oser	*to dare*
le mort	*casualty (dead)*	sauter	*to jump, leap*
courageux(se)	*brave*	plonger	*to dive*
casse-cou	*reckless*	rouler	*to roll (down)*
ridicule	*ridiculous*	descendre une pente	*to go downhill*
incroyable	*unbelievable*	se faire mal	*to hurt oneself*
effrayant	*frightening*	se tuer	*to kill oneself*
impressionnant	*impressive*	mettre qqn en danger	*to put sb at risk*
terrifiant	*terrifying*	entraîner (la mort)	*to cause (death)*
marrant	*fun*	risquer sa vie	*to risk one's life*
dangereux(se)	*dangerous*	venir au secours de	*to go to sb's help*
fou (folle)	*mad*	empêcher qqn de	*to prevent sb from*
irresponsable	*irresponsible*	interdire qqch/à qqn de	*to forbid sth/sb from*
stupide	*stupid*	autoriser qqn à	*to allow sb to*

Loisirs *Leisure*

le graphique	*graph*	l'inscription (f)	*subscription*
les statistiques (f)	*statistics*	la salle de gymnastique	*gym*
la moyenne	*average*	similaire	*similar*
l'habitude (f)	*habit*	différent de	*different from*
le loisir à domicile/domestique	*home-based leisure*	pareil que	*same as*
la radio	*radio*	attaché à	*attached to*
le média	*media*	abrité de	*sheltered, shielded from*
l'activité culturelle/sportive	*cultural/sport activity*	connecté à	*connected to*
l'offre (f)	*offer*	sophistiqué	*sophisticated*
le bien d'équipement (m)	*household goods*	consacrer (du temps à)	*to devote (time to)*
l'image (f)	*picture*	pratiquer	*to practise*
le son	*sound*	s'entraîner à	*to train in*
le système audiovisuel numérique	*digital audiovisual system*	s'enrichir	*to develop*
le lecteur-enregistreur (de salon)	*(home) player-recorder*	baisser	*to go down, decrease*
le téléviseur LCD/plasma	*LCD/plasma TV set*	augmenter	*to go up, improve*
l'écran plat et géant	*large flat screen*	surfer sur Internet	*to surf on the Net*
le programme en haute définition	*high-definition programme*	déguster	*to enjoy (food/drink)*
Internet haut débit	*broadband Internet*	se passer de	*to manage without*
la performance	*performance*	fréquenter	*to visit (a public place)*
le plat préparé	*ready meal*	se faire livrer	*to have delivered*
la grande surface	*supermarket*	faire l'économie de	*to save on*

Évolution des styles de vie *Changing lifestyles*

l'activité (f) physique	*physical activity*	par terre	*on the ground/floor*
l'apparence (f) physique	*physical appearance*	faire de l'exercice	*to exercise, keep fit*
l'effort (m)	*effort*	prendre l'ascenseur	*to take the lift*
l'obésité (f)	*obesity*	améliorer	*to improve*
le diabète	*diabetes*	influencer	*to influence*
la maladie cardiaque	*heart disease*	recommander	*to recommend*
l'os (m)	*bone*	éviter	*to avoid*
le muscle	*muscle*	renforcer	*to strengthen*
la fonction respiratoire	*respiratory function*	diminuer	*to reduce, decrease*
le taux d'énergie	*energy rate*	favoriser	*to help, promote*
le stress	*stress*	manquer de motivation	*to lack motivation*
le sommeil	*sleep*	continuer à	*to carry on*
le souci	*care, concern*	remarquer	*to notice*
le terrain de tennis	*tennis court*	flirter avec	*to flirt with*
la tenue de tennis	*tennis gear*	impressionner	*to impress*
assis (devant)	*sitting (in front of)*	nuire à	*to harm*
paresseux(se)	*lazy*		

Régimes (m) alimentaires *Diets*

l'alimentation (f)	*diet*		
l'aliment (m)	*food*	la femme enceinte	*pregnant woman*
le nutriment	*nutrient*	le mode de vie	*lifestyle*
le féculent	*starchy food*	le besoin	*need*
le produit laitier	*dairy product*	sec/sèche	*dry*
la matière grasse	*fat*	riche en	*rich in*
le fer	*iron*	raisonnable	*reasonable*
le calcium	*calcium*	être en pleine croissance	*to be growing*
le/la nutritionniste	*dietician*	consommer	*to eat, consume*
le sportif/la sportive	*sportsperson*	avoir besoin de	*to need*

L'obésité (f) (infantile)   (Child) obesity

le grignotage	snacking (between meals)	la qualité (de vie)	quality (of life)
le surpoids	excess weight	la durée de la vie	longevity
le milieu social	social background	en matière nutritionnelle	about nutrition
la famille d'ouvriers	working-class family	multiplié par	multiplied by
la famille d'employés de bureau	lower-middle class family	élevé	high, substantial
la méconnaissance	ignorance	diversifié	varied
la cause	cause	grave	serious
le manque	lack	accru	increased
la dépense calorifique	use of calories	sédentaire	sedentary
le motif (d'inquiétude)	ground (for concern)	exercer une forte influence	to have a strong influence
le facteur (clé)	(key) factor	grignoter	to snack, nibble
la vie urbaine	urban life	atteindre	to reach

La perte de poids   Losing weight

le mannequin	(catwalk) model	peser	to weigh
le poids	weight	compter	to matter
l'anorexie (f)	anorexia	tricher	to cheat
l'amaigrissement (m)	slimming	focaliser sur	to focus on
le régime	diet	ressembler à	to look like
la balance	scales	se permettre de	to let yourself
la joue	cheek	négocier	to negotiate
mince	slim	se remettre à	to start sth again
maigre	thin	rechuter	to fall ill again
rond	plump	être bien dans sa peau	to feel good about yourself
creux(se)	hollow	s'alimenter	to eat, feed oneself
malsain	unhealthy	(se faire) vomir	(to make oneself) vomit
faible	weak	être obsédé par	to be obsessed by
affaibli	weakened	avoir des kilos en trop	to be overweight
désespéré	desperate	suivre un régime	to be on a diet
majeur	of age (over 18)	être la faute de	to be the fault of
mincir	to slim	être responsable de	to be responsible for
maigrir	to become thin	reprocher à qqn de	to blame sb for

Le tabagisme   Addiction to smoking

la clope (fam)	fag	le placard	notice
le milieu scolaire	school environment	le phénomène	phenomenon
le lieu public	public place	l'augmentation (f)	increase
la boîte de nuit	nightclub	l'appartenance (f)	membership
l'industriel (m)	manufacturer	régulier(ère)	regular
le marchand de mort	death merchant	passif(ive)	passive
la vente	sale	interdit	forbidden
la respiration	breathing	choquant	shocking
le poumon	lung	fort	strong
l'interdiction (f)	prohibition	puissant	powerful
la mesure anti-tabac	anti-smoking measure	frappant	striking
la campagne (de prévention)	(prevention) campaign	saisissant	impressive
le plan	plan	cool (fam)	cool
l'astuce (f)	clever trick	convivial	convivial
le message	message	étaler sur	to spread over (time)
le slogan	slogan	s'étendre à	to spread to

reconnaître	to recognise	choquer	to shock
convaincre	to convince	imiter	to imitate
tenter qqn	to tempt sb	faire comme	to copy
persuader	to persuade	faire semblant de	to pretend to
retarder	to delay	passer pour	to be considered as
réduire	to reduce, decrease	prendre l'habitude de (fumer)	to pick up the habit of (smoking)
économiser	to save		
récompenser	to reward	nouer des liens	to bond
mâcher	to chew	dépendre (d'une drogue)	to depend (on a drug)
se défouler	to let off steam	souffrir (d'un cancer)	to suffer (from cancer)
ramer (fam)	to fight, struggle	rendre impuissant	to make sb impotent
arrêter	to stop	gagner du terrain	to gain ground

Les campagnes de prévention   *Prevention campaigns*

la sensibilisation	*awareness raising*	les soins (m)	*treatment*
la santé publique	*public health*	les dépenses (f) de santé	*healthcare expenses*
le comportement à risques	*risky behaviour*	les frais (m) médicaux	*medical costs*
la vitesse	*speed*	la cotisation	*contribution*
l'abus (m) (d'alcool)	*(alcohol) abuse*	le salarié	*employee*
la toxicomanie	*drug addiction*	le coût	*cost*
la maladie sexuellement transmissible	*sexually transmitted disease*	le trou	*deficit*
		séropositif(ve)	*HIV positive*
le Sida	*Aids*	mortel	*deadly*
VIH	*HIV*	néfaste	*harmful*
le décès	*death*	prudent	*careful*
le conducteur	*driver*	sobre	*sober*
la célébrité	*celebrity*	comblé	*filled in, made good*
le rayon de soleil	*ray of sun*	prévenir	*to prevent*
le mélanome	*melanoma*	guérir	*to cure*
l'ombre (f)	*shade*	toucher qqn	*to concern sb*
la campagne d'affichage	*poster campaign*	faire appel à	*to call upon*
le spot publicitaire	*commercial*	figurer	*to feature*
la bannière Internet	*Internet banner*	distribuer	*to give out*
la brochure	*leaflet*	mettre qqch en péril	*to risk sth*
le conseil	*advice*	s'exposer (à un risque)	*to expose oneself (to a risk)*
la prudence	*caution*	sensibiliser qqn à	*to make sb aware of*
le numéro vert	*Freefone number*	prendre le volant	*to get behind the wheel*
la Sécurité sociale	*public welfare system*	combattre	*to fight*
la couverture sociale	*health cover*	rembourser	*to refund*

Épreuve orale

Lire 1 **Lisez le texte et préparez vos réponses aux quatre questions que l'examinateur pourrait poser.**

In your oral exam:

You will be given a short text. You will have 15 minutes to prepare.

The examiner will ask you four questions (in the actual exam, you will not see these in advance).

- Two will relate closely to the text.
- Two will ask you to give an opinion or a response.

This will lead into a discussion.

The exam will last 8–10 minutes.

Les consoles qui font faire du sport

Le temps où on accusait les jeux vidéo de contribuer à l'obésité des jeunes est révolu! Les derniers produits de l'industrie du jeu vidéo possèdent dorénavant des manettes à détection de mouvement. Il ne s'agit plus d'utiliser une simple manette [au fond de son fauteuil], maintenant c'est tout son corps qu'il faut bouger pour simuler les mouvements de son personnage. Ces consoles interactives permettent de brûler jusqu'à 300 calories en une demi-heure, soit une dépense énergétique comparable à une heure de marche rapide.

manette (f) *joystick (for games console)*

1 De quelle avancée technologique s'agit-il dans ce texte?
2 Quels sont les avantages de cette nouvelle technologie?
3 Pensez-vous que les jeux vidéo traditionnels contribuent à l'obésité? Pourquoi/pourquoi pas?
4 À votre avis, les jeunes consacrent-ils assez de temps à l'activité physique?

Certes, il est vrai que/j'admets que …	*It's certainly true that/I admit that …*
mais/cependant/quand même/tout de même …	*but/however/all the same …*
Il n'est pas seulement question de (+ nom ou inf)	*It's not only a question of (+ noun or -ing)*
Il faut reconnaître que/le fait que …	*You have to recognise that/the fact that …*
Contrairement à ce qu'on dit/lit dans les journaux/ voit à la télévision …	*Contrary to what people say/what you read in the newspapers/ see on TV …*
On doit tenir compte de/(du fait que) …	*You have to take into account (the fact that) …*
N'oublions pas que/le fait que …	*Let's not forget that/the fact that …*

Avoid repeating whole chunks of the text in your answers; you will not get any marks if you do this.

- You probably can't avoid using the words **console** and **jouer**, but use synonyms as much as possible, e.g. **faire des mouvements → bouger, faire du sport → dépenser de l'énergie**.
- Show that you can manipulate the language of the text, by changing the verb forms or tenses, e.g. (Question 1) Try saying, in French, *It's about a new type of console which asks the player to move his whole body.*
- To prepare answers to 3 and 4 look back at units 4 and 5. Make sure you know all the vocabulary and phrases you need to talk about the importance of exercise, active/inactive lifestyles and the causes of obesity. Express a clear opinion in answer to these two questions and be prepared to justify and back up your view, if the examiner challenges it.

Parler 2 **À deux: l'un joue le rôle de l'examinateur, l'autre celui du candidat. Comparez vos réponses. Qui a les meilleurs arguments?**

Écouter 3 **Écoutez une candidate répondre aux mêmes questions pendant son examen oral. Notez en français:**

1 Les réponses de la candidate aux quatre questions.
2 Les questions qu'utilise l'examinateur pour commencer la discussion plus générale sur le même sujet.
3 Les idées et les opinions de la candidate lors de la discussion.

Using the following grammatical structures will help you with more extended and complex sentences which is something examiners will reward you for. Listen for examples of these in exercise 3:

• The present participle	en jouant
• **au lieu de** + infinitive	Au lieu de faire quelque chose
• **si** clauses	Si on ne fait pas quelque chose
• The conditional	Les parents devraient

Lire 4 Lisez l'article et préparez vos réponses aux questions. Écrivez aussi quatre questions que l'examinateur pourrait vous poser lors de la discussion.

- Take 15 minutes to prepare. Note down key words you could use, remembering to avoid 'lifting' chunks from the passage.
- Try to predict how the discussion might develop and prepare things you could say.
- Find ways of including more sophisticated grammar points in your answers, such as the present participle, the conditional and *si* clauses, to increase your marks. See pages 70, 61 and 69.

Du snowboard même en été

Attention les amateurs de sensations fortes! Les fous de neige peuvent enfin se donner des frissons en plein été, en pratiquant le mountainboard, un mélange de snowboard, de skate et de VTT. Grâce à ses grandes roues gonflables, le mountainboard peut rouler sur tout type de terrain: terre, herbe, sable, et même dans les skateparks. Comme en snowboard, le port d'un casque, ainsi que des protections aux coudes et aux genoux, est fort recommandé car descendre des pentes à toute vitesse sans freins n'est pas toujours sans risques!

roue (f)	*wheel*
gonflable	*inflatable*
frein (m)	*brake*

1 Qu'est-ce que le mountainboard?
2 Quels sont les attractions et les dangers de ce sport?
3 Aimeriez-vous essayer ce genre d'activité? Pourquoi/ pourquoi pas?
4 Quelle est votre attitude envers les sports extrêmes?

Parler 5 À deux: l'un joue le rôle de l'examinateur, l'autre celui du candidat. Répondez aux questions sur l'article et utilisez celles que vous avez préparées.

Parler 6 Lisez l'article suivant et préparez vos notes. Répondez oralement aux questions.

Les loisirs d'hier et d'aujourd'hui

Lors d'un sondage sur les loisirs, on a posé la même question à des personnes de 15 ans et plus, en 1979 et en 2006. *Parmi les activités suivantes, quelles sont celles que vous aimez le plus faire?* Voici les résultats:

	Octobre 1979	Mars 2006
Regarder la télévision	54%	59%
Écouter de la musique	41%	57%
Lire des livres	49%	49%
Lire des journaux, etc.	42%	49%
Aller au cinéma	27%	33%
Surfer sur Internet	–	26%
Aller au théâtre	11%	9%

1 Que signifient les statistiques du tableau?
2 Quelles conclusions peut-on tirer de ces statistiques?
3 Préférez-vous les loisirs à domicile ou à l'extérieur? Pourquoi?
4 Comment croyez-vous les loisirs seront différents à l'avenir?

 For useful phrases to discuss statistics, see page 54.

Gare aux gaffes!
Make sure you avoid these common mistakes in your exam:

	Gaffe ✗	Version correcte ✓
Wrong verb ending	Certains dit que …	Certains **disent** que …
	Beaucoup de jeunes va …	Beaucoup de jeunes **vont** …
Wrong agreement	Une nouveau console	Une nouv**elle** console
	Un jeu vidéo interactive	Un jeu vidéo interact**if**
Wrong preposition	à voiture, en vélo	**en** voiture, **à** vélo
Wrong gender	le responsabilité des parents	**la** responsabilité des parents
	les maladies de la cœur	les maladies **du** cœur
Wrong tense	Si on ne lutte pas contre l'obésité, il y a …	Si on ne lutte pas contre l'obésité, il y **aura** …
	Si on mange plus équilibré, on n'est pas aussi obèse.	Si on **mangeait** plus équilibré, on ne **serait** pas aussi obèse.

- Your writing test will be the third and final section of your Understanding and Writing exam (2 hours and 30 minutes in total).
- You will be given a short text.
- You will be asked to write a letter or article, based on the text.
- You will be given four points to include in your answer.
- You must write between 200 and 220 words.

 Lisez l'article et les instructions.

Suite à l'interdiction de fumer dans les lieux publics, les jeunes n'ont plus le droit de fumer à l'école. Mais selon une enquête menée avant l'interdiction, l'école n'était pas le seul endroit où les jeunes fumaient. À la question «Où fumes-tu le plus souvent?», 74% des 10–15 ans ont répondu «dans la rue» et seulement 36% «au collège ou au lycée». Plus inquiétant, près d'un parent sur deux savait que son enfant fumait et un quart de ces jeunes fumeurs fumait devant ses parents. Que faut-il donc faire de plus pour arrêter le tabagisme chez les jeunes?

| enquête (f) | survey |
| mener | to lead, carry out |

Vous écrivez un article pour expliquer ce que vous pensez du problème du tabagisme chez les jeunes.

Écrivez entre 200 et 220 mots en français. Vous devez mentionner les points suivants:

- Ce que vous pensez de l'interdiction de fumer dans les lieux scolaires.
- Ce que vous pensez des statistiques dans l'article ci-dessus.
- À votre avis, pourquoi certains jeunes fument.
- Ce qu'on pourrait faire pour encourager les jeunes à arrêter de fumer.

The answer below is in correct French but wouldn't score many marks because:

- It's too short.
- It uses too much language from the text.
- The sentences are often quite short and simple.
- The style is rather basic and uninteresting.
- The writer hasn't given enough information or developed his/her ideas.

 Lisez la copie d'un candidat et les conseils suivants.

Avoid 'lifting' from the text. Paraphrase and use synonyms (75 % = **les trois quarts**).
*In my opinion, it's a good thing that young people no longer have the right to (**avoir le droit de**) smoke at school, in shops, cafés, bars or restaurants.* You could be really clever and use **ne … plus … ni … ni …** (*no longer … neither … nor …*).

Avoid 'lifting'. *It is not perhaps surprising (**surprenant, étonnant**) to learn that young people now smoke in the street, instead of at school, however (**cependant, pourtant, toutefois**) it is shocking to read that parents allow (**permettre à**) their children to smoke at home.*

Join these sentences, by using a present participle and avoid repeating **les jeunes** by using a direct object pronoun.

Avoid repetition: use a subject pronoun.

Join sentences with **parce que, puisque, car**.

When adding to a list of ideas or reasons, use **d'ailleurs, de plus, en outre, ajoutons que …**

Vary your opinion-giving phrases. What else could you use here?

Give more than one reason. Try using **Certains (jeunes) fument parce que** (+ verbe) … **d'autres à cause de** (+ nom).

Develop this idea and use some more complex grammar.
*Passive smoking can be as harmful as (**aussi nuisible que**) smoking and non-smokers should not have to (conditional of **devoir**) breathe in smoke when eating (present participle) in a restaurant, for example.*

Add more ideas and list them using *first of all, secondly*. Ideas could include increasing the price of cigarettes, putting posters up in schools giving tips for stopping smoking … What else?
And use at least one **si** clause.
If we increased the price of cigarettes, young people would (not) … Finally, come up with a strong, concluding line. (*We must do something urgently to … If not …*)

Je pense que l'interdiction de fumer dans les lieux publics est une bonne chose. Les cigarettes sont très dangereuses. Les cigarettes causent le cancer des poumons et des maladies du cœur. Il n'est pas juste d'exposer les gens qui ne fument pas à la fumée. Les statistiques dans l'article ci-dessus sont inquiétantes. 74% des jeunes ont répondu qu'ils fumaient «dans la rue» et un quart des jeunes fumaient devant leurs parents. Je pense que les jeunes fument parce qu'ils pensent que c'est cool. On pourrait encourager les jeunes à arrêter de fumer. Il faut éduquer les jeunes sur le tabagisme.

Écrire 3 Améliorez les réponses du candidat aux questions de l'examen en tenant compte des conseils donnés et en ajoutant vos propres idées.

Écrire 4 Lisez l'article suivant. Écrivez un article entre 200 et 220 mots sur l'alimentation des jeunes. Vous devez mentionner les points suivants:

- Ce que vous pensez des conseils de l'article sur l'alimentation des jeunes.
- Si vous pensez que la majorité des jeunes mange bien et si non pourquoi.
- Les conséquences de ne pas bien manger quand on est jeune.
- Ce qu'on pourrait faire pour encourager les jeunes à bien manger.

Les conseils d'Info Santé sur l'alimentation des jeunes

L'alimentation des enfants et des ados doit leur apporter tous les nutriments nécessaires à la croissance. Ils doivent faire quatre vrais repas par jour: petit déjeuner, déjeuner, goûter, dîner. Un enfant ou un ado doit manger chaque jour au moins cinq portions de fruits et légumes. Il doit manger de la viande, du poisson ou des œufs une à deux fois par jour et trois ou quatre produits laitiers. Le pain et les féculents doivent être présents à chaque repas. Pour les boissons, l'eau est essentielle et les boissons sucrées ne doivent être qu'occasionnelles.

Écrire 5 Lisez l'article suivant, paru dans un journal. Écrivez une lettre au journal, pour donner votre réaction à l'article ci-dessous. Écrivez entre 200 et 220 mots. Vous devez mentionner les points suivants:

- Dans quelle mesure vous êtes d'accord avec l'auteur de l'article ci-dessous.
- L'importance du sport pour la santé et pour la détente.
- Pourquoi, à votre avis, les sportifs se comportent parfois de façon agressive.
- Comment on pourrait améliorer le comportement des sportifs.

> For help writing formal letters, see page 75.

C'est pas du sport!

Pour certains le sport permet de canaliser leur énergie. Mais pour d'autres le sport ne serait-il pas simplement une façon d'exprimer leur agressivité sans craindre de se faire arrêter par la police? Prenons l'exemple des sports d'équipe: combien de fois n'a-t-on pas vu des joueurs de football ou de rugby s'insulter voire même se battre lors d'un match, entraînant ainsi les spectateurs à en faire de même dans les tribunes? Il en va de même pour les sports individuels comme le tennis ou le patinage artistique.

Certains sportifs sont prêts à tout pour écraser l'autre, même à poignarder. Quant aux sports comme le cyclisme ou l'athlétisme, certains athlètes n'hésitent pas à se doper pour améliorer leurs performances. Tous les athlètes ne sont pas des exemples à suivre!

Gare aux gaffes! Make sure you avoid these common mistakes in your exam:	**Gaffe** ✗	**Version correcte** ✓
Wrong verb ending	Les jeunes mange …	Les jeunes mang**ent** …
Wrong tense	On a des problèmes de santé plus tard dans la vie	On **aura** des problèmes …
Confusing **il y a**, **c'est** and **il est**	C'est trop de jeunes obèses	**Il y a** trop de jeunes obèses
	Il y a assez difficile de …	**Il est** assez difficile de …
'Franglais'	Il faut éducater les jeunes	Il faut **éduquer** les jeunes
	Obvieuesement, les jeunes aiment …	**Évidemment/Naturellement**, les jeunes aiment …
Anglicisms	dans l'école, sur la télévision	**à l'**école, **à la** télévision

The common mistakes mentioned on page 81 apply to the written exam as well as the oral, so make sure you avoid those, too!

Module 3 · objectifs

t Thèmes

- Parler du système éducatif français
- Parler des différentes filières du bac
- Examiner les préoccupations des lycéens
- Examiner le quotidien des lycéens
- Considérer l'histoire et l'avenir de l'éducation

- Parler de l'enseignement supérieur en France
- Justifier son choix de carrière
- Parler de l'évolution des modes et de l'organisation du travail
- Examiner les problèmes du monde du travail

g Grammaire

- Réviser le présent
- Former le subjonctif
- Le subjonctif après certains verbes, expressions et conjonctions
- Révision des constructions avec **si**

- Les prépositions de temps
- Combiner plusieurs temps
- Le plus-que-parfait
- L'infinitif passé

s Stratégies

- Repérer les chiffres à l'écoute
- Remplacer le verbe **penser** par d'autres verbes
- Exprimer un doute, la possibilité, le souhait
- Émettre des hypothèses

- Évaluer les avantages et les inconvénients
- Faire des suggestions
- Préparer un débat
- Organiser les idées

enseignement primaire	classes
école maternelle	petite section, moyenne section, grande section
école primaire	CP, CE1, CE2, CM1, CM2

enseignement secondaire	classes	diplômes		
collège	6ème 5ème 4ème 3ème	brevet		
lycée professionnel	BEP	2 ans	BEP	
			(Brevet d'études professionnelles)	
	CAP	2 ans	CAP	
			(Certificat d'aptitude professionnelle)	
	1ère et Terminale	Bac Pro		
lycée général et technologique	2nde 1ère Terminale	Bac L, S, ES		
		(Bacs technologiques)		

enseignement supérieur			diplômes
études supérieures	bac + 2 ou 3	au lycée ou IUT	BTS/DUT
études universitaires classiques	bac + 3	à l'université	Licence
	bac + 5		Mastère
	bac + 8		Doctorat
la route des grandes écoles	bac + 5 (2 années d'école préparatoire + 3 ans)		

Bacs:
L littéraire
S scientifique
ES économique et social

IUT Institut universitaire de échnologie
BTS Brevet de technicien supérieur
DUT Diplôme universitaire de technologie

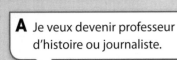

t · Parler du système éducatif français
· Parler des différentes filières du bac
g Réviser le présent
s Repérer les chiffres à l'écoute

1 · Des bancs de l'école au marché du travail

A Je veux devenir professeur d'histoire ou journaliste.

B Moi, je crois qu'il faut instruire les jeunes et les former.

C Moi, j'ai bien aimé le collège, mais à mon avis ce serait mieux si on pouvait faire plus de travaux pratiques.

D En principe, il doit y avoir des passerelles entre les différentes filières au lycée, mais en réalité ce n'est pas toujours le cas …

E J'envisage d'entrer en fac d'histoire à Bordeaux l'année prochaine.

F En troisième au collège, à 14 ans donc si on n'a pas redoublé, on passe le brevet.

G Il y a des bacs classiques et des bacs techniques. Il y a aussi des CAP ou des BEP qui peuvent mener à des bacs professionnels qui sont très concrets.

H On va à la maternelle à l'âge de trois ans, et puis après à l'école primaire.

Écouter 1 Écoutez Adrien qui explique le système éducatif français. Mettez ces phrases dans l'ordre dans lequel elles sont mentionnées.

Écrire 2 Remplissez les blancs en écrivant la forme correcte du verbe indiqué au présent.

Exemple: 1 *commencent*

---

i culture

redoubler = *to repeat a year*

Le redoublement est assez commun en France. Si un élève n'obtient pas de bons résultats ou n'a pas le niveau requis, il doit recommencer son année.

---

instruire	*to educate*
la passerelle	*pathway, link*
la filière	*option, track*
l'orientation	*careers advice*
connaissances	*knowledge*
brevet	*certificate*
voie	*path*
formation en alternance	*work-study training*

En France, les enfants **1 (commencer)** leur scolarité à l'âge de 3 ans. À l'école maternelle, ils **2 (découvrir)** les règles de vie collective et **3 (apprendre)** à partager avec d'autres des activités et des espaces communs. Par la suite, ils **4 (entrer)** à l'école primaire où ils apprennent à lire, à écrire et à compter. Ensuite, au collège, les élèves **5 (élargir)** leurs connaissances et **6 (raffiner)** leurs compétences. À la fin de la troisième les élèves **7 (passer)** le brevet, qui est un diplôme national. La 3ème **8 (être)** une année importante puisque c'est l'année où il faut décider de son orientation. Les élèves optent pour la voie qui **9 (correspondre)** à leurs désirs. Ils décident s'ils **10 (aller)** préparer un BEP ou un CAP, un bac classique ou un bac professionnel. La voie générale et la voie technologique **11 (préparer)** les élèves à des études supérieures à la fac, tandis que la voie professionnelle **12 (proposer)** souvent une formation en alternance. Les élèves **13 (étudier)** tout en travaillant. Cette expérience **14 (devoir)** les aider à devenir rapidement opérationnels sur le marché du travail.

> Check your endings for the third person plural **ils/elles** form in the present tense. Don't forget the **-ent** when writing but, when speaking, remember that it is not pronounced!

Lire 3 Traduisez les mots ci-contre et trouvez dans le texte les mots appartenant à la même famille. Cherchez dans un dictionnaire d'autres mots de la même famille ou des expressions employant ces mots.

	Translation	Words from same family in passage	Dictionary finds
1 vie scolaire	*schooling/ school life*	*scolarité (schooling), école (school)*	*aller à l'école (to go to school), écolier (pupil), scolariser (to send to school/ enrol), déscolariser (not to go to school)*
2 apprentissage			
3 s'orienter			
4 option			
5 étudiant			
6 former			

Écrire 4 Utilisez six mots de l'exercice 3 afin d'écrire six phrases reformulant les idées du texte.

Exemple: 1 *Les enfants français sont* **scolarisés** *à l'âge de trois ans.*

> Never lift answers from texts. You will not gain any marks. You must show that you can use different vocabulary and structures but that you have understood. Take every opportunity to expand your vocabulary as you did in exercise 3. This will help you to paraphrase well and allow you to show off your skills when you are manipulating language.

Lire 5 Répondez en français aux questions suivantes en utilisant le plus possible vos propres mots.

La question de l'emploi *a-t-elle été déterminante dans votre choix de filière?*

Je voulais avant tout faire un bac général. J'ai choisi la filière ES un peu par défaut. Au début je m'orientais vers un bac scientifique, mais je n'avais pas les capacités suffisantes en physique et chimie. L'an prochain j'envisage de poursuivre mes études à Nantes dans la gestion. La filière STT gestion aurait pu me convenir, mais j'estimais qu'un bac général était plus valorisant.

Morgane

J'ai suivi une terminale scientifique parce que je m'intéresse aux sciences, tout simplement. En seconde j'ai hésité un moment à prendre la voie littéraire car j'aimais bien étudier le français et la littérature … Mais pour les perspectives d'emploi plus tard, même si mon orientation professionnelle n'est pas encore définie, le choix de la filière S était plus sûr. Personne ne me l'a clairement dit, mais tout le monde le sait. Avec un bac S en poche, on peut tout faire après.

Ophélie

1 Quel bac Morgane a-t-elle choisi?
2 Qu'est-ce que Morgane envisage de faire l'an prochain?
3 Pourquoi Morgane n'a-t-elle pas voulu suivre la filière STT gestion?

4 Pourquoi Ophélie a-t-elle suivi une terminale scientifique?
5 Quelle décision Ophélie a-t-elle prise en classe de seconde?
6 Quelle est l'opinion d'Ophélie sur le bac S?

Écouter 6 Écoutez le passage suivant sur le système éducatif en France et notez les chiffres qui manquent.

Exemple: 1 *80%*

À 3 ans en France, les enfants peuvent être scolarisés. À 11 ans, 1 _____ des enfants entrent au collège. 2 _____ des élèves vont désormais jusqu'en classe de troisième. Au total, 3 _____ des jeunes quittent l'école sans le niveau minimal de qualification, c'est-à-dire le brevet des collèges.

Actuellement, à peu près 4 _____ des élèves d'une génération parviennent au niveau du baccalauréat. En 2007, environ 5 _____ lycéens ont passé les épreuves du bac.

En revanche, on compte 6 _____ de bacheliers parmi les enfants de cadres supérieurs et de professeurs que parmi ceux d'ouvriers. Parmi les élèves terminant leur CAP ou leur BEP, seul 7 _____ continue ses études après l'obtention du diplôme.

8 _____ bacheliers sur dix entrent dans l'enseignement supérieur.

Aujourd'hui, la moitié des Français âgés de 9 _____ ans poursuivent des études.

à l'examen

High numbers come up a lot in exams. Don't panic, you can listen as many times as you need to. Listen once without writing, then try to note down the figures you need.

Be aware that there may well be words around the numbers which you will have to take note of if they enhance the meaning.

environ	*about*	seul	*only*	
à peu près	*about*	sauf	*except*	
on compte	*one can count*	quasi	*almost*	
presque	*almost*	plus/moins de	*more/less than*	

Give precise answers and pay attention to detail.

des milliers	*thousands*	le quart	*one quarter*
six sur dix	*six out of ten*	la moitié	*half*

The suffix **-aine** gives an approximate feel.

une vingtaine	*about twenty*
plusieurs centaines	*several hundred*

Parler 7 Avec votre partenaire, répondez à ces questions.

1 À partir de quel âge commence l'enseignement élémentaire en France?
2 Qu'apprennent les élèves à l'école maternelle? à l'école primaire? au collège?
3 Pourquoi la troisième, la dernière année du collège, est-elle une année importante?
4 Normalement, à quel âge les élèves finissent-ils leur année de terminale?
5 Quelle filière ou quel bac choisiriez-vous en classe de seconde?
6 Qu'est-ce que vous envisagez de faire l'année prochaine?

Écrire 8 Écrivez un article d'environ 200 mots sur le système éducatif français.

• une description des différentes écoles et ce que les élèves y apprennent
• l'importance de la troisième, la dernière année de collège
• les options possibles après la troisième
• au moins trois statistiques (chiffres, pourcentage, proportion, etc.)

2 · L'Éducation, dossier prioritaire?

Le matin je prends mon bus à 6h30. Les cours commencent à huit heures et se terminent vers 17h ou 18h. Je prends le car aussi pour rentrer chez moi et je fais mes devoirs après 19 heures. C'est vrai qu'on a des heures de permanence et le mercredi après-midi libre, mais on passe quand même beaucoup de temps dans les transports, en classe ou à faire nos devoirs. Le plus scandaleux, c'est que nous avons cours le samedi matin. Ça fait qu'on a cours six jours sur sept. À mon avis, il faut que le gouvernement supprime les cours le samedi.

Anne

On n'a jamais le temps de terminer les programmes du lycée. Il faudrait que les programmes soient moins chargés et moins complexes.

Lysiane

Ras-le-bol!

Margot

Les enseignants sont de moins en moins respectés. Certains élèves se permettent même de remettre leur autorité en cause. Il faut que la direction prenne cela en main.

Seb

En terminale, on a besoin de travailler, d'avoir un job étudiant afin de pouvoir se payer un scooter ou une voiture, de payer l'essence, mais aussi des habits, sans parler des activités extra-scolaires … Mais vu les programmes surchargés, on n'a pas le temps d'avoir un travail à côté. Il faut absolument réformer les programmes du lycée.

Mon lycée est en sureffectif, ce qui affecte la qualité de nos cours. Il faudrait que les enseignants aient la possibilité de travailler avec des classes moins chargées.

Lucas

Malheureusement, la violence a franchi les portes de l'école. C'est un grand problème. Elle s'exerce aussi bien envers les élèves qu'envers les professeurs. Il est urgent que le ministre intervienne et prenne des mesures pour résoudre la situation.

Il faut plus de moyens pour les sorties et les visites. Il faut qu'on sorte plus du lycée. Comme ça on apprendrait beaucoup plus.

Félix

Il y a beaucoup de racisme et d'intolérance au lycée. L'intégration des élèves d'origine étrangère se fait avec difficulté. Il est essentiel que les profs agissent.

Mo

Le taux d'absentéisme dans mon bahut est en hausse parce que les cours n'ont aucun rapport avec les besoins individuels de chacun. Il est essentiel qu'on examine les programmes de plus près.

Aurélie

Sapna

Lire 1 Lisez les opinions de ces jeunes sur le lycée et reliez les moitiés de phrases suivantes.

Exemple: 1 *c*

1 Lysiane estime que les programmes au lycée devraient être plus …
2 Félix pense qu'on devrait avoir plus …
3 Seb croit qu'en terminale, avoir …
4 Anne considère que les horaires sont …
5 Lucas affirme qu'il n'y a pas assez …
6 Margot est de l'avis que …
7 Aurélie est persuadée que les élèves ne viennent pas en cours car …
8 Sapna est convaincue que la violence est …
9 Mo constate que le problème c'est que …

a … un petit boulot c'est essentiel.
b … les enseignants ne sont plus respectés.
c … légers et moins compliqués.
d … le racisme et l'intolérance existent aussi à l'école.
e … un problème majeur.
f … de professeurs et que les classes sont surchargées.
g … ils ne correspondent pas aux besoins individuels.
h … inacceptables car trop longs.
i … d'argent pour financer les voyages scolaires.

Écouter 2 Écoutez Inès qui se plaint de son lycée.
Répondez aux questions suivantes en français.

Exemple:

1 *Ses cours commencent à huit heures et se terminent à dix-sept ou dix-huit heures.*

1 À quelle heure commencent les cours d'Inès et à quelle heure se terminent-ils?
2 Que trouve-t-elle scandaleux?
3 Selon Inès, quels sont les problèmes de transport qui se posent?
4 Quels élèves n'ont pas cours le samedi matin dans son lycée?
5 Que va faire la classe d'Inès pour protester?

Look at exercise 1. Make a list of all the verbs that were used to express the verb *to think/to assert*. Use these verbs in your own work. When you are about to say or write **penser**, try to use a verb which is richer and less predictable. Set yourself a goal of using **penser** only once in an essay or conversation and use synonyms the rest of the time. Keep adding to your list of alternatives.

i culture

permanence = *study periods*
Quand ils ont une heure de libre dans leur emploi du temps ou quand leur professeur est absent, les élèves vont en permanence pour faire leurs devoirs, étudier ou lire. Les surveillants (ou «les pions») qui sont payés pour surveiller les élèves en permanence sont très souvent étudiants à la fac.

bahut = slang for **lycée**

Écrire 3 Écrivez la bonne forme du subjonctif du verbe entre parenthèses à chaque fois. Écoutez pour vérifier vos réponses. Ensuite, traduisez le passage en anglais.

Exemple: 1 *travailles*

Mon père me répète sans cesse: «Il faut que tu **1** (**travailler**) au lycée, Talia. Il faut que tu **2** (**faire**) beaucoup d'efforts, parce qu'il faut absolument que tu **3** (**aller**) à la fac.» Je sais qu'il a raison, mais moi, j'estime qu'il y a des choses qu'il faut changer au lycée.

D'abord, il faudrait qu'on **4** (**avoir**) moins d'heures de cours. Ensuite, il faudrait que les professeurs **5** (**être**) plus enthousiastes et qu'ils **6** (**donner**) des cours plus passionnants.

J'estime qu'il est urgent qu'on **7** (**introduire**) des groupes de niveau. Si on avait davantage de cours en demi-groupes, on participerait plus.

Enfin, il faudrait qu'il y **8** (**avoir**) une salle au lycée où on pourrait avoir libre accès à Internet, et une autre pour écouter de la musique, danser, faire du sport, une salle où on pourrait se défouler un peu.

des groupes de niveau	*ability groupings*
davantage	*more*

 Be aware also of the subtle difference between **il faut/il faudrait que**.
Il faut que tu travailles davantage au lycée. = It is necessary that you/You *must* work harder at school.
Il faudrait que tu travailles au lycée. = You *should* work harder at school.

Écrire 4 Réécrivez les phrases suivantes en incluant une des expressions données et en mettant les bons verbes au subjonctif. Utilisez chaque expression deux fois.

Exemple: 1 *Il faut que le ministère de l'Éducation supprime les cours le samedi matin au lycée.*

1 Le ministère de l'Éducation devrait supprimer les cours le samedi matin au lycée.
2 Le Conseil Régional devrait donner plus d'argent pour financer les sorties au lycée.
3 Les professionnels de l'Éducation devraient examiner les raisons de l'absentéisme des lycéens.
4 Le gouvernement devrait proposer des cours qui correspondent aux besoins collectifs et individuels.
5 Les programmes devraient être moins chargés au lycée.
6 Les élèves devraient respecter l'autorité des enseignants.
7 Tout le monde devrait combattre la violence à l'école.
8 Les établissements devraient trouver des solutions pour améliorer l'intégration des élèves d'origine étrangère au lycée.

il faut que …	*it is necessary that …*
il est nécessaire que …	
il est essentiel que …	*it is essential that …*
il est urgent que …	

Grammaire

Le subjonctif (*the subjunctive*)

Use the subjunctive mood to express doubt, emotion, judgement, necessity or possibility.

The easiest way to deal with the subjunctive is to learn by heart the constructions which demand its use. **Que …** or **qui …** is nearly always present in a clause containing a subjunctive e.g. **il faut que …**

To form the subjunctive of regular verbs, take the third person plural form (**ils**) of the present tense. Knock off **-ent** and add the correct subjunctive endings.
écrire → ils écriv~~ent~~ + *l* ending: **-e** → il faut que j'**écrive**.

écrire

… que j'	écriv**e**	… que nous	écriv**ions**
… que tu	écriv**es**	… que vous	écriv**iez**
… qu'il/elle/on	écriv**e**	… qu'ils/elles	écriv**ent**

Some verbs have an irregular subjunctive form. They are fairly common and you must learn them by heart: aller, avoir, être, faire, pouvoir, savoir and vouloir. See verb tables pages 158–169.

Parler 5 Avec un(e) partenaire, considérez les problèmes du système éducatif français. L'un(e) identifie un problème et l'autre dit ce qu'il faut faire. Utilisez différentes façons d'exprimer «penser» et faites des phrases avec le subjonctif.

■ *Je trouve que les programmes au lycée sont trop chargés.*
● *Oui, je suis d'accord. Il faut qu'ils soient moins chargés, il est nécessaire que les programmes soient révisés.*

Écrire 6 Que faut-il faire pour améliorer ou réformer l'école? Créez un poster que vous allez afficher dans votre établissement. Suggérez des changements possibles au sein de votre école. Écrivez huit phrases.

Utilisez les structures suivantes:

J'estime que …	il faut que + subjonctif
Je considère que …	il est nécessaire que + subjonctif
Je suis persuadé(e) que …	il est essentiel + subjonctif
Je suis convaincu(e) que …	il est urgent que + subjonctif

- **t** Examiner le quotidien des lycéens
- **g** Le subjonctif après certains verbes, expressions et conjonctions
- **s** Exprimer un doute, la possibilité, le souhait

3 · Une semaine dans la vie d'un lycéen

Écouter 1 Dans ce passage, Marie parle de sa vie à l'internat. Corrigez les erreurs dans les phrases suivantes.

1 Le soir, les élèves de première et de teminale travaillent en étude surveillée.
2 Les élèves de seconde ont le droit de travailler dans leur chambre.
3 Le dîner est servi de 20h00 à 20h30 dans le self.
4 Après le dîner, les élèves ont le droit de sortir.
5 Marie n'aime pas être interne parce qu'elle se sent un peu isolée.

Écouter 2 Écoutez l'avis de Julien sur la vie à l'internat et complétez le texte avec des verbes au subjonctif.

Ça me plaît d'être interne. Puisque je suis en terminale, j'ai pas mal de liberté et je peux travailler tard le soir et sortir du lycée parfois, à condition que j' **1** _____ un surveillant. Mais des fois, j'ai du mal car je n'aime pas trop qu'on me **2** _____ tout le temps ce que je dois faire. Je préfère qu'on me **3** _____ tranquille. Faut dire que ça dépend des pions, aussi. Bien que certains **4** _____ compréhensifs, d'autres sont moins sympathiques. C'est marrant, depuis que je suis à l'internat, bien que **5** _____ moins souvent mes parents, je crois que je m'entends mieux avec eux. Ma mère ne se sent plus obligée de ranger mes affaires et elle m'accorde même un peu plus de liberté. Je ne regrette pas de ne plus vivre à la maison, quoique mes frangins me **6** _____ et mon chien Loulou aussi. Quand j'irai à la fac, il se peut que **7** _____ pion à mon tour pour payer mes études. J'aime bien qu'**8** _____! Non, je dis ça pour plaisanter! J'aimerais bien travailler avec des jeunes. Je crois qu'il est important que les lycéens **9** _____ des pions auxquels ils peuvent s'identifier. Mais ce qui est plus important, c'est que je **10** _____ me payer mon permis!

le frangin	brother (slang)
quoique	even though
le permis	driving licence

Écrire 3 Traduisez ce texte en français. Attention aux verbes au subjonctif.

Mélanie: I study from 17.00 to 19.00. I work hard and quickly so that I can play table football after dinner. Although they put the lights out at 10.30, you can continue working, provided that you arrange it with a supervisor. I like being a boarder. I am autonomous and, although I don't often see my family, I don't feel lonely because I have made very good friends here.

à l'examen

Consider using **on** to translate *they* when you are translating from English to French.

Grammaire

Le subjonctif (*the subjunctive*) (2)

Use the subjunctive:
- after particular conjunctions:

à condition que	*provided that*	pour que	*so that*
afin que	*so that*	quoique	*even though*
bien que	*although*	sans que	*without*
jusqu'à ce que	*until*		

Bien que certains pions **soient** compréhensifs, d'autres sont moins sympathiques.

- after impersonal verbs and expressions of possibility and doubt:

il est important que …	il est impossible que …
il est possible que …	douter que …
il se peut que …	

Il se peut que je **devienne** pion.

- after certain verbs:

vouloir que …	souhaiter que …
préférer que …	comprendre que …
désirer que …	aimer que …

J'aime qu'on m'**obéisse**!

The subjects of the main clause and the dependent clause are usually different.

Une semaine dans la vie d'un lycéen

Lundi 8h, Nice, lycée Pasteur
Marie est en seconde. Ce matin, elle a cours de maroquinerie dans l'atelier de l'établissement. Depuis le début de l'année, elle prépare un défilé de mode pour le lycée. Thème retenu: les cinq continents. Marie a choisi l'Afrique. Chaque semaine, elle consacre quatre heures en plus de ses cours à préparer ce défilé.

Mardi 10h, Marseille, lycée Colbert
Dans le CDI, une vingtaine de jeunes discutent activement. Ils sont tous en première et deuxième année de CAP vente alimentaire. Au début de l'année, ils se sont lancé un défi: monter une mini-entreprise dans le cadre de l'opération Entreprendre au Lycée.
L'idée: préparer des jus de fruits naturels à la fraîcheur et aux propriétés nutritives incontestables. Le VITAFRESH a déjà remporté un franc succès lors de la journée de vente au lycée Marseillveyre, avec 240 cocktails vendus en une heure aux élèves de seconde. Farid est le président de l'association: «Cette expérience, je ne l'oublierai pas. Ça m'a appris à travailler, à écouter les autres et à avoir plus confiance en moi. Je préfère travailler dans une entreprise que travailler à l'école.»

Mercredi 13h, Nice, lycée Pasteur
Après le repas à la cantine, Marie, Nassima, Magali et Indira se retrouvent. Elles n'ont pas cours cet après-midi. Pendant que les autres vaquent à leurs occupations, elles préparent le défilé. «On se dépêche un peu, mais on sera prêt à temps. Je suis très fière de faire ce que je fais … tout le monde l'est d'ailleurs. La prof est tout le temps avec nous, elle nous soutient à fond.»

Jeudi 8h, Manosque, lycée professionnel Martin Bret
C'est l'heure de l'atelier d'écriture de Marie Christine Avelin. Dans le CDI, face au stade d'athlétisme, il est question de gymnastique cérébrale pour Thibaud et ses camarades de dernière année de bac Maintenance de véhicules automobile, un bac pro en alternance. «Notre prof de français nous a inscrits au Prix littéraire des lycéens et apprentis sans nous demander notre avis. On était surpris, mais contents. Finalement, ça plaît à tout le monde dans la classe.»

Vendredi 18h30, Marseille, lycée Colbert
Rachid assiste au conseil de classe. C'est une réunion qui a lieu une fois par trimestre pour parler du travail de la classe. Tous les enseignants sont présents, ainsi que le proviseur et le Conseiller d'Éducation. «Je suis fier d'être délégué de classe», dit Rachid. «On m'a élu et j'en suis fier. Je représente mes camarades, je parle en leur nom. Je dois bien écouter leur avis, m'informer des problèmes ou des difficultés … Après la réunion je fais un compte-rendu à la classe, leur explique comment ça s'est déroulé … Il faut être responsable mais je crois que je suis à la hauteur!»

Samedi 20h, Nantes, pizzeria La bonne pâte
Le samedi soir, Ahmed travaille comme livreur de pizza. «C'est difficile de trouver un bon job. On est nombreux à en chercher un.» Pour Ahmed, ce travail est essentiel: «Un peu pour l'argent de poche car j'ai pas envie de dépendre de mes parents, mais surtout pour le permis. Ça m'apprend aussi la valeur de l'argent et ça me fait voir ce que c'est que d'avoir des contraintes. Je suis content et fier de pouvoir me payer mon permis.»

Lire 4 Écoutez et lisez l'article. Trouvez dans cet article le synonyme des mots suivants.

1	institution	6	en fin de compte
2	destine	7	satisfait
3	réussite	8	me renseigner
4	se hâte	9	rapport
5	totalement	10	obligations

un atelier	*workshop*
un défi	*challenge*
confiance	*self-confidence*
vaquer à	*to attend, be busy with*
soutenir	*support*
une réunion	*meeting*
se dérouler	*to be set, go off*

Lire 5 Indiquez si (selon le passage) les phrases suivantes sont vraies ou fausses. Si la phrase est fausse, corrigez-la.

1 Marie a quatre heures de cours par semaine pour préparer ce défilé.
2 Le VITAFRESH est préparé à base de légumes naturels.
3 Farid n'oubliera pas son expérience en tant que président, tant elle a été négative.
4 Marie, Nassima, Magali et Indira ont beaucoup de choses à préparer, cependant elles croient qu'elles y arriveront.
5 Thibaud et ses camarades participent à un atelier de gymnastique.
6 Le conseil de classe est une réunion mensuelle.
7 Rachid agit tout seul. Il n'est pas obligé d'écouter ses camarades de classe.
8 Ahmed travaille pour avoir un peu d'argent de poche et payer son loyer.

Écrire 6 Aimeriez-vous être lycéen en France? Pourquoi? Pourquoi pas? Écrivez entre 200 et 220 mots en français. Vous devez inclure les points suivants.

- les horaires, les programmes surchargés, le baccalauréat , les conseils de classe, le redoublement, l'internat

- Exprimez vos doutes sur la possibilité d'aller au lycée en France en utilisant au minimum trois expressions, par exemple **à condition que …, je doute que …, il est possible que …**

- Suggérez trois réformes possibles en utilisant le subjonctif.
  Ex. **il faut que …, il est essentiel que …, il est urgent que …**

Accuracy is very important at A-level, but it is also essential to use more complex vocabulary and more varied structures than at GCSE. If you play safe and stick to unadventurous structures you will never access the highest marks. Try to write good quality French.
- Show that you can argue, debate and formulate an hypothesis.
- Start to use the subjunctive in your work.
- Vary the verbs you use for **penser** (e.g. **croire, estimer**), **dire** (e.g. **soutenir, déclarer**), **être** (e.g. **exister, constituer**).
- Collect phrases from texts and listening exercises that you can then use in your own work.

- t — Considérer l'histoire et l'avenir de l'éducation
- g — Révision des constructions avec **si**
- s — Émettre des hypothèses

4 · Passé, présent, futur

Lire 1 Reconstituez trois articles de journal: un titre, une photo, un texte.

X En mai 1968, dans leurs «cahiers de doléances», les lycéens réclament du changement.

Les lycéens se mettent à fumer devant les professeurs, les filles se maquillent …

Le nombre de bacheliers double entre 1959 et 1968.

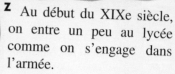

Z Au début du XIXe siècle, on entre un peu au lycée comme on s'engage dans l'armée.

Réservés aux garçons issus de la bourgeoisie, les établissements napoléoniens ont des allures de caserne. Une discipline de fer règne …

1
Il y a quarante ans …
L'autorité négociée

y Le souci des professeurs n'est plus seulement de préparer de bons cours, mais aussi de mieux connaître leurs élèves. D'où viennent-ils? Quels sont leurs centres d'intérêt? Quel est leur contexte familial?

2
Il y a dix ans … Une approche plus personnelle

3
Il y a deux cents ans …
Les élèves marchent au pas.

Lire 2 Dans les articles ci-dessous, trouvez l'équivalent en français des expressions suivantes.

1 that is to say   2 recently   3 the latter   4 for the most part   5 most often

Parler 3 Travaillez avec un(e) partenaire. Préparez une réponse en français aux questions suivantes.

1 Expliquez le principe de laïcité.
2 Pourquoi y a-t-il un débat sur le voile islamique actuellement?
3 Quelle est la particularité de 95% des écoles privées en France?
4 Précisez pourquoi les gens optent pour l'éducation privée en France.

La laïcité, qu'est-ce que c'est?

«La France est une République indivisible, laïque, démocratique et sociale. Elle assure l'égalité devant la loi de tous les citoyens sans distinction d'origine, de race ou de religion. Elle respecte toutes les croyances.» Article premier de la Constitution du 4 octobre 1958.

Le principe de laïcité découle d'une longue tradition française, solennellement réaffirmée en 1789. Les écoles publiques françaises sont laïques. C'est-à-dire que la religion n'y a aucun rôle à jouer. C'est le principe de la neutralité. Personne n'a le droit de manifester de façon ostensible ses croyances religieuses.

Récemment, le débat sur le voile islamique a mis en relief les difficultés de l'école à préserver le modèle républicain et laïc. À suivre …

Public/Privé?

Les écoles publiques et les écoles privées cohabitent en France. Ces dernières sont habituellement religieuses. 95% des écoles privées sont catholiques.

L'enseignement public scolarise aujourd'hui aux alentours de 76% des enfants et des adolescents en âge d'aller à l'école. Les écoles sont mixtes pour la plupart.

Pourquoi choisir le privé? Pour échapper au système public en difficulté ou bien pour donner une deuxième chance à un élève qui connaît des difficultés scolaires. Certaines familles recourent exclusivement à l'enseignement privé, le plus souvent par adhésion aux valeurs catholiques.

Écouter 4 Complétez le texte avec des mots ou des expressions.

Apprend-t-on mieux avec un ordinateur?

Un grand nombre d'élèves ont accès à un ordinateur chez eux, mais malheureusement la plupart d'entre eux ne savent pas nécessairement comment bien s'en servir pour **1** _____ apprendre. Ils ne comprennent pas **2** _____ que l'ordinateur puisse leur être **3** _____ dans leurs études. Quand on demande à un élève de faire des recherches sur Internet par exemple, il faut bien définir les **4** _____ et il vaut mieux **5** _____ les sites où l'on sait qu'il trouvera des informations qui lui seront utiles. Beaucoup trop d'élèves **6** _____ les **7** _____ dont ils ont besoin mais ne savent pas quoi en faire. Il est essentiel que les professeurs montrent aux **8** _____ comment sélectionner et traiter les informations qu'ils trouvent. Sinon, ils se contentent de rendre un copier-coller de dates, de chiffres et ne retirent rien de l'exercice.

à l'examen

Before a listening exercise like this, try to predict which words are most likely to fit into different spaces. Grammatical knowledge may help you in this but common sense and a thorough reading of the passage will also help you to predict accurately. Often, there are only two possibilities for each gap.

forcément	inutile	trouvent
nouvelles	essentiellement	thèmes
élèves	renseignements	utile
touches	entreprennent	enseignants
mieux	déconseiller	préciser
	rapidement	

Lire 5 Et comment améliorer l'école? Reliez les phrases qui ont le même sens.

a Les élèves voudraient que leurs profs introduisent des contrôles en ligne après les cours.

b Les profs devraient utiliser les TICE pour que les élèves apprennent mieux.

c Les lycéens préféreraient qu'il y ait plus d'interactions dans les cours.

d Les élèves voudraient que le ministère de l'Éducation accorde des fonds pour que chaque élève puisse avoir un ordinateur portable.

e Les profs pourraient enregistrer leurs cours pour que les élèves puissent y accéder plus tard.

f Les collégiens aimeraient que les salles de classe soient équipées de tableaux connectés à un ordinateur et à un projecteur.

1 Si on avait des cours interactifs, cela impliquerait davantage les élèves, et ils seraient plus intéressés.

2 Si toutes les salles de classe avaient un tableau électronique, ce serait motivant pour les collégiens.

3 Si les lycéens avaient un contrôle à faire en ligne après le cours, ils feraient plus de progrès.

4 Si les professeurs sauvegardaient les cours, cela permettrait aux élèves d'y revenir facilement.

5 Si les profs utilisaient des supports tels que les lecteurs MP3, cela stimulerait les élèves; ils auraient envie d'apprendre.

6 Si les collégiens avaient des ordinateurs portables, cela leur permettrait de faire des recherches plus facilement.

 les TICE = technologies de l'information et de la communication pour l'éducation

Grammaire

Les propositions avec si (*si* clauses)

To translate *If A happened, then B would follow* … you need to get the sequence of tenses correct.

S'il y **avait** des cours personnalisés, les élèves **seraient** plus motivés. **Si** + **imperfect** (see p150) + **conditional** (see p150)

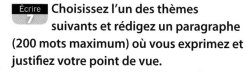
Another way to express a hypothesis is by using these phrases.
Je présume que … (*I assume*) **Je suppose que …** (*I suppose*)
J'imagine que … (*I imagine*)
Je présume que dans 50 ans, l'école n'existera plus!
Je suppose que les profs existeront toujours, mais qu'ils adapteront leurs méthodes.
J'imagine que dans l'avenir, l'usage des lecteurs MP3 sera plus répandu.

Écrire 6 Écrivez les verbes entre parenthèses au temps verbal correct. Traduisez le passage en anglais.

Le lycée high-tech de demain

Finis les cartables de 15 tonnes! Plus besoin de cahiers ou de manuels! Si tout **1** (**passer**) par l'ordinateur, en arrivant en cours Ophélia **2** (**s'installer**) devant un ordinateur portable, l'**3** (**allumer**) et **4** (**taper**) le code d'accès à son cahier virtuel.

Le cours pourrait commencer. Si, en plus d'un clavier, l'ordinateur **5** (**être**) équipé d'une tablette graphique avec un stylet, elle **6** (**pouvoir**) prendre des notes ou dessiner des schémas plus facilement.

Si le professeur utilisait son tableau électronique pour donner son cours et ensuite **7** (**stocker**) ses documents sur le site du lycée, Ophélia **8** (**pouvoir**) réviser chez elle en se connectant au serveur du lycée.

Écrire 7 Choisissez l'un des thèmes suivants et rédigez un paragraphe (200 mots maximum) où vous exprimez et justifiez votre point de vue.

1 Public ou privé? Que choisiriez-vous?
2 École virtuelle, rêve ou réalité?
3 Les TICE, aubaine ou malédiction?

To ensure you show you can use a range of tenses and structures, aim to include:
• a good opinion giving phrase;
• a hypothetical sentence using **si**;
• a hypothesis using **je présume/ je suppose/j'imagine**;
• a subjunctive.

5 · Une fois le bac en poche

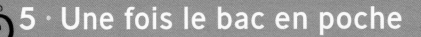

Que faire avec le bac en poche?

a Un BTS. Brevet de Technicien Supérieur.

b Les Classes Préparatoires aux Grandes Écoles. Une «prépa» dure deux ans et prépare au concours qui permet d'accéder aux Écoles d'Ingénieurs, de Commerce et de Gestion et les Écoles Normales supérieures.

le LMD:
L pour Licence (bac + 3 ans d'étude)
M pour Mastère (bac + 5 ans d'étude)
D pour Doctorat (bac + 8 ans d'étude)

c Les études universitaires classiques. Le LMD.

d Un Diplôme Universitaire de Technologie dans un IUT, Institut universitaire technologique.

Écouter 1 Quelle voie ces quatre personnes ont-elles choisie? Écrivez la lettre correspondante. Prenez aussi des notes en anglais sur les raisons qui ont motivé leur choix.

	route	reasons
Orlane		
Matthieu		
Cyril		
Élodie		

Écouter 2 Dans ce passage, il s'agit d'une jeune fille qui a raté son bac. Choisissez la bonne réponse.

1 Sabine a préparé un bac **a** STT. **b** S. **c** ES.
2 La famille de Sabine **a** n'a pas voulu qu'elle redouble.
   b a voulu qu'elle redouble.
   c a voulu qu'elle change de filière.
3 Sabine a appris que pour entrer dans l'animation
   a le bac était indispensable.
   b le bac était essentiel.
   c le bac n'était pas indispensable.
4 Sabine **a** travaille dans un club de danse.
   b veut monter un club de danse.
   c cherche un emploi dans un club de danse.

Écouter 3 Qui parle? Écrivez le nom de la bonne personne.

Olivia, 3ème année de géographie

Kévin, licence de physique

Nordine, école d'ingénieurs

Gaëlle, licence d'histoire

Thomas, CFA

a Si on a un problème à l'université, il faut contacter son professeur référent.
b Il faut être autonome et flexible en ce qui concerne les méthodes de travail.
c Il faut réviser ses cours à la bibliothèque afin de mieux comprendre.
d Il faut profiter un maximum des activités offertes aux étudiants à la fac.
e Si on choisit un apprentissage, il faut vraiment être motivé.

Le choix des études supérieures

Près de 9 bacheliers **sur** 10 poursuivent des études: 40**%** s'engagent sur la voie longue à l'université, 40% préfèrent des cycles courts, et **plus de** 7% tentent d'intégrer les classes préparatoires des grandes écoles. Pour ceux qui s'inscrivent à l'université, la première année reste un cap difficile à franchir, avec **un fort pourcentage** d'échec: 40% des bacheliers quittent la fac **sans aucun** diplôme et se réorientent ou abandonnent les études.

Une fois le bac en poche, le choix de la formation reste donc un moment primordial pour l'avenir professionnel.

Pour le choix des études supérieures, il ne s'agit pas de faire plaisir à ses parents ou de satisfaire son ego. Il ne faut pas non plus s'inscrire dans une filière qui ne débouche sur aucun emploi malgré un niveau d'études élevé. **Nombreux** sont les étudiants qui ont poursuivi leurs études jusqu'au mastère, voire au doctorat, sans trouver **le moindre** travail.

11% des diplômés de l'enseignement supérieur sont d'ailleurs encore au chômage trois ans après la fin de leurs études, faute de lien entre leur formation et le marché de l'emploi …

franchir un cap — *to jump a hurdle*
avoir quelque chose en poche — *to have something in hand*

Lire 4 Lisez l'article (p94) et traduisez les expressions en gras dans le texte. Ensuite, décidez si ces phrases sont vraies ou fausses. Si la phrase est fausse, corrigez-la.

1 Nearly 9 out of 10 secondary school leavers with a baccalauréat continue their studies.
2 Forty five percent commit themselves to longer university study.
3 40% opt for shorter studies.
4 Less than 7% try for preparatory classes.
5 There is a low percentage of failure after the first year of university study.
6 40% of secondary school leavers leave university with a qualification.
7 There are numerous examples of students who do a master's degree or a doctorate without finding any work at all.

 It is essential to pay attention to detail. Often, you find words around numbers which modify the meaning. Look carefully so that you get the answer right.

Grammaire

Les prépositions de temps (*temporal prepositions*)

preposition	examples
en (*in*)	**En** été, je vais m'inscrire à la fac. J'ai fini mon diplôme **en** trois ans.
de ...à ... (*from ... until*)	Je suis allé à la fac **de** 1995 **à** 1998.
entre (*between*)	Je suis allé à la fac **entre** 1995 et 1998.
jusque ... (*until*)	Je suis allé à la fac **jusqu'**en 1998.
ans (*in ... time*)	**Dans** trois ans, j'entrerai dans le monde du travail.
pendant (*during, for*)	J'ai étudié **pendant** cinq ans.
pour (*for*)	J'en ai **pour** cinq ans d'études.
d'ici (*from now*)	**D'ici** un mois, je saurai si je vais à la fac ou non.
vers (*around*)	J'aurai la confirmation **vers** septembre.
avant (*before*)	**Avant**, je voulais être médecin.
après (*after*)	**Après** le bac, je ne suis pas sûr.
une fois (*once*)	**Une fois** que j'aurai les résultats, je prendrai ma décision.
depuis (*for, since*)	
depuis + present tense	J'étudie le français **depuis** six ans.
depuis + imperfect tense	Je travaillais **depuis** deux heures quand il m'a appelé.

Écrire 5 Traduisez ce passage en français.

«In 2005 I committed myself to the long road of university study. I studied geography for three years up to degree level. Now I am going to undertake my masters and then in two years I will enter the job market. I have also been studying Spanish for five years. I hope to travel to South America after having finished my masters.»

Travailler et étudier en même temps

Les avantages

Alternance Y en a pour tous les goûts.

- Des études financées
- La formation est prise en charge par l'entreprise et vous percevez un salaire.
- Une façon de vous «payer» une grande école.
- Une première expérience professionnelle Vous êtes plus «employable». Cela séduit les entreprises, souvent réticentes à embaucher des débutants. D'ailleurs, 39 % des apprentis en BTS et 35 % des bac + 3 sont embauchés par l'entreprise où ils ont fait leur apprentissage.

Les inconvénients

- Assumer les contraintes de la vie active
- Horaires plus ou moins stricts, vacances raccourcies, stress du travail, emploi du temps chargé, moins de soirées étudiantes …
- Un taux de réussite aux examens en dents de scie. Il est souvent inférieur à celui des étudiants des filières classiques. Certains s'investissent tellement dans l'entreprise qu'ils délaissent leurs études et finissent par faire une croix sur leur diplôme.

Parler 6 D'après cet article …

1 Écrivez une définition de l'alternance en anglais.
2 Faites une liste des avantages et une liste des inconvénients du travail en alternance. Combien d'arguments pouvez-vous rajouter dans chaque liste?
3 Avec un(e) partenaire, considérez les avantages et les inconvénients du travail en alternance. A donne un avantage, B conteste son point de vue.

■ «Un avantage de l'alternance, c'est que la formation est prise en charge par l'entreprise.»
● «Certes, mais un inconvénient, c'est qu'il faut assumer les contraintes de la vie active.»

4 Êtes-vous d'accord avec votre partenaire? Résumez votre opinion et vos raisons.
5 En conclusion, expliquez ce que vous avez l'intention de faire pendant les trois prochaines années.

t Justifier son choix de carrière
g Combiner plusieurs temps
s Faire des suggestions

6 · Pour quel métier êtes-vous fait(e)?

Écouter 1 Notez les réponses de Noah au test suivant. Calculez ses résultats et choisissez-lui une profession.

Pour quel métier êtes-vous fait(e)?

Dans quel domaine professionnel avez-vous le plus de chance de vous épanouir? Ce test va vous aider à y réfléchir. Pour chacune des questions ci-dessous, choisissez **quatre** réponses parmi les douze possibles, puis reportez-vous au tableau des résultats.

1 Quelles sont les matières ou activités scolaires que vous aimez le plus?

a L'EPS
b Les travaux pratiques
c Les matières scientifiques
d L'informatique
e Les cours d'arts plastiques
f Les sciences économiques et sociales
g L'éducation civique
h La biologie
i Les exposés et autres travaux en groupes
j Les langues étrangères
k Le français
l L'histoire

2 Quelles sont les activités que vous aimez le plus pratiquer durant votre temps libre?

a Faire un sport
b Bricoler
c Lire des mags scientifiques
d Créer son site Internet ou des jeux informatiques
e Participer à des ateliers artistiques
f Jouer en Bourse
g Être bénévole dans une association
h Suivre une formation de secouriste
i Faire du théâtre
j Regarder la télé ou écouter une radio étrangère
k Lire
l Visiter un musée

3 Dans quelle activité pensez-vous être le(la) meilleur(e)?

a Mettre au point une stratégie pour atteindre un objectif (sportif)
b Monter un meuble en kit
c Résoudre un problème abstrait
d Utiliser un ordinateur
e Dessiner
f Négocier
g Réconforter une personne
h Suivre une émission scientifique
i Convaincre
j Parler une langue étrangère
k Analyser un texte
l Jouer au *Trivial Pursuit*

4 Quelles sont les qualités qui vous définissent le mieux?

a Dynamisme
b Esprit pratique
c Logique
d Rigueur
e Créativité
f Sérieux
g Altruisme (ou empathie)
h Concentration
i Compréhension
j Ouverture d'esprit
k Réflexion
l Curiosité

5 Quelles vacances vous tentent le plus?

a Faire du trekking
b Partir en camp «nature et découverte»
c Visiter la Nasa
d Participer à des jeux en réseau
e Faire le tour du monde des musées
f Bosser (pour gagner de l'argent de poche)
g Participer à des missions humanitaires
h Se former aux premiers secours
i Partir en camp de vacances
j Faire un séjour linguistique
k Bouquiner confortablement installé(e) dans un hamac
l Visiter des monuments historiques

6 Quelles sont les conditions de travail qui vous correspondent le plus?

a En plein air
b Sur un chantier
c Dans un labo
d Sur Internet
e Dans un atelier
f Dans un bureau
g Au service des autres
h Dans un hôpital
i En équipe
j À l'étranger
k Dans une bibliothèque
l Dans un lieu chargé d'histoire

Résultats

Faites le total des lettres. Les trois lettres que vous obtenez le plus souvent correspondent à vos trois domaines de prédilection.

a Sport	g Social
b Pragmatique	h Santé
c Sciences	i Communication
d Informatique	j Langues
e Art	k Lettres
f Économie	l Culture

plutôt... SPORT
Vous êtes plutôt... SPORT
Vous aimez bouger, pratiquer une activité physique et vivre en plein air. Vous pouvez exercer des métiers tels que professeur d'EPS, animateur sportif, moniteur (de voile, de ski...), maître nageur sauveteur, entraîneur ...

plutôt... PRAGMATIQUE
Vous aimez entreprendre, réaliser des choses, mener à bien des projets concrets ...

plutôt... SCIENCES
Vous aimez réfléchir dans l'abstrait et le théorique, formuler des raisonnements ... Vous pourrez exercer des professions telles que professeur des écoles ou en collège-lycée, enseignant-chercheur, ingénieur, acousticien ...

plutôt... INFORMATIQUE
Vous aimez suivre les progrès de la science et pouvoir utiliser les outils les plus performants. Les professionnels du secteur peuvent exercer des métiers tels que technicien en informatique industrielle, administrateur de base de données, analyste-programmeur ...

plutôt... ART
Vous aimez le beau, que ce soit pour le créer, pour le contempler ou en prendre le sens. Les métiers possibles sont très divers: designer, dessinateur, chorégraphe, metteur en scène, musicien, photographe, comédien ...

plutôt... ÉCONOMIE
Vous aimez manipuler les chiffres mais aussi vendre, acheter et organiser votre budget. Vous aurez accès à différents métiers aussi divers que trader, expert-comptable, auditeur, analyste de crédit, acheteur, actuaire, trésorier d'entreprise ...

plutôt... SOCIAL
Vous aimez être avec les autres, les informer, les conseiller ou les aider. Vous serez alors tenté(e) de choisir entre des métiers tels qu'assistant de service social, éducateur spécialisé, conseiller conjugal et familial, aide médico-psychologique ...

plutôt... SANTÉ
Vous avez envie de prendre soin de vos semblables. Voici quelques exemples de professions médicales et paramédicales: chirurgien-dentiste, sage-femme, vétérinaire, pharmacien, médecin généraliste, kinésithérapeute, orthophoniste ...

plutôt... COMMUNICATION
Vous aimez discuter, argumenter, convaincre les autres. Dans ce secteur, on peut notamment exercer le métier d'attaché de presse, de chargé de communication interne ou de relations publiques, de directeur de communication ...

plutôt... LANGUES
Vous aimez découvrir de nouvelles cultures, voyager ... Parler une ou plusieurs langues est un outil précieux à titre privé ou professionnel, mais cela peut aussi devenir un métier à part entière. Des études de langues étrangères permettent par exemple de devenir interprète, traducteur, professeur de langues ...

plutôt... LETTRES
Vous aimez réfléchir aux problèmes métaphysiques, vous appréciez les œuvres littéraires, classiques ou contemporaines. De nombreuses professions s'offrent aux étudiants en lettres, telles que documentaliste, journaliste, correcteur, linguiste ...

plutôt... CULTURE
Vous aimez apprendre des choses sur l'histoire du monde qui vous entoure et sur l'art. Le secteur culturel regroupe des métiers tels qu'antiquaire, galeriste, archéologue, médiateur ...

Parler 2 Faites le quiz à un(e) partenaire et révélez-lui pour quelle carrière il/elle est fait(e). Utilisez les phrases ci-dessous.

Il y a plusieurs/maintes possibilités.
Tu pourrais envisager de …
Tu pourrais devenir …
Tu devrais considérer/exercer le métier de …

Qu'est-ce qui sera important pour vous dans votre futur métier?

Ma motivation première pour mon futur travail, ce sera avant tout d'acquérir des connaissances et des savoir-faire. **Alexis**

Il est important que mon métier me plaise et qu'il me permette de rencontrer des gens, d'être en contact avec les gens. **Ambre**

La stabilité et le salaire. Voici les deux critères les plus importants pour moi. **Enzo**

Je rêve d'harmonie et d'équilibre entre ma vie professionnelle et personnelle. Mais surtout, je ne veux pas que mon travail passe avant ma vie privée. **Amir**

Il est important pour moi qu'il y ait le moins de contraintes possibles, que je ressente un minimum de stress, et que mes supérieurs soient compréhensifs. **Charlotte**

Ce qui m'importe le plus, c'est que mon futur métier soit un métier à plusieurs facettes et que je ne fasse pas tous les jours la même chose pour ne pas me lasser de mon travail au bout de quelques mois. **Marine**

Lire 3 Lisez les opinions et faites correspondre les paires.

1 Je recherche un travail varié et stimulant avant tout.
2 Ce qui me motive par-dessus tout, c'est de gagner un maximum d'argent et d'avoir la sécurité de l'emploi.
3 Je voudrais élargir mes connaissances et mes compétences.
4 Ce qui compte le plus pour moi, c'est le contact humain.
5 Je ne veux pas me tuer au travail. Je veux profiter de la vie! Il n'y a pas que le travail qui compte dans la vie!
6 Je voudrais travailler dans un milieu serein où tout le monde se respecte.

Écrire 4 Écrivez une lettre à un magazine pour contribuer à un article intitulé «Pour quel métier êtes-vous fait(e)? Qu'est-ce qui compte pour vous?», sur les jeunes qui prennent leur avenir au sérieux. Vous devez écrire un texte comprenant entre 200 et 220 mots.

Vous devez inclure les points suivants:
■ les matières ou activités scolaires que vous aimez le plus (suivre)
■ les qualités qui vous définissent le mieux
■ ce que vous recherchez dans une carrière
■ la carrière que vous espérez mener

Use a range of tenses …	to talk about …
present	current situation, interests, qualities
perfect	past decisions, experiences
imperfect	past situations, feelings
near future	next steps
future	long-term plans
subjunctive	what is important for you
conditional	what would happen

t — Parler de l'évolution des modes et de l'organisation du travail
g — Le plus-que-parfait
s — Préparer un débat

7 · La vie active

L'export, ça peut mener loin.

Stéphanie, administratrice ventes export

Les langues, c'est vraiment le dada de Stéphanie. Aujourd'hui, elle peut d'ailleurs se vanter de manier aussi bien le français que l'italien ou l'espagnol. «J'ai toujours voulu travailler en utilisant les langues étrangères.» Son BTS administratif lui a permis d'acquérir une bonne formation en droit et en économie, ainsi que quelques notions de commerce international qui l'ont bien aidée dans son job. Stéphanie est, en effet, administratrice des ventes France et export pour une filiale d'Intermarché qui commercialise de l'eau minérale. «En plus des langues, il faut aussi bien connaître les conditions de vente à l'export, les obligations du vendeur et de l'acheteur vis-à-vis de la marchandise.».

Stéphanie reçoit et saisit les commandes, s'assure de la disponibilité de la marchandise, prévient son client et définit les moyens de transports … Le tout par e-mail et très souvent en trois langues!

Salaire net mensuel débutant 1 500€

Lire 1 Indiquez si, selon le passage, les phrases suivantes sont vraies ou fausses. Si la phrase est fausse, corrigez-la.

1 Stéphanie parle bien le français, l'italien et l'espagnol.
2 Stéphanie n'a pas encore commencé sa formation en droit et en économie.
3 Stéphanie travaille pour une succursale d'Intermarché.
4 En ce qui concerne la marchandise, elle doit connaître les responsabilités du vendeur et de l'acheteur.
5 Stéphanie n'est pas obligée de gérer les stocks.
6 Stéphanie fait la plupart de son travail par courriel.

Grammaire

Le plus-que-parfait (the pluperfect tense)

The pluperfect refers to an action which precedes another action or event in the past.

Elle **avait obtenu** son BTS avant de postuler pour un emploi.
She *had passed* her BTS qualification before applying for a job.

Quand l'employeur l'a rappelée dans son bureau, elle a compris qu'elle **avait réussi** son entretien.
When the manager called her back into his office, she understood she *had passed* the interview.

The pluperfect tense is a compound tense. Use the imperfect form of the auxiliary verb (**avoir** or **être** as appropriate) + the past participle.

travailler	aller	s'appliquer
j'avais travaillé	j'étais allé(e)	je m'étais appliqué(e)
tu avais travaillé	tu étais allé(e)	tu t'étais appliqué(e)
il/elle/on avait travaillé	il/elle/on était allé(e)	il/elle/on s'était appliqué(e)
nous avions travaillé	nous étions allé(e)s	nous nous étions appliqué(e)s
vous aviez travaillé	vous étiez allé(e)(s)	vous vous étiez appliqué(e)(s)
ils/elles avaient travaillé	ils/elles étaient allé(e)s	ils/elles s'étaient appliqué(e)s

---

Écrire 2 Mettez les verbes entre parenthèses au plus-que-parfait.

1 À la fin de ses études, il (**trouver**) du travail sans aucun problème.
2 Marc (**apprendre**) l'allemand avant d'entrer dans le monde du travail.
3 Son BTS commerce international lui (**permettre**) d'acquérir une bonne formation.
4 Il (**vouloir**) toujours travailler dans le secteur du commerce.

Écrire 3 Traduisez ces phrases en français. Cherchez le vocabulaire dans le texte de l'exercice 1.

1 Stéphanie had always wanted to use foreign languages.
2 Her BTS had allowed her to acquire a good background training in law and economics.
3 On this day, Stéphanie had received and placed the order.
4 She had assured herself that the goods were available.
5 She had alerted her client and had defined the transport method.

Lire 4 Décidez pour chaque phrase s'il s'agit d'un avantage ou d'un inconvénient.

Mayetic est une entreprise de 25 salariés, tous télétravailleurs. Pour communiquer, ils utilisent le téléphone, la messagerie instantanée, les vidéoconférences.

Quels sont les avantages du télétravail? Quels en sont les inconvénients?

A L'employeur ne peut pas exercer le même contrôle sur ses salariés.

B Le travail à domicile permet d'éviter la location ou l'achat de bureau.

C Le télétravail est une alternative idéale en cas de grève des transports.

D Le télétravail nécessite un système informatique très sophistiqué.

E Le télétravail permet aux salariés d'être plus efficaces.

F Les employés peuvent souffrir de l'isolement créé par le télétravail.

G Le télétravail engendre moins de stress, notamment du fait de l'absence de trajet quotidien.

H Le télétravail permet un meilleur équilibre entre vie privée et vie professionnelle.

I Le télétravail limite le contact entre les collaborateurs.

J Le télétravail accorde une flexibilité et une réactivité qui permettent aux petites entreprises d'en concurrencer de plus grandes.

Écouter 5 Dans ce passage, nous allons entendre Franck Gentzbittel, qui vend des produits informatiques sur Internet. Répondez aux questions en français.

1 Franck Gentzbittel est titulaire d'un diplôme dans quel domaine?
2 Quel âge a-t-il?
3 Quels sites spécialisés mentionne-t-il?
4 Où se trouve le bureau de Franck?
5 Quels sont les deux avantages de sa situation?
6 Quel conseil donne-t-il?

Écouter 6 Remplissez les blancs dans ce passage.

Avoir du temps pour soi! C'est le **1** *bénéfice majeur que mettent en avant les* **2** _____ *qui bénéficient des 35 heures dans leur* **3** _____. *76 % des personnes interrogées ont répondu que la* **4** _____ *(RTT) leur avait permis de profiter plus de leur temps libre.*

Plus de temps pour soi, mais pour quoi faire? Contrairement aux idées reçues, ce n'est pas du temps supplémentaire pour **5** _____. *Le temps libéré par les 35 heures est consacré à la vie de tous les jours. 54% des personnes interrogées déclarent avoir utilisé leur temps pour effectuer leurs* **6** _____. *La pratique* **7** _____ *(21%) de même que la vie associative (9%) arrivent nettement derrière.*

Parler 7 Avec votre partenaire, choisissez un débat concernant l'évolution de l'organisation du travail. La première personne expose son opinion et ses arguments. La deuxième l'écoute et donne son point de vue.

■ Débat 1: le travail dans un contexte traditionnel contre le télétravail
■ Débat 2: la réduction du temps de travail, les 35 heures contre travailler plus pour gagner plus

- Brainstorm arguments for and against working in different environments.
- Choose a stand and order your arguments – the strongest to the weakest.
- Predict your opponent's arguments and prepare a possible answer.
- Think about the vocabulary you might need to express your ideas and your point of view.
- Gather together any figures you need.

Argumenter	Contredire
Il est évident que …	Peut-être, mais …
Il est manifeste que …	Toutefois …
Il apparaît que …	Cela dit, on doit admettre que …
	Que le télétravail soit …, c'est exact mais …

8 · Le monde du travail

Écouter 1 Écoutez Rui qui parle de sa formation de sage-femme (maïeuticien). Mettez les phrases dans l'ordre du passage.

1 Après s'être habituées à la sage-femme «mec», les mères lui font vite confiance.

2 Rui est fier d'avoir vu les mamans regarder leur enfant pour la première fois.

3 Après avoir raté deux fois le concours de médecine, Rui a opté pour l'école de sage-femmes.

4 Après avoir assisté à sa première naissance, il n'avait plus de doutes.

5 Il ne regrette pas d'avoir choisi cette carrière.

6 Après être arrivé à l'école, Rui était rassuré.

inouïe	*incredible*
une ribambelle	*a series*
maïeuticien	*male midwife*

Grammaire

L'infinitif au passé (*the perfect infinitive*)

The perfect infinitive refers to an action that occurs before the main verb.

Après **s'être habituées** à la sage-femme «mec», les mères lui font vite confiance.

infinitive of the auxiliary verb +	past participle	
avoir	choisi	*having chosen*
être	arrivé	*having arrived*

The subject of both verbs must be the same. The rules of agreement are the same as for the perfect tense (see p149).

Écrire 2 Complétez le texte avec des infinitifs au passé.

Après **1** (**faire**) un master en géographie, Francine est partie travailler à l'étranger. Elle est très contente d' **2** (**avoir**) cette expérience puisqu'elle a appris l'espagnol en même temps. Après **3** (**rentrer**) en France, elle s'est mise à la recherche d'un emploi. Après **4** (**se présenter**) à plusieurs entretiens, sans succès, elle a décidé de monter sa propre petite entreprise. Elle est fière d' **5** (**prendre**) cette décision car sa société compte aujourd'hui cinq employés!

à l'examen

Used correctly, the perfect infinitive is a good way to impress examiners. Aim to include at least one in your written tasks.

Cette jeune femme travaille dans la construction.

Ce n'est pas facile parce qu'on pense encore que c'est un métier d'homme.

Parler 3 Préparez vos réponses aux questions suivantes. Posez les questions à votre partenaire et comparez vos réponses.

1 Que voyez-vous sur cette image?

2 À votre avis, est-ce que l'égalité des chances existe dans le monde du travail?

3 Que faut-il faire pour améliorer la situation?

Lire 4 Cherchez la définition des acronymes suivants.

 The French are notorious for using acronyms. The world of employment and unemployment is filled with abbreviations.

PME   BTP   INSEE   ANPE   SMIC
RMI   CMU   CDI   CDD   CPE
RTT   CGT   CFDT   FO   CRS

Écouter 5 Écoutez et corrigez les six erreurs dans ce passage.

En 2007, le gouvernement a perdu son pari. Celui de parvenir à convaincre les jeunes du bien-fondé de sa réforme phare pour l'emploi des plus de 25 ans, le contrat première embauche.

Le gouvernement assure que le CPE est «un cadeau fait aux entreprises» mais qu'il doit servir à résorber un chômage des moins de 25 ans qui atteignait 33% en 2005.

Les sondages estiment par ailleurs qu'avant d'entrer dans une vie active «stable», les jeunes passent par une période d'au moins 8 à 11 ans de chômage. Seuls 58% des 15–29 ans sont actuellement en CDD alors que 21% doivent se contenter d'emplois temporaires.

Aucun argument n'a convaincu les syndicats de salariés et d'étudiants et le gouvernement a retiré le CPE en août 2006.

i culture

Faire la grève: la grève est un moyen utilisé par les syndicats pour lutter et préserver les acquis sociaux, tels que les conditions de retraite, la sécurité sociale ou le système éducatif public. Les Français semblent trouver dans l'affrontement un mode d'expression qui convient à leur nature et à leur culture.

La France a le triste privilège d'être l'un des pays de l'OCDE avec le plus fort taux de chômage chez les jeunes de moins de 25 ans et chez les seniors de plus de 55 ans. Non seulement il est difficile de rentrer sur le marché du travail, mais en plus il est devenu de plus en plus compliqué de s'y maintenir à partir d'un certain âge. Du coup, une carrière s'étale entre 25 et 50 ans.

Cependant, il resterait entre 300 000 et 500 000 offres immédiatement disponibles mais qui ne trouvent pas preneur. Cette inadéquation entre offre et demande a abouti à une situation où la France en arrive à faire appel à une main-d'œuvre étrangère. Des secteurs entiers comme le BTP, l'hôtellerie-restauration mais aussi l'informatique ou les banques n'arrivent pas à recruter le personnel qui lui fait défaut.

Sur la quarantaine d'années que dure une carrière, chacun devra, en principe, exercer plusieurs métiers, dans des entreprises différentes et parfois dans plusieurs régions ou pays différents. Or, la mobilité n'est pas encore entrée dans les mœurs. Cette spécificité bien française a des conséquences sur les recrutements.

Lire 6 Donnez un titre à chaque paragraphe. Répondez aux questions en anglais.

a Mobilité réduite   b Des milliers d'emplois non pourvus   c Jeunes et seniors au chômage

1 According to the article, what does France have the sad privilege of being?
2 How many jobs are currently immediately available in France?
3 What has been the consequence of the mismatch between supply and demand in France?
4 Which sectors are particularly affected?
5 Which problem is outlined in the final paragraph?

Écrire 7 Êtes-vous confiant(e) pour votre avenir professionnel?
Écrivez entre 200 et 220 mots. Vous devez traiter:

■ des difficultés auxquelles les jeunes doivent faire face sur le marché du travail
■ de vos peurs, vos doutes, vos espoirs

à l'examen

Both in speaking and writing, present elements very clearly.

Premièrement …
Dans un premier temps …
En premier lieu …

Deuxièmement …
Dans un deuxième/second temps …

Finalement …
Enfin …
En conclusion …
En dernier lieu …
En somme …
En définitive …

Le système éducatif et les filières du bac — *The educational system and the options at 18+*

la scolarité	*schooling*	l'apprentissage (m)	*apprenticeship*
la maternelle	*nursery school*	l'orientation (f) professionnelle	*career path*
la règle (de vie collective)	*rule (of group life)*	les perspectives (f) d'emploi	*employment prospects*
l'école (f) primaire	*primary school*	le marché du travail	*labour market*
les travaux (m) pratiques	*practical work*	opérationnel	*effective, operational*
la capacité	*ability*	valorisant	*status-enhancing*
le brevet	*15+ diploma*	en poche	*under (my) belt*
la terminale	*last year at* lycée	instruire	*to teach*
le bac classique/technique/ pro(fessionnel)	*traditional/technological/ vocational 18+ diploma*	former	*to train*
la voie générale/technique/ professionnelle	*general/technological/ vocational path*	étudier	*to study*
		redoubler (une classe)	*to repeat (a year)*
la voie littéraire/scientifique	*arts/science options*	passer (un examen)	*to take (an exam)*
la passerelle	*reorientation*	élargir ses connaissances	*to broaden one's knowledge*
la filière	*pathway*	affiner ses compétences	*to hone (one's skills)*
la fac(ulté)	*uni(versity)*	décider de son orientation	*to decide on a path*
les études (f) (supérieures)	*(higher) education*	opter pour (une voie)	*to opt for (a direction/a path)*
la formation en alternance	*sandwich course*	poursuivre des études (f)	*to carry on studying, do a course*

Le quotidien et les préoccupations des lycéens — *Lycée students' daily life and concerns*

le bahut (fam)	*school*	le CDI (Centre de Documentation et d'Information)	*school library*
l'enseignant(e)	*teacher*		
le programme	*syllabus*	l'atelier (m)	*workshop*
le groupe de niveau	*ability grouping*	le redoublement	*repeating (a year)*
l'horaire (m)	*timetable*	le conseil de classe	*staff meeting*
l'heure (f) de permanence	*individual study period*	le proviseur	*headteacher*
(le taux d') absentéisme (m)	*truancy (rate)*	le conseiller d'éducation	*education counsellor*
la sortie	*(school) outing*	le délégué de classe	*class rep*
le job/petit boulot	*small job*	l'apprenti(e)	*apprentice*
l'activité (f) extra-scolaire	*extra-curricular activity*	le compte-rendu	*report*
le racisme	*racism*	la valeur	*value*
l'intolérance (f)	*intolerance*	la contrainte	*constraint*
la violence	*violence*	l'avis (m) / le point de vue	*opinion*
(sur)chargé/léger	*(over)full/light*	le défi	*challenge*
scandaleux	*scandalous*	isolé	*isolated*
ras-le-bol (fam)	*fed up*	compréhensif	*understanding*
enthousiaste	*enthusiastic*	(on est) nombreux	*(there are) many of us*
passionnant	*exciting*	fier(ère) de	*proud of/to*
avoir cours	*to have a class*	accorder (un peu de liberté)	*to grant (a little freedom)*
se terminer	*to end*	regretter	*to regret*
être en sureffectif	*to have too many students*	s'identifier à	*to identify with*
avoir accès à	*to have access to*	(me) payer (mon permis)	*to pay for (my driving licence)*
se défouler	*to let off steam*	consacrer (des heures) à	*to devote (hours) to*
agir	*to take action*	se dépêcher	*to hurry*
réformer	*to reform*	soutenir (à fond)	*to be (totally) supportive*
supprimer	*to abolish*	inscrire qqn à	*to enrol sb for*
être en hausse	*to be on the increase*	avoir lieu	*to take place*
n'avoir aucun rapport avec	*to bear no relation to*	élire	*to elect*
protester	*to protest*	se dérouler	*to go (off)*
l'internat (m)	*boarding school*	être à la hauteur	*to be up to it*
le trimestre	*term*	avoir envie de	*to want*
l'étude surveillée	*supervised individual study*	dépendre de	*to depend on*
le surveillant/le pion (fam)	*supervisor*	avoir du mal à	*to find it difficult to*
le self	*self-service cafeteria*	améliorer	*to improve*

Histoire et avenir de l'éducation   *Education – past and future*

la discipline (de fer)	*(iron) discipline*	l'aubaine (f)	*blessing, opportunity*
l'autorité (f)	*authority*	issu de	*from*
le bachelier	*bac(calauréat) holder*	laïc, laïque	*secular*
l'approche (f)	*approach*	(ré)affirmé	*(re)asserted*
le souci	*concern*	par adhésion à	*out of loyalty to*
le centre d'intérêt	*interest*	marcher au pas	*to march*
la laïcité	*secular education*	s'engager	*to sign up*
le citoyen	*citizen*	régner	*to reign*
la croyance	*faith, belief*	réclamer	*to call for*
l'école publique	*state school*	assurer	*to ensure*
l'école privée	*private (catholic, grant-aided) school*	découler de	*to stem from*
		avoir le droit de	*to be entitled to*
aucun rôle à jouer	*no part to play*	mettre en relief	*to bring out*
le principe	*principle*	préserver	*to preserve*
la neutralité	*neutrality*	cohabiter	*to cohabit*
le débat	*debate*	scolariser	*to provide with schooling, educate*
le voile/foulard islamique	*Muslim veil/scarf*		
le modèle (républicain)	*republican model*	recourir à	*to resort to*
l'enseignement (m)	*teaching*	préciser	*to specify*
l'enseignement privé/public	*private/state schools*	se contenter de	*to satisfy oneself with*
le copier-coller	*cut-and-paste*	retirer qqch de	*to gain sth from*
les TICE (f) (Technologies de l'Information et de la Communication pour l'Éducation)	*ICT-based learning*	enregistrer	*to record*
		équiper	*to equip*
		impliquer qqn	*to involve sb*
le contrôle en ligne	*online test*	faire des progrès	*to improve*
l'interaction (f)	*interaction*	sauvegarder	*to save*
les fonds (m)	*funds*	permettre à qqn de	*to allow sb to*
l'ordinateur (m) portable	*laptop*	faire des recherches	*to do research*
le tableau électronique	*interactive whiteboard*		

L'enseignement supérieur   *Higher education*

le BTS (Brevet de Technicien Supérieur, bac+2)	*two-year post-baccalauréat course in a lycée*	l'emploi (m)/le travail	*job*
		le marché de l'emploi	*job market*
le DUT (Diplôme Universitaire de Technologie, bac+2)	*two-year post-baccalauréat course at university*	le lien	*link*
		le (fort) pourcentage	*(high) percentage*
la prépa (classe préparatoire)	*two-year post-baccalauréat course in a lycée, preparing for the competitive entrance exams for grandes écoles*	l'échec (m)	*failure*
		autonome	*autonomous*
		flexible	*flexible*
		primordial	*crucial*
le concours	*competitive exam*	rater	*to fail*
la grande école	*elite college*	monter	*to set up, create*
la licence (bac +3)	*three-year post-baccalauréat course at university*	poursuivre (des études)	*to go on (to study); to follow (a course)*
la maîtrise/le mastère (bac+4/+5)	*one or two-year post-licence course (in a university or grande école)*	s'engager sur/dans	*to go into*
		intégrer	*to join (e.g. a prépa or grande école)*
le doctorat (bac+8)	*PhD*	s'inscrire à	*to enrol*
l'étudiant(e)	*higher education student*	quitter	*to leave*
le directeur d'études	*tutor*	se réorienter	*to change direction*
la méthode de travail	*working method*	abandonner	*to drop out, give up*
la voie courte/longue	*short/long course*	faire plaisir à qqn	*to please sb*
le diplôme	*qualification*	satisfaire (son ego)	*to satisfy (one's ego)*
le niveau d'études	*level of qualifications*	déboucher sur	*to lead to*
l'avenir (professionnel)	*professional (future)*	être au chômage	*to be unemployed*

le métier	job, profession	à l'étranger	abroad
la carrière	career	pragmatique	pragmatic, practical
les sciences économiques et sociales	economy and social science	varié	varied
		stimulant	stimulating
l'éducation (f) civique	citizenship	serein	peaceful
l'exposé (m)	oral presentation	partir en camp («nature et découverte»)	to go on a camping trip (to discover nature)
l'atelier (m) artistique	art workshop	faire le tour du monde des musées	to go round museums of the world
le/la bénévole	volunteer		
le/la secouriste	first-aid worker	bosser (fam)	to work (to earn money)
le dynamisme	dynamism	se former (aux premiers secours)	to train (as a first-aid worker)
l'esprit (m) pratique	practical mindset	bouquiner (fam)	to read (a book)
la logique	logic	bricoler	to do DIY
la rigueur	rigour	créer un site Internet	to create a website
la créativité	creativity	jouer en Bourse	to gamble on the Stock Exchange
le sérieux	conscientiousness		
l'altruisme (m)	altruism	faire du théâtre	to do drama
l'empathie (f)	empathy	monter un meuble en kit	to assemble furniture
la compréhension	understanding	suivre (une émission)	to understand a programme
l'ouverture (f) d'esprit	open-mindedness	envisager de	to consider
la réflexion	thoughtfulness	exercer un métier	to have a job
la curiosité	curiosity	s'épanouir	to thrive
le jeu en réseau	network game	acquérir	to acquire
la mission humanitaire	humanitarian mission	bouger	to be on the move, be active
le chantier	(building) site	réfléchir	to think, ponder
le labo	lab	mettre au point (une stratégie)	to devise (a strategy)
le lieu chargé d'histoire	place rich in history	atteindre (un objectif)	to reach (an objective)
le domaine de prédilection	favourite area	résoudre (un problème)	to solve (a problem)
le raisonnement	argument, line of thought	négocier	to negotiate
l'outil (m)	tool	réconforter	to comfort
le savoir-faire	know-how, skill	convaincre	to convince
la connaissance	knowledge	analyser	to analyse
le critère	deciding factor, criterion	entreprendre	to undertake
l'équilibre (m)	balance	mener à bien (un projet)	to see (a project) through
le stress	stress	conseiller	to advise
la stabilité	stability	prendre soin de	to care for
la sécurité (de l'emploi)	job security	être en contact avec	to be in contact with
le salaire	salaire	se lasser de	to grow tired of
le milieu	environment	se tuer au travail	to work oneself to death
en plein air	outdoors	profiter de (la vie)	to enjoy (life)
au service des autres	helping others		
en équipe	as part of a team		

La vie active   *Working life*

l'administrateur (m)	manager	la responsabilité	responsibility
le vendeur	seller	la disponibilité	availability
l'acheteur (m)	buyer	la réactivité	adaptability
le client	client, customer	la vie privée	private life
le collaborateur	colleague	l'isolement (m)	isolation
le salarié/l'employé (m)	employee	la vie associative	community life
le télétravail(leur)	telework(er)	(le salaire) net/mensuel/débutant	net/monthly/starting (salary)
le titulaire (d'un diplôme)	(qualification) holder	efficace	efficient
le mode de travail	working pattern	sophistiqué	sophisticated
les ventes (f) export	export sales	bien manier (le français)	to be fluent in (French)

le secteur	*sector, branch*	commercialiser	*to sell*
le droit	*law*	recevoir/saisir (les commandes – f)	*to receive/log (orders)*
le commerce (international)	*(international) trade*	s'assurer de	*to ensure*
des notions (f) (d'économie)	*smattering (of economics)*	prévenir qqn	*to inform sb*
l'entreprise (f)	*company*	définir	*to define*
la filiale	*subsidiary*	gérer (les stocks – m)	*to manage (stock levels)*
la succursale	*branch*	exercer un contrôle	*to exert control*
la marchandise	*goods*	nécessiter	*to require*
le moyen de transport	*means of transport*	souffrir de	*to suffer from*
la vidéoconférence	*videoconference*	limiter	*to limit*
le travail à domicile	*home working*	accorder	*to grant*
la location/l'achat (m)	*renting/buying*	concurrencer	*to compete with*
la grève (des transports)	*(transport) strike*	mettre en avant	*to single out*
le système (informatique)	*(computer) system*	bénéficier de	*to benefit from*
l'alternative (f)	*alternative*	gagner	*to earn*
la flexibilité	*flexibility*		
la condition	*condition*		
l'obligation (f)	*obligation*		

Le monde du travail — *The world of work*

le senior	*over 55–60 (person)*	le (triste) privilège	*(unfortunate) privilege*
la main-d'œuvre	*workforce*	la spécificité	*specific nature*
le personnel	*staff*	temporaire	*temporary*
le BTP (bâtiments et travaux publics)	*public buildings and works sector*	compliqué	*complicated*
l'hôtellerie-restauration (f)	*hotel and catering*	assister à	*to attend, be present at*
la banque	*bank*	compter	*to number*
l'entretien (m)	*interview*	parvenir/arriver à	*to succeed in*
l'égalité (f) (des chances)	*equality (of opportunities)*	aboutir à	*to lead to*
le contrat	*contract*	en arriver à	*to get to the point where*
l'embauche (f)	*employment*	résorber	*to reduce (gradually)*
le CDD (contrat à durée déterminée)	*fixed-term contract*	retirer	*to withdraw*
		se maintenir (dans)	*to stay (in)*
le CDI (contrat à durée indéterminée)	*permanent contract*	recruter	*to recruit*
		rassurer	*to reassure*
le syndicat	*(trade) union*	se mettre à (la recherche de)	*to start (looking for)*
l'offre (f)	*offer*	trouver preneur	*to be filled, find a taker*
la demande	*demand*	faire appel à	*to call upon*
la mobilité	*mobility*	faire défaut (à qqn)	*to be needed (by sb)*
le recrutement	*recruitment*	entrer dans les mœurs	*to become generally accepted*
l'inadéquation (f)	*imbalance*		
le bien-fondé	*validity*		

Don't panic if you haven't studied the exact same issue raised in the stimulus material, e.g. **l'intégration des élèves d'origine étrangère** (integration of students from a foreign country). Use what you know to structure your answers.

- You may not have covered the issue but you can have ideas and opinions about it.
- You may have covered the topic from a different angle so reuse the vocabulary.

Watch out for words like **seulement** (*only*) or **sans** (*without*) as they change the meaning of the sentence.

Ensure you can say the figures, statistics, etc.

Le système éducatif français ne se porte pas bien.

Seulement 45% des élèves se sentent «à leur place» en classe.

15% des élèves ne maîtrisent pas la lecture à leur entrée en sixième.

L'intégration des élèves d'origine étrangère se fait mal.

Chaque année, 160 000 jeunes quittent le système scolaire sans qualification et vont grossir les rangs des chômeurs.

 • During your preparation time read the text carefully. Try guessing the questions the examiner could ask you and what you could answer.
- Note additional ideas you covered in class, your personal ideas and reactions to what you read or about the same topic.
- Write down legibly all the vocabulary you could use on the topic.

1 Le système éducatif français: école primaire/écolier, le collège/collégien, le lycée/lycéen, université/étudiant, l'enseignant, la mission, le rôle, la responsabilité
2 Les diplômes: le bac, les qualifications, obtenir, réussir, échouer
3 L'intégration: s'intégrer, trouver sa place, s'épanouir, comprendre, partager
4 Le chômage: chercher un emploi, trouver un emploi, avoir les qualifications nécessaires
5 Les problèmes: les difficultés, trouver difficile, souffrir, être malheureux, proposer/trouver des solutions

Faux amis	NOT
assister à = *to attend*	to assist
passer un examen = *to sit an exam*	to pass an exam (**réussir à** or **être reçu à**)
la direction = *management*	direction
la formation = *training*	formation
un cadre = *an executive*	frame

Gare aux gaffes!
Make sure you avoid these common mistakes in your exam:

	Gaffe ✗	Version correcte ✓
Pronouncing words in an English way	university	université
Mispronouncing **étudier**	j'étude	j'étudie
	j'étudié	j'ai étudié
Getting gender wrong	la cour	le cours
	playground	*lesson*

Écrire 1 Préparez vos réponses aux questions ci-dessous.

1 Quels sont les thèmes majeurs mentionnés dans ce texte?
2 Combien de jeunes quittent l'école chaque année sans diplôme et se retrouvent au chômage?
3 À votre avis, que faut-il faire pour améliorer l'intégration des élèves d'origine étrangère?
4 Pourquoi l'éducation est-elle importante dans la société?

Parler 2 Avec un(e) partenaire, répondez oralement aux questions sur le texte. À chaque fois que vous incluez une des expressions ci-dessous, marquez un point. Perdez un point si vous répétez une expression.

 Try not to go for the easy option language wise. Everyone will be saying **Je pense que …** Show that you are different! Make sure you are making sense! Try to push the limits of your French but do form grammatically correct utterances.

Expressions pour remplacer «il y a»
On compte …   Il semble qu'il y ait …
On estime à … + chiffre + le nombre de …

Expressions pour remplacer «Je pense»
J'estime que …   On peut constater que …
Il est manifeste que …
Afin de changer la situation, il faut aborder la question de …

Écouter 3 Lisez le texte que Simon a eu à son épreuve orale. Écoutez une partie de son examen. Notez les questions que l'examinateur lui a posées.

La discrimination existe-t-elle encore dans le monde du travail?

Désormais, il y a des hommes sage-femme et des femmes mécaniciennes. Les formations semblent enfin ouvertes à tous et à toutes. Si les parents et l'école soutiennent les projets des filles et des garçons, quels qu'ils soient, les employeurs sont-ils aussi ouverts d'esprit? Parfois, un diplôme ne suffit pas pour gagner la confiance d'un employeur. Si l'employeur estime que l'employé(e) n'a pas la «tête de l'emploi», que faire?

Les filières «garçons»
En IUT: 62% de garçons (95% en électronique)
En STAPS: 68,5%
En fac de sciences fondamentales: 73%
À Polytechnique: 85%
Diplômés des écoles d'ingénieurs en 2004: 75,3%

Les filières «filles»
En médecine dentaire: 57,2% de filles
En fac de sciences de la nature et de la vie: 57,7%
En pharmacie: 66,7%
En fac de sciences humaines et sociales: 68%
En fac de lettres, science du langage et arts: 73%
En fac de langues: 75%

 Personalise your response by expressing surprise.
Je n'imaginais pas une seconde que …
Je n'aurais jamais pensé que …
Je suis très surpris(e) d'apprendre que …
Je suis étonné(e) que …+ subjonctif
Je suis surpris/e que …+ subjonctif
Il est surprenant que …+ subjonctif

Parler 4 Posez les questions de l'examen à un(e) partenaire, puis inversez les rôles. Donnez des indices pour améliorer la qualité du langage de votre partenaire.

 You need to communicate effectively and confidently on different issues. The structure of the exam allows you to select your preferred general topic area in advance and to choose the stimulus card for that area on the day. When preparing for your oral exam, you should practise what you might say in response to a whole range of questions on the prescribed subtopics.

- Try to develop an opinion on issues around the topic you have chosen.
- Try to learn a broad range of topic-based vocabulary and also opinion-giving vocabulary.
- Practise your answers in your spare time, on the bus, on the way to school. Talk to yourself in your head. Record your answers on to an MP3 player. Work with your teacher, the French assistant or a friend to improve them. Make sure your answers don't sound false or over-rehearsed.

Écrire 5 Préparez une réponse aux questions générales suivantes.

1 Quels sont les thèmes qui préoccupent les lycéens actuellement?
2 Aimeriez-vous être interne? Pourquoi? Pourquoi pas?
3 Comment imaginez-vous l'école de l'avenir?
4 Que pensez-vous de l'existence de l'enseignement privé?
5 Que pensez-vous du système éducatif français?
6 L'autorité des parents est-elle en diminution?
7 Selon vous, la mixité progresse-t-elle à l'école? Dans l'enseignement supérieur?
8 Qu'est-ce qui est important pour vous dans votre futur métier?
9 Établir une harmonie entre votre vie professionnelle et personnelle, est-ce important pour vous?
10 Que pensez-vous de la réduction du temps de travail?
11 Quels sont les avantages du travail en alternance? Et les inconvénients?
12 Quels sont les avantages du télétravail? Quels en sont les inconvénients?
13 À votre avis, l'égalité des chances existe-t-elle dans le monde de l'emploi?
14 Avez-vous peur d'être au chômage?
15 Pourquoi fait-on grève?

Make sure that you leave yourself enough time for the writing section of the exam and that you plan properly. You will be marked on your ability to communicate accurately in French using correct grammar. You can gain 15 marks for content and response and 15 marks for quality of language.

Above all, do not panic if you are worried about the topic. You will have the linguistic ability to get to grips with most tasks. You can inject your own ideas into the topic and steer it round to the topic vocabulary that you do know.

Address each of the bullet points, preferably in order, and divide up your words fairly equally between each bullet point.

Plus de vie, moins de travail?

La réduction du temps de travail a connu une accélération en France avec la loi des 35 heures. À titre personnel, les Français se disent en majorité satisfaits de travailler moins (ce qui n'est guère étonnant, à salaire égal); cependant, beaucoup s'interrogent sur les conséquences collectives, tant sur le plan économique que social. Or, afin de relancer le pouvoir d'achat, le gouvernement vient d'annoncer que la loi des 35 heures sera modifiée et que les salariés pourront transformer leurs jours de RTT en supplément de salaires. Va-t-il falloir de nouveau travailler plus pour dépenser plus?

Vous écrivez un article pour expliquer ce que vous pensez de l'idée de la réduction du temps de travail. Écrivez entre 200 et 220 mots en français. Vous devez mentionner les points suivants:

- ce que vous pensez des attitudes envers le travail dans votre pays
- les avantages et les inconvénients de la réduction du temps de travail
- comment les modes et l'organisation du travail vont évoluer dans les années à venir
- vos préférences personnelles pour le travail à l'avenir.

 Lire 1 Identifiez les mots et les idées clés de ce texte. Trouvez des synonymes ou des paraphrases pour utiliser dans votre article. Ensuite, traduisez les points à inclure.

 Use the text to help you. There are generally many ideas within the stimulus text already. Just beware of lifting them word for word. Use the stimulus as a springboard for your own ideas. Pay close attention to the instruction. What are you writing? Is it an article? A letter? For each bullet point try to cover the idea squarely in planning and writing.

Lire 2 Regardez ces trois plans possibles pour cet article. Lequel est le meilleur? Pourquoi?

A

Point 1
– je n'aime pas
– on travaille trop
– pas bon pour la santé

Point 2
– bien/mieux de travailler moins
– gagner le même salaire – je veux bien
– inconvénient – pas bien pour la compétivité des entreprises

Point 3
– possible de travailler à la maison
– l'informatique
– contact avec les gens

Point 4
– travailler dans un bureau
– le salaire

B

1
– tendance à vivre pour travailler plutôt que de travailler pour vivre
– cette attitude me déplaît
– peu d'harmonie entre la vie privée et la vie professionnelle

2
Avantages
créer les conditions de la croissance
accorder des garanties aux salariés
Inconvénients
déformer la perception du travail
détruire les emplois
limiter le pouvoir d'achat

3
– le télétravail – moins de stress/plus de flexibilité
– un meilleur équilibre entre vie privée et vie professionnelle

4
– critères les plus importants:
métier à plusieurs facettes
qu'il me plaise
qu'il me permette de rencontrer des gens, d'être en contact avec les gens

C

1
– on ne veut pas travailler
– paresseux
– chômage

2
– pas bien
– pas de flexibilité

3
– plus d'ordinateurs
– le télétravail
– plus de chômage

4
– pas tous les jours la même chose
– gagner beaucoup d'argent

Écrire 3 Écrivez le plan de votre article.

Exemple:

> **Point 4** J'ai l'intention de … (present)
> Je préférerais (conditional) … mais si je ne
> peux pas, je prendrai (future) … Mes parents
> veulent que j'aille … (subjunctive)

 Try not to overuse the verbs **être** and **dire** in your spoken and written French. Use synonyms:

être: exister, se composer de, consister en, constituer
dire: constater, déclarer, prétendre, affirmer

Écrire 4 Reformulez les points à mentionner.

Exemple: **a** ce que vous pensez des attitudes envers
le travail dans votre pays
*Dans un premier temps, **intéressons-nous** à
l'attitude des Anglais envers le travail.*

 One way of structuring your piece of work and of responding exactly to the task set is to rephrase or include questions in the body of the writing. As ever, however, try not to lift the words exactly. Use inversion in your questions to 'up' the level of your French.

a ce que vous pensez des attitudes envers le travail dans
votre pays
Dans un premier temps, …

b les avantages et les inconvénients de la réduction du
temps de travail
Dans un deuxième temps, …

c comment les modes et l'organisation du travail vont
évoluer dans les années à venir
Ensuite, …

d vos préférences personnelles pour le travail à l'avenir
Enfin, …

Écrire 5 Maintenant que vous avez
un plan, des idées, du
vocabulaire, rédigez votre article.

List vocabulary and ideas for each bullet point. Include structures you could use to access the higher level marks for writing.

Always look for opportunities to use a range of tenses. Note down which tense you will be working in. Use as much 'swagbag' French as you can whilst making sure your ideas are clear.

Next, draw up a checklist for your written work. Ask your teacher which mistakes you habitually make – write out your checklist and your list of target structures before you begin.

Gare aux gaffes!
Make sure you avoid these common mistakes in your exam:

	Gaffe ✗	Version correcte ✓
Incorrect verb forms	ils choisent	ils cho**issent**
Wrong use of dependent infinitive	ils veulent travaillent	ils veulent travaill**er**
Wrong use of negatives	il ne fait pas jamais	il **ne** fait j**amais**
Wrong use of intensifiers	je l'aime très beaucoup	je l'aime **beaucoup**

Écrire 6 Écrivez vos réponses aux questions suivantes.

Lycéens ou salariés?

De plus en plus d'élèves déclarent travailler tout en poursuivant leurs études scolaires. Très souvent, leur travail n'a aucun lien avec les études qu'ils poursuivent. Les lycéens prétendent rechercher une autonomie financière, toutefois, est-il vraiment possible de travailler et d'étudier au même temps? Et ces élèves auront-ils plus de succès à s'insérer plus tard dans le monde du travail?

Vous écrivez un article au sujet des lycéens qui travaillent pendant l'année scolaire. Écrivez entre 200 et 220 mots en français. Vous devez mentionner les points suivants.

You can embellish your account as much as you like – no-one is going to question whether it is true or not …

- quels sont les avantages de travailler pendant ses études
- quels en sont les inconvénients
- votre expérience personnelle dans ce domaine
- ce que le gouvernement pourrait faire pour aider les lycéens financièrement
- pourquoi un choix ou une obligation.

Module 4 · objectifs

t Thèmes

- Parler de la francophonie
- Examiner les motivations des vacanciers
- Raconter un voyage
- Débattre du meilleur moyen de transport
- Examiner les solutions pour réduire les émissions de CO_2

- Comprendre les causes du réchauffement climatique
- Parler des catastrophes naturelles
- Parler du développement durable et des initiatives individuelles et collectives
- Considérer les solutions possibles pour sauver la planète

g Grammaire

- Le discours indirect
- Construire des phrases complexes
- Reconnaître le passé simple
- Les pronoms indéfinis
- Les verbes suivis par **à** ou **de** + infinitif
- Le futur antérieur

- Combiner les temps du présent, du passé et du futur
- Le conditionnel passé
- Les verbes impersonnels
- **Faire** + infinitif

s Stratégies

- Faire des recherches
- Expliquer et donner des exemples
- Écrire un blog
- Comparer et contraster
- Adopter et défendre un point de vue

- Maîtriser les nombres et les statistiques
- Écrire une brochure
- Convaincre à l'oral
- Élargir votre vocabulaire
- Relire son travail

Canada

L'Organisation internationale de la Francophonie

États et gouvernements membres de plein droit

États associés

États observateurs

111

I · Francophones et francophiles

200 millions de francophones, dont 1 ___ millions de francophones partiels dans le monde

Le français est avec l'anglais l'une des deux seules langues parlées sur tous les continents. Il est en outre la **2** _____ langue la plus utilisée dans le monde.

Entre 1994 et **3** _____ le nombre **d'apprenants** du français et en français dans le monde **augmente** de **4** _____ , soit 20% de plus qu'en 1994. Passant de 75 340 561 apprenants en 1994 à 90 749 813 en 2002, on peut parler d'une augmentation globale significative. L'**analyse** par région permet d'**enregistrer** que l'augmentation la plus importante du nombre d'apprenants concerne l'Afrique et le Moyen-Orient.

Les pays où l'on trouve le plus de francophones et francophones partiels pour l'Afrique du Nord, sont le Maroc en nombre et la Tunisie en pourcentage de la population totale; pour l'Afrique subsaharienne, la République démocratique du Congo en nombre et le Gabon en pourcentage; pour l'Europe centrale et orientale, la Roumanie en nombre et en pourcentage; au Moyen-Orient le Liban **devance** largement l'Égypte en pourcentage; dans l'Océan indien, Madagascar passe devant les Comores en nombre, mais pas en pourcentage; en Extrême-Orient, avec des **valeurs** très faibles, si le Viêt Nam est premier en nombre, le Cambodge l'est en pourcentage ; en Europe de l'Ouest, les pourcentages **atteignent**, bien sûr, quasiment **5** _____ % en France et en Communauté française de Belgique et s'en rapprochent au Luxembourg. Le Québec, quant à lui, **recense** plus de **6** _____ de francophones, soit **7** _____ % de sa population. Pour l'ensemble du Canada, le nombre de locuteurs est en **progression** et se situe à plus de **8** _____ millions.

Écouter 1 Notez les huit chiffres qui manquent dans cet article.

Lire 2 Traduisez les mots suivants en anglais en utilisant le contexte. Vérifiez avec un dictionnaire.

1 dont
2 partiel
3 l'un(e) des
4 tous les
5 entre
6 soit
7 total
8 largement
9 quasiment
10 l'ensemble de

à l'examen

Look out for those little words which may change slightly or completely the meaning like **quasiment** or **dont**, and especially:

ne … que	*only*	sans	*without*
ne … aucun	*not any*	à l'exception de	*with the exception of*
sauf	*except*		

Lire 3 Pour tous les mots en gras dans l'article, écrivez soit le nom, soit le verbe de la même famille.

Lire 4 Complétez ce tableau selon l'article.

	Pays où l'on trouve le plus de francophones en nombre	… en pourcentage par rapport à la population totale
en Afrique du Nord		
en Afrique subsaharienne		
en Europe centrale et orientale		
au Moyen-Orient		
dans l'Océan indien		
en Extrême-Orient		

Parler 5 Parlez pendant une minute des pays francophones dans le monde. Mentionnez:

- trois régions différentes du monde
- quatre pays différents
- une date
- deux statistiques
- au moins trois des expressions utiles

à l'examen

Use the various phrases above when dealing with statistics in your oral exam.

Les études/analyses montrent que …
Les pourcentages de … atteignent …
Le nombre de …   augmente/est en baisse.
                 est en progression.
                 devance largement …/chute.
On peut parler d'une augmentation significative.
Il se situe à/On compte plus de …/entre … et …
Le premier (1ᵉʳ), le second (2ⁿᵈ), le troisième (3ᵉᵐᵉ) …

Écouter 6 Écoutez ces personnes qui parlent de leurs vacances dans un pays francophone. Qui parle? Écrivez le bon prénom: Rachida, Émilie ou Léa.

1 … dit que les maisons au village de Gorée ressemblaient à des maisons provençales.
2 … dit qu'elle aimerait retourner au cœur de l'île pour y habiter.
3 … dit que Nefta est une oasis avec mille sources.
4 … a dit qu'elle avait fait des randonnées impressionnantes et qu'elle avait vu des cascades superbes.
5 … a dit qu'elle était partie toute seule.
6 … a dit qu'elle avait flâné sous les palmiers et qu'elle avait vu de merveilleux couchers de soleil.
7 … a dit que la vue du Piton des Neiges était stupéfiante.
8 … a dit que l'accueil était vraiment très chaleureux.
9 … a dit que c'étaient les meilleures vacances de sa vie.

Lire 7 Lisez le texte et choisissez le verbe correct.

«L'été dernier, je suis parti au Canada afin de découvrir le Québec. Je voulais trouver un job d'été et par la même occasion financer tout mon voyage. J'ai dû obtenir un permis de travail auprès de l'Ambassade du Canada et ce processus a été plutôt compliqué, mais j'ai réussi à avoir une autorisation de travail temporaire, ce qui m'a permis de travailler dans un bar. Mon séjour s'est très bien passé!»   **Ovide**

Ovide nous raconte que, l'été dernier, **je suis parti/il est parti/il va partir** au Canada afin de découvrir le Québec. Il nous a confié qu'**il voulait/il voudrait/il allait** trouver un job d'été et par la même occasion financer tout son voyage. Il nous a expliqué qu'**il doit/il a dû/il avait dû** obtenir un permis de travail auprès de l'Ambassade du Canada et que ce processus **avait été/a été/va être** plutôt compliqué, mais qu'**il réussit/j'ai réussi/il avait réussi** à avoir une autorisation de travail temporaire, ce qui lui a **permis/avait permis/permet** de travailler dans un bar. Il nous avoue que son séjour s'est très bien passé!

Grammaire

Le discours indirect (*reported speech*)

For examples of reported speech, see Grammar section page 155.

Just as in English, reported speech requires grammatical changes:
- personal pronouns and possessives change;
- verb endings change;
- tenses change in the subordinate clause. The sequence of tenses is the same as in English.

main verb	tense of the verb in direct speech	tense of the verb in reported speech
1 present tense **elle dit …**	NO CHANGE	NO CHANGE
2 past tense **elle a dit …**	present or imperfect	imperfect
	perfect or pluperfect	pluperfect
	future or conditional	conditional
	subjunctive	subjunctive

Vary the verbs you use to report what someone said. Try to use **dire** only once.

dire	*say*	expliquer	*explain*
répondre	*answer*	déclarer	*declare*
préciser	*specify*	se plaindre	*complain*
révéler	*reveal*	rapporter	*report*
avouer	*confess*		

Parler 8 Faites des recherches sur un pays (ou une région) francophone afin de faire un exposé oral de deux minutes. Trouvez les réponses aux questions suivantes:

- Sur quel continent se trouve le pays que vous avez choisi?
- Quels sont les pays voisins?
- Quel est le statut du français? Langue officielle? Couramment utilisé?
- Quels sont les aspects de l'histoire de ce pays?
- Quelles industries contribuent à l'économie du pays?
- Le tourisme est-il développé? Quels sont les principaux attraits touristiques?

t Examiner les motivations des vacanciers

g Construire des phrases complexes

s Expliquer et donner des exemples

Parler 1 En trois minutes, trouvez un maximum de réponses aux questions suivantes.

Pourquoi partir en vacances? | Où partir? | Avec qui? | Quand? | Que faire?

Écouter 2 Écoutez ce court passage qui traite des raisons pour lesquelles les Français partent en vacances. Écrivez le passage comme on vous le dicte.

Écouter 3 Écoutez ces quatre jeunes gens parler de leurs vacances. Quel type, quelle couleur de tourisme pratiquent-ils?

A

Le tourisme *vert*, encore appelé rural, de campagne ou agritourisme est motivé par la recherche de la nature et du calme.

C

Le tourisme *blanc* est celui qui conduit vers la pureté et la froideur des montagnes enneigées en hiver.

Le tourisme *gris* est celui pratiqué dans les villes. Il est plus sensible à l'artificiel qu'à l'authentique.

D

Le tourisme *jaune* conduit le voyageur dans le sable des déserts.

B

E
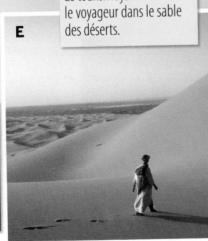

Le tourisme *bleu* est orienté vers la mer, mais aussi plus largement vers l'eau, sous toutes ses formes: lacs, rivières, torrents ...

Parler 4 Écoutez Marjane. Imitez la prononciation des sons indiqués.

Mon truc, c'est le ski. Normalem**en**t je pars d**an**s les Alpes. Je vais à Courchevel ou à Chamonix, au pied du M**on**t Bl**an**c. Là **on** peut vraim**en**t apprécier la majesté de la nature. J'aime surtout partir **en** avril, quand **on** peut s**en**tir le soleil sur s**on** visage et le v**en**t d**an**s les cheveux.

Prononciation

Make the distinction between these nasal sounds:

on – **on**, m**on**tagne, c**on**duit

en – **en**, **en**neigés, **en**core, s**en**sible, v**en**t, ori**en**ter, auth**en**tique

an – d**an**s, bl**an**c, c**am**pagne

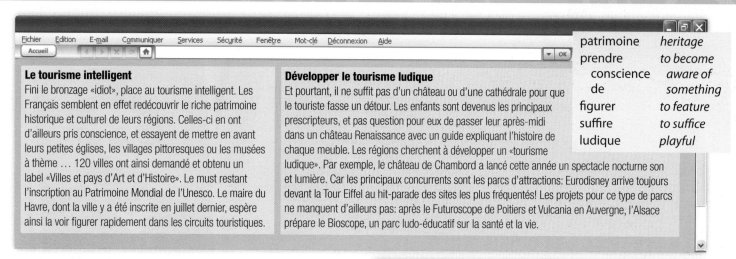

Le tourisme intelligent

Fini le bronzage «idiot», place au tourisme intelligent. Les Français semblent en effet redécouvrir le riche patrimoine historique et culturel de leurs régions. Celles-ci en ont d'ailleurs pris conscience, et essayent de mettre en avant leurs petites églises, les villages pittoresques ou les musées à thème … 120 villes ont ainsi demandé et obtenu un label «Villes et pays d'Art et d'Histoire». Le must restant l'inscription au Patrimoine Mondial de l'Unesco. Le maire du Havre, dont la ville y a été inscrite en juillet dernier, espère ainsi la voir figurer rapidement dans les circuits touristiques.

Développer le tourisme ludique

Et pourtant, il ne suffit pas d'un château ou d'une cathédrale pour que le touriste fasse un détour. Les enfants sont devenus les principaux prescripteurs, et pas question pour eux de passer leur après-midi dans un château Renaissance avec un guide expliquant l'histoire de chaque meuble. Les régions cherchent à développer un «tourisme ludique». Par exemple, le château de Chambord a lancé cette année un spectacle nocturne son et lumière. Car les principaux concurrents sont les parcs d'attractions: Eurodisney arrive toujours devant la Tour Eiffel au hit-parade des sites les plus fréquentés! Les projets pour ce type de parcs ne manquent d'ailleurs pas: après le Futuroscope de Poitiers et Vulcania en Auvergne, l'Alsace prépare le Bioscope, un parc ludo-éducatif sur la santé et la vie.

patrimoine	heritage
prendre conscience de	to become aware of something
figurer	to feature
suffire	to suffice
ludique	playful

Lire 5 Répondez aux questions suivantes en anglais.

1 According to the text, what do the French now prefer to sunbathing?
2 How are the regions responding?
3 Which accolade did the town of Le Havre receive? What does the mayor hope will happen as a consequence?
4 According to the text, what would a child not wish to do?
5 What are the principal attractions for children?
6 Why are Eurodisney and the Eiffel tower mentioned?
7 What exactly will the Bioscope in Alsace be?

Écrire 6 Choisissez le mot correct pour relier les deux phrases. Modifiez les verbes si nécessaire.

L'évolution du tourisme en France

1 **à cause de / car / pour que**
Cette année, vous aurez plus de chance de trouver un petit bout de sable pour votre serviette sur la côte méditerranéenne. Les Français partent à la recherche de leur héritage.

2 **parce qu' / ou / bien qu'**
Partout dans l'Hexagone, les petits villages s'efforcent de mettre en valeur leurs monuments. Ils veulent attirer des visiteurs.

3 **ni / afin / afin que**
Ils font du marketing. Les touristes viennent.

4 **en raison de / faute de / puisque**
L'inscription du Havre au Patrimoine Mondial de l'Unesco. Le maire est optimiste pour l'avenir du tourisme dans sa ville.

5 **lorsque / bien que / puisque**
Les enfants sont d'une importance primordiale dans ces enjeux. Ce sont eux qui décident et qu'est-ce qu'ils sont exigeants!

6 **comme / à cause de / par conséquent**
Ces goûts sophistiqués. Les villes et les villages ont dû reformuler leur approche.

7 **afin que / donc / car**
La barre est haute. Les parcs d'attractions sont des concurrents sérieux, Eurodisney est le monument le plus visité en France.

8 **pour que / donc / bien que**
Nos villages sont pittoresques. On peut se demander s'ils vont pouvoir relever le défi lancé par ces parcs d'attractions.

Grammaire

Les conjonctions (conjunctions)

Conjunctions link two words, phrases or sentences together. Use them to make your sentences more interesting, more complex and also to explain causes, consequences, conclusions or to give examples.

comme	as	pour que + subjunctive	so that
lorsque	when	afin que + subjunctive	so that
puisque	since	bien que + subjunctive	although
parce que	because		

Ils font du marketing **afin que** les touristes viennent.
Les enfants sont d'une importance primordiale dans ces enjeux **puisque** ce sont eux qui décident.

Écrire 7 Écrivez un texte sur le tourisme et sur vos préférences en tant que vacancier. Vous devez écrire entre 200 et 220 mots.

● Pourquoi les gens partent-ils en vacances?
● Quel genre de tourisme vous intéresse le plus?
● Que pensez-vous du tourisme ludique?
● Quel pays aimeriez-vous visiter un jour?

• Brainstorm your vocabulary for each bullet point before you start. Try to make sure your French is at an analytical level and that you are not using purely descriptive language.
• Vary your tenses, your vocabulary and your opinion-giving phrases.
Include at least: 1 subjunctive, 1 perfect infinitive, 1 si clause, 1 explanation, 1 example.

Pour expliquer

à cause de *because of*	en raison de *because of*
faute de *for the lack of*	grâce à *thanks to*
car *for*	comme *as*
puisque *since*	

Pour donner un exemple

On peut citer, …   Prenons l'exemple de …
Considérons, par exemple, le cas de …

t Raconter un voyage
g Reconnaître le passé simple
s Écrire un blog

3 · Carnet de voyage

Alexandre Dumas
De Paris à Cadix

Madrid, ce 9 octobre 1846

En quittant Burgos, la première chose remarquable que nous trouvâmes sur notre route fut le château de Lerma, où mourut en exil le fameux duc du même nom, célèbre par la faveur dont il jouit près du roi Philippe III, et par la profonde disgrâce qui la suivit.

Les biens, et par conséquent le château que l'on voit de la route et qui faisait partie de ses biens, furent saisis après sa mort pour une somme de quatorze cent mille écus. Personne, dès lors, ne s'occupa plus de cette propriété, qui peu à peu tomba en ruine.

Monsieur Faure, l'un de nos voyageurs, nous donna tous ces détails.

Au fur et à mesure que nous avancions, nous voyions, trompés par un effet d'optique, venir à nous les sommets bleuâtres de la Somma Sierra. Pour traverser ce passage, l'effectif de notre attelage fut porté à douze mules.

Le matin, en nous éveillant, nous vîmes à l'horizon d'un vaste désert quelques points blancs se détachant dans une brume violette: c'était Madrid.

Naissance: 24 juillet 1802
Décès: 15 décembre 1870
Activité: romancier
Nationalité: français
Œuvres principales: *Les Trois Mousquetaires*
Le Comte de Monte-Cristo.

les biens	goods
dès lors	since that time
au fur et à mesure	as
attelage	team
se détacher	to stand out

L'auteur des *Trois Mousquetaires* et du *Comte de Monte-Cristo* a écrit ce texte lors d'un voyage avec son fils et des amis en 1846.

Écouter 1 Écoutez et lisez un texte d'Alexandre Dumas. Ensuite, complétez ces phrases en anglais.

1 Having left Burgos, the first remarkable thing they found was …
2 In exile, the Duke of Lerma …
3 After his death all of his goods and the castle therefore were …
4 The castle fell …
5 In order to cross the mountains, the team of mules was made up to …

Lire 2 Trouvez le passé simple de ces verbes dans le livre. Traduisez-les en anglais.

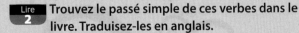

trouver	jouir	tomber
être x 2	suivre	donner
mourir	s'occuper	voir

Grammaire

Le passé simple (*the past historic*)

This is a formal literary tense which is used mainly for narration of events in the past.

To form it, take off **-er**, **-ir** or **-re** and add the following endings:

-er verbs	-ir/-re verbs	irregular verbs with past participles ending in *u*
je tomb**ai**	je part**is**	je b**us**
tu tomb**as**	tu part**is**	tu l**us**
il/elle/on tomb**a**	il/elle/on part**it**	il/elle/on e**ut**
nous tomb**âmes**	nous part**îmes**	nous voul**ûmes**
vous tomb**âtes**	vous part**îtes**	vous cour**ûtes**
ils/elles tomb**èrent**	ils/elles part**irent**	ils/elles véc**urent**

Some verbs are irregular (see pp158–169). The following three verbs are completely irregular.

être – je fus, tu fus, il fut, nous fûmes, vous fûtes, ils furent
venir – je vins, tu vins, il vint, nous vînmes, vous vîntes, ils vinrent
mourir – je mourus, tu mourus, il mourut, nous mourûmes, vous mourûtes, ils moururent

Paradoxically, the vogue for blogging has seen a renewal of interest in the **passé simple**. New technology has revived a traditional verb form!

Nous **quittâmes** la maison à sept heures du matin. Le voyage à l'aéroport **fut** facile.
Nous **prîmes** l'avion à 10h30.

Balade le nez au vent

Qu'est-ce qui nous manque le plus à nous, personnes à mobilité réduite? Eh bien évidemment le fait de se déplacer avec aisance là où on le désire. Grâce à un engin récupéré dans un

«vide grenier» j'ai pu redécouvrir les joies de la promenade. Il s'agit d'une tricyclette Poirier, vénérable engin des années 50.

Après quelques réparations qui s'imposaient, j'étais prêt pour les premiers essais avec mes amis en vélo. L'idée d'une randonnée germa bien vite. C'était parti, sous un frais soleil d'automne, je roulais enfin en toute liberté, le vent dans la figure et le cœur content.

Après une très belle première journée, nous arrivâmes au-delà des grottes de Ladevèze chez une amie qui nous hébergea pour la nuit. Le lendemain, la

pluie essaya de nous clouer sur place, mais nous visitâmes quand même les environs de Saint-Pons.

Le lendemain, nous rejoignîmes Olargues puis le camping de Tarassac où Yves monta la tente pendant que je rédigeais quelques cartes postales au bord du torrent.

Ce petit périple m'a permis de retrouver des sensations et des plaisirs que je croyais à jamais perdus. Je souhaite continuer cette expérience et peut-être rejoindre des amis au Burkina Faso via le Sénégal et le Mali.

Thierry Goix

manquer	to miss
vide grenier	garage sale
héberger	to lodge
clouer	to nail

Lire 3 Lisez ce passage et trouvez l'équivalent dans le passage des phrases suivantes.

1 clairement
2 bouger facilement
3 à l'aide de
4 tentatives
5 les alentours
6 la rivière
7 circuit
8 joies

Lire 4 Trouvez les verbes suivants dans le passage:

1 deux verbes au passé composé
2 six verbes à l'imparfait
3 sept verbes au passé simple

Lire 5 Identifiez et corrigez les erreurs dans les phrases suivantes.

1 Thierry a acheté sa tricyclette sur la toile.
2 La tricyclette était comme neuve.
3 Thierry ne voulait pas faire une randonnée.
4 Thierry est parti en été.
5 Le premier soir, ils ont logé dans une auberge.
6 Le lendemain, ils ont fait du camping au bord d'un lac.
7 À présent, Thierry aimerait partir en Asie.

Écrire 6 À vous de continuer le blog! Écrivez environ 200 mots au passé simple ou au passé composé. Vous devez inclure les mots suivants dans votre blog: **poisson, autocar, fatigant, nouilles, brusquement.**

 Once you finish your text, check through and look carefully at what can be done to improve the quality of the language. Check that:

- you haven't used the same verb too many times;
- you included at least four different tenses;
- you used linking words to structure your text;
- you included a description, an event, an opinion, an explanation and an example.

Grammaire

The past historic is often used with other tenses.

The **perfect** is used for completed actions in the past.

- Use the correct auxiliary **être/avoir**, and if using **être** check that the past participle agrees with the subject.
- Check if the past participle is regular (**-er** verbs → **-é, -ir** → **-i, -re** → **-u**) or irregular.
- With **avoir** verbs, check if there is a direct object pronoun before the verb. If so, the past participle must agree. (Les vacances (f.pl.) qu'on a pass**ées** étaient formidables.)

The **imperfect** is used for description, for feelings, for repeated actions in the past or for a continuous action in the past.

- Use the **nous** form of the present tense and add the imperfect endings: **-ais, -ais, -ait, -ions, -iez, -aient.**

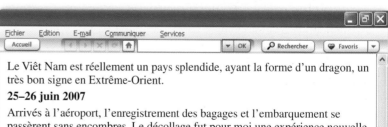

Le Viêt Nam est réellement un pays splendide, ayant la forme d'un dragon, un très bon signe en Extrême-Orient.

25–26 juin 2007

Arrivés à l'aéroport, l'enregistrement des bagages et l'embarquement se passèrent sans encombres. Le décollage fut pour moi une expérience nouvelle. Nous avions un avion hi-tech avec écran tactile, films et musique, mais très peu de place. Nous arrivâmes tout de même à somnoler quelques heures.

Une fois au Viêt Nam, ce qui m'a tout d'abord impressionné, ce fut la chaleur étouffante. Une amie de David, qui s'appelle Hoa, vint nous accueillir avec des fleurs, quel bel accueil!

Nous passâmes le reste de la matinée avec elle et elle nous invita chez elle pour manger. C'était si convivial chez Hoa! Elle est devenue notre guide et traductrice personnelle. Elle nous donna rendez-vous le lendemain à 7h du matin …

Le chassé-croisé de l'été

Alors qu'il y a 30 ans, partir était un privilège réservé à une minorité, aujourd'hui les migrations estivales concernent les deux tiers de la société française. Le formidable essor de la voiture personnelle a contribué à accroître la circulation sur les routes et les autoroutes. Les Français considèrent que la voiture procure autonomie et économie. C'est le moyen de transport le plus utilisé pour partir en vacances.

Les départs des vacances engendrent souvent des bouchons. Pour éviter de se faire piéger dans les embouteillages, il existe une solution: Bison Futé. Bison Futé donne de bons conseils aux automobilistes sur les itinéraires à privilégier, les routes à éviter et les bons moments de départ. Il met en place un calendrier où sont indiquées les difficultés de circulation éventuelles en distinguant quatre niveaux différents:

Le niveau vert: les problèmes de circulation sont classiques (heures de pointe). On peut s'attendre néanmoins à quelques bouchons.

Le niveau orange: la circulation est dense et les conditions de circulation peuvent être difficiles par endroit ou globalement. Il est possible qu'il y ait en tout jusqu'à 250 km de bouchons cumulés sur le réseau national.

Le niveau rouge: le trafic est très perturbé. Le total des bouchons dépasse les 250 km et peut même atteindre les 500 km.

Le niveau noir: la circulation est exceptionnellement dense et les difficultés en conséquence. Plus de 500 km de bouchons peuvent être totalisés au plus mauvais moment sur l'ensemble du réseau avec des pointes pouvant aller au-delà des 500 km lors d'un chassé-croisé.

Lire 1 Trouvez l'équivalent de ces phrases en anglais dans le passage.

1 summer (2 mots)
2 rise
3 independence and affordability
4 traffic jam (2 mots)
5 to get trapped
6 good advice
7 rush hour
8 network
9 disrupted
10 across the whole

Lire 2 Répondez aux questions suivantes en anglais.

1 What proportion of the French population go on summer holiday nowadays?
2 What contributed to the increase in traffic compared to 30 years ago?
3 Why are the French so keen on their cars?
4 What does Crafty Bison do?
5 What are the characteristics of traffic during the following periods?
   Mention two details in each case:
   a green;   b orange;   c red;   d black

Écouter 3 Écoutez cet entretien. Prenez des notes en français sur les modes de transport mentionnés et sur leurs avantages et les inconvénients de leur usage.

Lire 4 Complétez le texte suivant, selon le sens du passage en utilisant un des mots ci-dessous.

1 _____ en France n'a pas la même attitude envers l'écologie. 2 _____ sont préoccupés par le prix du voyage alors que 3 _____ s'inquiètent plus de l'impact écologique de leur déplacement. 4 _____ peut aider, en évitant par exemple d'emprunter le transport aérien pour de courtes distances. Les Français aiment beaucoup se déplacer en voiture, parce qu'ils peuvent se rendre 5 _____. Donc, 6 _____ d'entre eux se tournent à présent vers les voitures hybrides, car elles sont plus «vertes» et à long terme, plus économiques. 7 _____ jeunes déclarent aimer les voyages en car puisque c'est convivial, mais le train est toujours le moyen de transport le moins polluant, et le voyage en train a toujours 8 _____ de romantique, bien sûr!

certains
quelques-uns
tout le monde
chacun
plusieurs
n'importe où
quelque chose
d'autres

 Bison Futé

Bison Futé est un personnage imaginaire qui donne de bons conseils aux automobilistes sur les itinéraires à privilégier, notamment en période de départ de vacances, quand les routes sont surchargées. Il donne aussi des conseils de conduite selon la saison.

 TGV LGV

Un TGV est un train électrique à grande vitesse qui circule à une vitesse supérieur à 250 km à l'heure.
La LGV Est européenne est une ligne à grande vitesse qui doit accélérer les relations entre d'une part Paris et les régions du nord, de l'ouest et du sud-ouest, et d'autre part, le nord-est de la France, l'Allemagne, la Suisse et le Luxembourg.

Écrire 5 Choisissez le bon pronom indéfini.

1 Il y a 30 ans, partir **quelque part/nulle part** en vacances était un privilège réservé à **quelques-uns/quelqu'un**.

2 Aujourd'hui, **quelque chose/chacun** a sa voiture personnelle, et donc sa liberté.

3 **N'importe qui/Personne** peut regarder le site de Bison Futé avant de partir.

4 Car les bouchons, c'est **quelque chose/quelques-unes** d'inévitable!

5 Pourtant, **quelqu'un/quelques-uns** commencent à parler du co-voiturage car cela revient moins cher.

6 **Certains/Rien** sont préoccupés par les émissions de carbone alors que **chacune/d'autres** préfèrent ne pas y penser.

Parler 6 Avec un(e) partenaire, préparez une réponse aux questions suivantes. Utilisez vos notes de l'exercice 3.

1 Pourquoi est-ce que les Français aiment partir en voiture?

2 Quel est l'impact écologique d'un déplacement en avion?

3 Quels sont les avantages et les inconvénients de partir en voiture?

4 À votre avis, quel est le moyen de transport le moins polluant?

5 Quel est votre moyen de transport favori?

6 Quel est l'impact écologique de votre moyen de transport préféré?

Écouter 7 Décidez si ces phrases sont vraies (V) ou fausses (F) ou pas mentionnées (PM).

1 84% des hôtesses et stewards faisaient la grève vendredi à l'aéroport de Roissy Charles de Gaulle.

2 Le RER ne fonctionnait pas non plus.

3 La veille, 54% des vols long-courriers au départ de Roissy avaient été annulés.

4 Le vol Air France entre Toulouse et Orly n'était pas en service.

5 Les files d'attentes étaient très longues et les passagers commençaient à s'impatienter.

6 Un grand nombre de personnes prennent la route lors des vacances de Noël.

Écrire 8 Vous et deux de vos copains allez à Marseille pour participer au concert Écolo'Zik. Pour se rendre de Paris à Marseille, il existe trois moyens possibles: l'avion, le TGV ou l'auto. Rédigez un texte où vous évaluez les avantages et les inconvénients de ces trois options. Exposez et justifiez votre décision.

transport	durée du trajet	coût, aller-retour	émissions de CO_2 à l'aller
TGV	3h40	94€ deuxième classe 130€ première classe	0,13 tonnes
Avion	1h00	vol charter 169€ vol régulier, Air France 200€	0,39 tonnes
Auto	7h30	péage 115€ essence 80€	0,18 tonnes

Grammaire

Les pronoms indéfinis (*indefinite pronouns*)

Indefinite pronouns are used in place of nouns. They can be the subject or the object of a sentence. Some are singular, others plural.

singular	
on	*one*
chacun(e)	*each one*
quelque chose	*something*
quelqu'un	*someone*
tout le monde	*everybody*
personne	*no one*
partout	*everywhere*
nulle part	*nowhere*
tout	*everything*
rien	*nothing*
quelque part	*somewhere*
n'importe qui	*anyone*

plural	
tous	*all*
certain(e)s	*certain ones/ some*
d'autres	*others*
plusieurs	*several*
quelques-un(e)s	*some, a few*

When **quelque chose** and **quelqu'un** are followed by an adjective, you must put **de** in between, e.g. quelque chose **d'**important/quelqu'un **d'**intéressant

In order to contrast two things use a range of structures:
- intensifiers (see p142) **très, trop, peu**
- comparatives (see p141) **plus … que, aussi … que**
- superlatives (see p141) **le moins, le pire**
- use the following expressions such as:

D'un coté … de l'autre …	*On one hand … on the other hand …*
Par contre … En revanche … Au contraire de …	*On the contrary …*
Tandis que …/Alors que …	*Whereas …*

dépendre/dépenser/rejeter
adopter une conduite écologique et réduire sa vitesse
éviter
utiliser la climatisation
réduire la consommation/ l'émission
l'empreinte carbone

gagner
gaz d'échappement
nombre de passagers
supplément
vol courte/longue distance
videoconférence
co-voiturage

résumer les arguments:
pour résumer/en résumé/en un mot/en bref

conclure:
en guise de conclusion/tout bien considéré/j'aimerais conclure en disant que …
en définitive/on ne peut arriver qu'à une conclusion logique
il est évident/clair que

5 · Dossier carbone

Vous polluez? Compensez!

C'est la nouvelle idée à la mode. Guillaume Pépy, directeur général de la SNCF, s'est engagé à mettre en place, dès novembre, des liaisons Eurostar Paris-Londres «neutres en CO$_2$», en investissant dans la compensation carbone. Le principe? «Racheter» ses émissions de CO$_2$ en finançant le développement des énergies renouvelables, l'efficacité énergétique ou plus souvent la plantation d'arbres qui vont stocker le carbone. Ces dons sont déductibles des impôts. Cependant, la qualité des projets soutenus ne fait pas encore l'objet d'une évaluation indépendante. De plus, selon certains scientifiques, le reboisement n'est vraiment utile que dans les régions tropicales où il contribue à stabiliser les températures. Dans les zones tempérées, la plantation d'arbres pourrait à l'inverse, renforcer le réchauffement climatique!

Pour Jean-Marc Jancovici (un expert climatique indépendant bien connu), il vaut mieux limiter ces émissions de gaz à effet de serre.

les énergies renouvelables	*renewable energy sources*
l'efficacité énergétique	*energy saving measures*
les dons	*gifts*
le reboisement	*reafforestation*
le réchauffement climatique	*global warming*
les émissions de gaz à effet de serre	*greenhouse gas emissions*

Lire 1 Lisez le texte. Ensuite, décidez si ces personnes ont une attitude positive ou négative envers la compensation du CO$_2$.

A «Neutres en CO$_2$»? Qu'est-ce que ça veut dire? On exagère quand on affirme qu'un trajet en train peut être neutre en CO$_2$.
Laure

B On a tort de croire qu'on peut tout «racheter». Il vaut mieux agir et essayer de limiter ses émissions en se déplaçant moins.
Érica

C Je suis convaincu que cette initiative, si elle aide en quelque sorte à sauver la planète, est à applaudir.
Théo

D Mon sentiment à ce sujet est que financer le développement des énergies renouvelables est une très bonne idée.
Armelle

E Il n'a pas été démontré que le reboisement soit toujours souhaitable. Tout dépend d'où on plante les arbres.
Guy

F Il est manifeste qu'un simple clic ne peut pas effacer sa dette écologique! C'est trop facile. Il vaudrait mieux essayer de limiter ses déplacements en avion, par exemple.
Anaïs

Écrire 2 Identifiez les expressions que chaque personne utilise pour adopter ou défendre son point de vue. Réutilisez ces expressions pour écrire six phrases pour donner votre point de vue sur la compensation écologique.

Grammaire

Les verbes suivis des prépositions à ou de + infinitif (*verbs followed by **à** or **de** + infinitive*)

When one verb is followed immediately by a second verb, the second verb must be in the infinitive form. Certain verbs need **à** before the infinitive, others need **de**. You must learn these by heart.

... à	... de
aider à – *to help to*	arrêter de – *to stop …ing*
encourager à – *to encourage*	cesser de – *to stop*
s'engager à – *to commit oneself to*	décider de – *to decide to*
forcer à – *to force to*	oublier de – *to forget*
se mettre à – *to start to*	proposer de – *to offer to*
renoncer à – *to give up*	refuser de – *to refuse to*

Some verbs like **parler** or **continuer** can be followed by either **à** or **de**.

Ils vont **continuer de** reboiser.

La compensation n'est pas une raison pour **continuer à** polluer.

Prononciation

In order to avoid repeating English pronunciation and intonation, take time to practise pronouncing words syllable by syllable:

en-vi-ron-ne-ment, na-tu-re, aug-men-ta-ti-on, di-mi-nu-ti-on, é-miss-i-on, com-pen-sa-ti-on

Lire 3 Remplissez les blancs en choisissant le bon verbe et la bonne préposition. Ensuite, traduisez les phrases en anglais.

1 Il est grand temps que chacun _____ limiter ses déplacements en avion.
2 Les gens doivent _____ consommer moins de carburant, essayer ne coûte rien!
3 Il faut que les industriels signent un accord selon lequel ils _____ limiter ses émissions de gaz à effet de serre.
4 Il faut que le gouvernement arrête de _____ financer le développement des énergies renouvelables et le fasse enfin.
5 Nous devons _____ rejeter autant de carbone dans l'atmosphère.
6 Certains _____ reconnaître que le réchauffement climatique constitue un problème.

> tenter
> cesser
> oublier
> promettre
> refuser
> s'engager
> renoncer
> commencer

Écouter 4 Dans ce passage, il s'agit de la location de vélos dans certaines grandes villes en France. Choisissez la bonne réponse.

1 Les Lyonnais profitent du Vélo'V ...
  a depuis douze ans.
  b depuis plus de deux ans.
  c depuis deux mois.
2 Le nombre d'abonnés est ...
  a 60 000. b 66 000.
  c 16 000.
3 55 % des abonnés ...
  a ont plus de trente ans.
  b ont trente ans.
  c ont moins de trente ans.

4 Dans l'ensemble, les abonnés auraient fait ...
  a dix huit millions de kilomètres.
  b presque huit millions de kilomètres.
  c plus de huit millions de kilomètres.
5 À Paris, depuis 2001, l'utilisation du vélo a augmenté ...
  a de 40,8 %. b de 48 %.
  c de 80 %.

6 À Paris, il y a ...
  a 750 stations de Vélib'.
  b 550 stations de Vélib'.
  c 650 stations de Vélib'.
7 En tout, on peut louer ...
  a 10 468 vélos.
  b 10 648 vélos.
  c 10 846 vélos.
8 On ne paie pas ...
  a les trente premières minutes.
  b la location.
  c si on est parisien.

Lire 5 Faites correspondre les titres aux textes. Ensuite, trouvez l'équivalent en français des phrases ci-dessous.

A **Je préfère être seul au volant!**
B **Copains de classe, compagnons de route**
C **Le prix de l'essence augmente encore!**
D **Contrôler l'industrie automobile**
E **Pour économiser, roulez moins vite!**
F **Les agrocarburants, une fausse bonne idée?**

1 Le bilan écologique et énergétique de ces carburants tirés de betterave à sucres, blé ou colza n'est pas satisfaisant. Leur production entre en concurrence avec les cultures alimentaires. En revanche, rouler avec de l'huile de friture est une possibilité. Mélangées ou pures, les graisses peuvent être utilisées dans tous les moteurs diesels, sans odeur ni émission de CO_2 ...

2 En ce qui concerne l'automobile, il faut agir. On peut augmenter le prix de l'essence et forcer les constructeurs à fabriquer des véhicules moins puissants et moins énergivores.
Il faut récompenser les voitures dites «propres» et pénaliser les plus polluantes, c'est capital.

3 Cette année, on planche sur un système de co-voiturage au lycée! Comme ça, plutôt que de faire venir une voiture par élève, on peut s'organiser avec les parents et limiter les allées et venues. Cette idée de co-voiturage n'en est qu'à ses débuts mais on espère la mettre rapidement en place.

1 fuels made from sugar beet, wheat or oilseed rape
2 running a vehicle off cooking oil is a possibility
3 one can increase the price of petrol
4 less powerful, less energy-hungry vehicles
5 we must reward so-called clean cars
6 we can limit comings and goings

Parler 6 Avec votre partenaire, choisissez un des thèmes de cette unité.

Les agrocarburants   Les vélos à louer   Les voitures vertes
Le co-voiturage   La compensation carbone

> Vary the phrases you use to adopt and defend a viewpoint as much as you can. Try to use a phrase only once.

● Adoptez un point de vue.   ● Donnez votre avis sur ce sujet.
● Donnez un exemple qui explique et justifie votre point de vue.

Votre partenaire doit écouter et dire s'il est d'accord ou pas d'accord avec votre point de vue.

6 · Ça se réchauffe!

Écouter 1 Écoutez ce passage expliquant le phénomène de l'effet de serre. Remplissez les blancs en choisissant des mots ci-dessous.

L'effet de serre est un phénomène 1 _naturel_ qui est indispensable à la vie. La présence de 2 _____ dans l'atmosphère permet de garder sur Terre une partie de 3 _____ émise par le Soleil. Sans eux, la température moyenne serait de −18°C. Mais le développement économique, fondé sur 4 _____ (charbon, 5 _____), a amplifié le phénomène. Résultat, La Terre 6 _____ à vitesse grand V, subissant des changements climatiques: tempêtes, sécheresses, inondations ...

7 _____ est la cause du réchauffement climatique avec 8 _____, de chauffage, de production industrielle et agricole. Nous sommes tous responsables. Les pays riches, 9 _____ depuis le XIXème siècle, sont les principaux accusés. Un Américain émettrait autant de 10 _____ que 107 Bangladais!

En plein boom économique, la Chine pourrait cependant 11 _____ du classement dès 2007. La France, elle, se situe légèrement 12 _____ de la moyenne mondiale.

au-dessus   gaz
~~naturel~~
les énergies fossiles
          les moyens de transport
gaz carbonique   essence
          les eaux
la pollution   industrialisés
          méthane
déchet
          se réveille
     prendre la tête
l'énergie   virer
          se réchauffe
artificiel   au-dessous
     pétrole
          notre mode de vie
notre approche

Lire 2 Complétez le texte en choisissant le mot correct.

À cause des humains, la terre se **1 réchauffe/ refroidit**.

Le dérèglement climatique est dû à **2 la diminution/l'accumulation** de gaz à effet de serre dans l'atmosphère depuis **3 la fin/le début** de l'ère industrielle.

Depuis 1850 environ, les humains ont émis dans **4 la mer/l'atmosphère** une quantité considérable de gaz à effet de serre. Ces émissions proviennent principalement de **5 la combustion/propagation** des énergies fossiles (charbon, pétrole, gaz) qui ont justement permis le **6 développement/ déclin** industriel et conduit à notre civilisation actuelle. Ainsi, depuis 1850, la concentration des gaz à effet de serre **7 a diminué/ a augmenté** considérablement dans l'atmosphère, augmentant ainsi l'effet de serre. Notre couette **8 s'est épaissie/s'est amincie**: au lieu de nous protéger du froid, elle commence à nous donner trop chaud ...

les gaz à effet de serre = vapeur d'eau, dioxyde de carbone, méthane ...

Lire 3 Complétez ce tableau avec le vocabulaire du texte.

	verbe	participe passé	nom
1	réchauffer	réchauffé	le réchauffement
2			le dérèglement
3	diminuer		la diminution
4	accumuler		l'accumulation (f)
5		émis	
6			le développement
7		augmenté	
8	protéger		

 Expand your vocabulary all the time. When you look up a word, write down all the members of the word family you come across, e.g **réchauffer, le réchauffement**. You can also note their opposite e.g **refroidir, le refroidissement**. In doing so, you will have a wide range of words and structures with which to paraphrase

Grammaire
Le futur antérieur (*the future perfect*)

The future perfect translates as *will have*. It is a compound tense you form by using the future tense of the appropriate auxiliary + the past participle. La terre **se sera réchauffée.** *The earth **will have warmed** up.*

Auxiliary *avoir*	+ past participle	Auxiliary *être*		+ past participle		ending
j'aur**ai**	parlé	je ser**ai**	Reflexive form:	mort	réchauffé	+ **e/s/es**
tu aur**as**	diminué	tu ser**as**	je me ser**ai**	retourné	refroidi	
il/elle/on aur**a**	augmenté	il/elle/on ser**a**	tu te ser**as**	arrivé	épaissi	
nous aur**ons**	fini	nous ser**ons**	il/elle/on se ser**a**	parti	aminci	
vous aur**ez**	perdu	vous ser**ez**	nous nous ser**ons**	entré		
ils/elles aur**ont**	disparu	ils/elles	vous vous ser**ez**	venu		
	vu	ser**ont**	ils/elles se ser**ont**	+ other **être** verbs		

The future perfect is sometimes used in French where we would not use it in English, after certain conjunctions like **quand, lorsque** (*when*), **dès que, aussitôt que** (*as soon as*).

Écrire 4 Mettez le verbe entre parenthèses au futur antérieur, ensuite traduisez les phrases en anglais.

Si on ne met pas un frein à la pollution, d'ici 2100 …
1 La banquise de l'Arctique (**rétrécir**) de moitié.
2 Les ours polaires (**disparaître**) et les glaciers (**fondre**).
3 La température de la terre (**augmenter**) de 1,4 à 5,8°C.
4 La température en France en été (**atteindre**) 35°.
5 1 200 espèces menacées (**perdre**) leur habitat.
6 Le désert (**gagner**) du terrain et des terres productives (**devenir**) arides à cause du manque d'eau.
7 Le niveau de la mer (**monter**). Les Maldives, les Pays-Bas et des villes comme Venise (**disparaître**).
8 Des populations entières (**devoir**) être déplacées.

Parler 5 Regardez les graphiques. Avec un(e) partenaire, préparez une réponse aux questions suivantes.

1 Combien de millions de tonnes de gaz carbonique la Chine émet-elle?
2 Et les États-Unis?
3 Quelle est votre réaction face à ces chiffres?
4 Quels sont les pays qui ont réussi à réduire leurs émissions entre 1990 et 2002?
5 Quels sont les pays dont les émissions ont augmenté entre 1990 et 2002?
6 Selon les prévisions, combien de tonnes de gaz carbonique émettra l'Amérique du Nord en 2030?
7 Et l'Asie?
8 Selon le graphique, quelles seront les conséquences du réchauffement dans le monde?

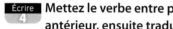

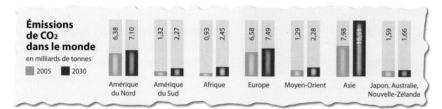

Émissions de CO$_2$ dans le monde
en milliards de tonnes
■ 2005 ■ 2030

	Amérique du Nord	Amérique du Sud	Afrique	Europe	Moyen-Orient	Asie	Japon, Australie, Nouvelle-Zélande
2005	6,38	1,32	0,93	6,58	1,29	7,98	1,59
2030	7,10	2,27	2,45	7,49	2,28	15,51	1,66

It is essential to practise high numbers. Take your time when you are preparing an answer to make sure you get the numbers right.

1113 mille cent treize
5912 cinq mille neuf cents douze

Pay attention to basics too. Practise 50, 60, 70, 80, 90 and be clear on the differences between: 13/30 – **treize/trente**; 14/40 – **quatorze/quarante**; 15/50 **quinze/cinquante**; 16/60 – **seize/soixante**.

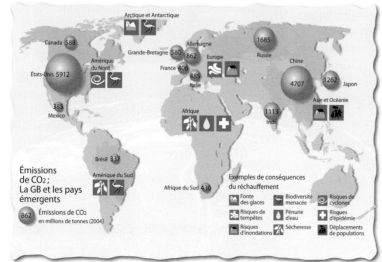

Évolution des émissions de gaz à effet de serre entre 1990 et 2002

Inde	+70%
Brésil	+57%
Chine	+49%
Canada	+20%
États-Unis	+13%
Japon	+12%
France	−1,9%
Royaume-Uni	−14%
Allemagne	−18%
Russie	−38%

Émissions de CO$_2$; La GB et les pays émergents
862 Émissions de CO$_2$ en millions de tonnes (2004)

Canada 588
États-Unis 5912
Mexico 385
Grande-Bretagne 580
Allemagne 862
France 406
Italie 485
Russie 1685
Chine 4707
Japon 1262
Inde 1113
Brésil 337
Afrique du Sud 430

Arctique et Antarctique
Amérique du Nord
Europe
Afrique
Asie et Océanie
Amérique du Sud

Exemples de conséquences du réchauffement
Fonte des glaces
Biodiversité menacée
Risques de cyclones
Risques de tempêtes
Pénurie d'eau
Risques d'épidémie
Risques d'inondations
Sécheresse
Déplacements de populations

Écrire 6 Écrivez un tract pour sensibiliser le public sur la question du réchauffement climatique. Écrivez entre 200 et 220 mots. Vous devez mentionner les points suivants:
● Expliquez ce qu'est l'effet de serre.
● Expliquez les causes du réchauffement climatique.
● Incluez au minimum cinq verbes au futur antérieur.
● Incluez au minimum trois statistiques.

en baisse	*in decline*	réduire/diminuer	*to reduce*
en hausse	*on the way up*	en moyenne	*on average*
augmenter	*to increase*		

t · Parler des catastrophes naturelles
g · Combiner les temps du présent, du passé et du futur
s · Écrire une brochure

7 · La Terre en colère

Les changements climatiques en France

Les Français assistent depuis quelques années à une augmentation sensible des situations extrêmes, avec une alternance de pluie, inondations plus fréquentes, et de sécheresse, voire de canicule meurtrière comme ce fut le cas pendant l'été 2003.

Cette évolution confirme la perspective de réchauffement annoncée par les spécialistes qui aurait des conséquences désastreuses dans certaines zones côtières (avec l'élévation du niveau de la mer) ou en montagne (avec l'absence de neige dans les stations de basse et moyenne altitude, des risques d'avalanche en haute altitude).

26 décembre 2004

Un tsunami gigantesque ravage les côtes de l'Océan Indien

Un tremblement de terre d'une amplitude exceptionnelle de 9 sur l'échelle de Richter secoue les fonds marin au large de Sumatra. Quelques heures plus tard des vagues géantes atteignant 10m de haut s'abattent sur l'Indonésie, la Thaïlande, le Sri Lanka, l'Inde et la Malaisie. Elles tuent plus de 220 000 personnes et font plus d'un million de réfugiés.

29 août 2005

Katrina dévaste la Nouvelle-Orléans

L'ouragan Katrina dévaste et inonde le sud de la Louisiane et du Mississippi. La Nouvelle-Orléans est particulièrement frappée, suite à l'apparition de brèches sur les digues des lacs voisins. Malgré une évacuation partielle du territoire les jours précédents, des milliers de personnes sont prises au piège. Le désordre règne dans les quartiers privés d'eau courante, d'électricité et de ravitaillement. Faute de pouvoir faire baisser les eaux et face aux risques d'épidémie, le gouvernement décide d'évacuer entièrement les zones sinistrées. Le bilan établi un mois plus tard fait état de 1.132 morts, tandis que les dégâts sont estimés à 125 milliards de dollars.

27 mai 200[

Séisme en Indonésie

Un tremblement de terre d'une magnitud[de 6,3 sur l'échelle de Richter touche l'Î[indonésienne de Java. La région de Yogyakart[est ravagée, près de 5 000 personnes sont tuée[et plus de 30 000 sont blessées. S'ajoutent à c[triste bilan plus de 100 000 habitants à la ru[sans aucune ressource. Par ailleurs, l'inquiétud[persiste chez les spécialistes, qui craignen[une violente éruption du volcan Merapi, don[l'activité ne cesse d'accroître.

 Lire 1 Lisez ces textes sur les conséquences du réchauffement climatique en France et ailleurs, et trouvez l'équivalent des phrases suivantes en français.

1 floods	4 an earthquake	7 trapped	9 disastrous consequences
2 drought	5 giant waves	8 deprived of	10 coastal areas
3 rising sea level	6 hurricane		

11 disaster zones	14 following
12 damage	15 in spite of
13 refugees	16 furthermore

 Écouter 2 Dans ce passage, il s'agit d'une coulée de boue aux Philippines. Notez cinq chiffres et ce à quoi ils correspondent.

Numbers often figure in passages on natural disasters. Listen out for subtleties, e.g. **plusieurs dizaines de milliers**.

-aine – **une trentaine** = *about thirty*

dix mille personnes/des diz*aines* de **milliers** de personnes

près de	*nearly*	pas plus de	*not more than*
pas moins de	*not less than*	à peu près	*about*
environ	*about*		

pas plus d'une dizaine, pas moins d'une cinquantaine, environ un millier de personnes

millier(s)	*thousands*	un quart	*a quarter*	
deux tiers	*two thirds*	million(s)	*millions*	
un tiers	*a third*	la moitié	*half*	
milliard(s)	*billions*	trois quarts	*three quarters*	

Grammaire

In your oral and written work, use confidently and accurately a range of tenses to describe situations and refer to actions or events.

past   present   future →

pluperfect | past historic | imperfect | perfect | present | imperative | near future | future | future perfect

Écouter 3 Écoutez ces deux reportages à la radio. Notez les détails suivants.

	Reportage 1	Reportage 2
Type d'incident		
Date/jour		
Lieux		
Nombre de victimes		
Autres détails (3)		
Précaution prise		

 Look carefully at quantities and abbreviations. Make sure you get the details right!

Accompagné de vents soufflant à 230 **km/h**
230 kilomètres à l'heure
Un tremblement de terre d'une magnitude de 6,3 sur l'échelle de Richter *six VIRGULE trois*
Des vagues géantes atteignant 10 **m** de haut *dix mètres*
Près de 5 000 personnes sont tuées *cinq mille*
12,5 % de l'île est ravagée *douze virgule cinq pour cent*
Les températures devraient augmenter de 6,4° *six virgule quatre degrés*

Parler 4 Préparez un reportage pour la radio sur l'incident suivant.

Type d'incident: séisme 7,6–7,8
Date: 8 octobre 2005
Lieu: À la frontière de l'Inde et du Pakistan; la région du Cachemire
Nombre de victimes: 75 000: 45 000 blessés; 30 000 morts; 10 000+ sans abris
Autres détails: région montagneuse; accès difficile; aide extérieure – arrive lentement; France – envoi: 20 hommes, 5 chiens, 1 équipe médicale, 100 000€; réaction de la communauté internationale – critiquée

Lettre ouverte aux jeunes par Nicolas Hulot

C'est à toi d'ouvrir les yeux maintenant. Tu le sais comme moi: aux terribles injustices qui ravagent l'humanité et qui font que l'espoir des deux tiers de la population mondiale ne consiste plus qu'à tenter de survivre au jour le jour, vient s'ajouter le fardeau d'une empreinte écologique excessive.

Plus personne ne peut le nier, les scientifiques sont unanimes, et nous le constatons chaque jour: jamais dans l'histoire de l'humanité, les menaces n'ont été aussi grandes. Cette fois c'est le fragile équilibre de la vie même qui est en jeu. Ce sont l'air, l'eau, le sol, le climat, les océans, les fleuves, les forêts, les animaux, les plantes, les glaciers que nous sommes en train de massacrer méticuleusement. Tous les équilibres et les ressources qui garantissent notre milieu de vie se trouvent compromis.

Comment redresser la situation? Comment faire mieux avec moins parfois, comment protéger et partager équitablement nos ressources et nos richesses entre tous les êtres vivants? Seuls des citoyens responsables et solidaires favoriseront le passage de cette société de l'avoir, que nous incarnons, à cette société de l'être, qui est la seule société écologiquement viable.
Toi et tes ami(e)s, vous avez rendez-vous avec l'histoire. Devenez des consomm'acteurs' avertis, partagez vos bonnes pratiques et soyez avocats de la vie et citoyens de la Terre pour tendre vers plus de liens et moins de biens.

Nicolas Hulot
Président de la Fondation Nicolas Hulot pour la nature et l'homme

Lire 5 Répondez aux questions suivantes en anglais.

1 According to Nicolas Hulot, why must young people open their eyes?
2 According to Hulot, what are we currently in the process of massacring? Mention 10 details.
3 What questions does he ask?
4 According to Hulot, which type of society is ecologically viable?
5 What type of citizen does Hulot exhort young people to become?

ravager	détruire
tenter	essayer
nier	dire le contraire
redresser	améliorer
tenter de	*to attempt to*
le fardeau	*burden*
empreinte	*footprint*
compromettre	*to compromise*
garantir	*to guarantee*
viable	*viable*
tendre vers	*to lean towards*
lien	*link*

 Nicolas Hulot uses different devices to get his reader's attention. You can copy his approach if you need to write something similar.

- He begins: **C'est à toi d'ouvrir les yeux maintenant.**
- He includes his reader in his line of argument: **Tu le sais comme moi …**
- He uses unusual sentence structures: **Aux terribles injustices …, vient s'ajouter …**
- He asks questions: **Comment redresser la situation?**
- He uses dramatic language: **Toi et tes ami(e)s, vous avez rendez-vous avec l'histoire.**
- He uses imperatives: **Devenez des 'consomm'acteurs' avertis, partagez vos bonnes pratiques et soyez avocats de la vie …**

Écrire 6 Écrivez une brochure pour informer les jeunes des conséquences du réchauffement climatique et de la nécessité de contribuer à réduire son impact.

- Décrivez les changements climatiques en France et dans le monde (*present and past*).
- Décrivez une ou deux catastrophes naturelles passées (*past historic or perfect, imperfect*).
- Décrivez une catastrophe qui pourrait se produire (*conditional, subjunctive*).
- Donnez des conseils aux jeunes qui voudraient améliorer la situation (*imperative*).
- Réutilisez les phrases clés de Nicolas Hulot.

8 · C'est si simple d'être écolo!

Écouter 1 Parmi les phrases ci-dessous, choisissez cinq phrases correspondant au passage sur le développement durable que vous allez écouter.

1 Les pays développés ont pris conscience qu'ils ne peuvent plus continuer à prospérer s'ils continuent à surexploiter les ressources naturelles.
2 Le développement durable nécessite un changement de comportement, de modes de production et de consommation.
3 «Nous n'héritons pas de la Terre, nous l'empruntons à nos enfants.» Antoine de Saint-Exupéry.
4 Plus de la moitié des Français participent au tri sélectif.
5 Pour lutter contre le réchauffement de la planète, chacun peut contribuer en diminuant sa consommation d'énergie.
6 Le développement durable serait un nouveau modèle de développement prenant en compte l'environnement en plus de l'économie et du social car l'ancien modèle est devenu «insoutenable».
7 Certains industriels et certains agriculteurs polluent notre terre, notre air et nos rivières.
8 «Le petit livre vert pour la Terre» est en faveur du développement durable.

i culture

Le Petit Livre Vert pour la Terre

Plus de 100 gestes écolos classés par lieux de vie (cuisine, salon, salle de bains, bureau voyage …) y sont répertoriés pour améliorer la qualité de l'air, réduire les nuisances sonores, trier et recycler les déchets, faire des économies d'eau, d'énergie, les énergies renouvelables, le respect des espèces vivantes et les attitudes en faveur du développement durable.

Lire 2 Associez ces moitiés de phrases pour obtenir des phrases qui ont un sens. Ensuite, traduisez-les en anglais.

Exemple: *1 Si j'avais laissé couler l'eau en me brossant les dents, j'aurais gaspillé 12 litres d'eau.*
If I had left the tap running whilst brushing my teeth, I would have wasted 12 litres of water.

1 Si j'avais laissé couler l'eau en me brossant les dents,
2 Si j'étais allé à l'école à pied,
3 Si j'avais utilisé le verso de mes feuilles,
4 Si j'avais utilisé des piles rechargeables,
5 Si j'avais rangé les courses dans mon sac à dos,
6 Si j'avais éteint l'ordinateur,
7 Si je n'avais pas trié les déchets,
8 Si j'avais pris une douche, pas un bain,

a j'aurais économisé de l'électricité.
b j'aurais consommé moins d'eau.
c j'aurais réutilisé quelque chose au lieu de polluer.
d je n'aurais pas pu tout recycler.
e je n'aurais pas utilisé de sacs en plastique.
f j'aurais gaspillé 12 litres d'eau.
g j'aurais consommé moins de papier.
h j'aurais économisé du carburant.

Grammaire

Le conditionnel passé (the conditional perfect)

Use the conditional perfect to talk about what would have happened if the situation had been different or to present unconfirmed information.

It is a compound tense formed by using the conditional tense of the appropriate auxiliary plus the past participle.

Auxiliary *avoir*	+ past participle	Auxiliary *être*	+ past participle	ending
j'aur**ais**	recyclé	je ser**ais**	mort	+ e/s/es

To make a supposition in the past, use **si** with the pluperfect (see p151) then the conditional perfect.

Écrire 3 Mettez les verbes entre parenthèses au bon temps.

1 S'ils (prendre le train), (économiser du carburant).
2 Si elle (utiliser le verso de ses feuilles), (ne pas consommer autant de papier).
3 Si nous (trier les déchets), (pouvoir tout recycler).
4 Si je (mettre les appareils en veille), (économiser de l'électricité).
5 Si vous (ne pas laisser couler l'eau en vous brossant les dents), (ne pas gaspiller de l'eau).
6 Si tu (ranger les courses dans ton sac à dos), (ne pas utiliser de sac en plastique).

Écouter 4 Complétez les phrases suivantes selon le sens du passage en utilisant certains des mots ci-dessous. Ensuite, trouvez cinq verbes au conditionnel passé.

Luc, 17 ans, éco-délégué

Protection des animaux, jardin organique ... un agenda d'actions écologiques bien rempli

Les actions écologiques **1** _____ sont possibles. Hier les élèves du lycée agricole nous l'ont prouvé en élisant leur nouveau éco-délégué. Pratiquement tous les élèves du lycée **2** _____ aux élections, ce qui montre leur intérêt pour **3** _____ et leur communauté.

Luc **4** _____ pour son enthousiasme, sa détermination à mettre en œuvre des projets écologiques et à sensibiliser, voire impliquer, le public.

L'année dernière, Luc a participé à la construction de nichoirs à oiseaux. **5** _____ du projet était de préserver les différentes espèces d'oiseaux que l'on trouve sur le site **6** _____. La mairie **7** _____ à cette initiative et envisage de collaborer avec le lycée pour élargir le projet aux étangs de la région.

En tant qu'éco-délégué, Luc aurait promis de créer un jardin organique et de **8** _____ une cabane écologique, où ils pourraient stocker leurs **9** _____. Les élèves comme les habitants de la ville pourraient travailler et profiter des produits du jardin. Le projet **10** _____ beaucoup d'**11** _____.

intérêt   argent   de l'école
à l'échelle locale   du lycée
à l'échelle individuelle
aurait été élu
auraient participé   outils
le but   se serait présenté
éliminer   se serait intéressée
l'environnement
seraient allés   balais
les animaux   l'objectif
construire   aurait suscité

Lire 5 Résumez ces projets communautaires en anglais. Mentionnez les points suivants:

- Type of project
- People's reaction to the project
- Any obstacles encountered

le tri	sorting
le ramassage	collection
sensibiliser	to raise consciousness, make aware
les énergies renouvelables	renewable energy
amortir	to pay off

A

Trier les déchets
Martin, 16 ans, en seconde à Ambérieu
On a réussi à mettre en place le tri sélectif dans notre lycée. Cela nous a pris un an! Le proviseur a dit qu'il «tolérait» le projet, puis il l'a accepté, mais en ajoutant que c'était à nous de trouver les fonds nécessaires.
On a envoyé des lettres à la commune, à la Région, à tous ceux qui pouvaient nous fournir de l'argent. La Région nous a envoyé un chèque de 3 000€ pour payer les poubelles, les sacs de différentes couleurs et le ramassage. Un enseignant a finalisé les contrats. Après, il a fallu sensibiliser tout le monde. Pour cela, on a créé des jeux, organisé des petits débats. Aujourd'hui ça marche! Mais ce n'est pas toujours facile ...

B

Installer des panneaux solaires
Ludovic, 19 ans, BTA GFS à Vendôme
Dans ma classe on a choisi de bosser sur les énergies renouvelables. On a découvert qu'un retraité habitant à proximité du lycée avait installé des panneaux solaires chez lui. On l'a rencontré et il a accepté que l'on revienne chez lui avec un groupe d'élèves. À notre retour nous sommes passés dans des classes de seconde pour présenter notre projet. Notre travail à nous en attendant c'est d'établir le cahier des charges: estimer le coût, expliquer le fonctionnement, optimiser l'installation ... Nous avons opté pour des panneaux à installer sur le toit du lycée. On pense qu'en trois ou quatre ans, le projet pourrait être amorti grâce aux économies de chauffage réalisées. Ici, tout le monde a pris conscience du fait qu'il faut qu'on fasse quelque chose. Il est temps d'agir. Et puis, le soleil comme le vent, c'est gratuit! Alors profitons-en ...

Parler 6 Préparez un exposé sur les écogestes possibles sur le plan individuel et sur le plan de la communauté. Répondez aux questions suivantes:

- Qu'est-ce que le développement durable?
- Que peut-on faire en tant qu'individu pour sauver la planète?
- Quels écogestes avez-vous fait hier? Si vous n'avez pas fait d'écogestes, dites ce que vous auriez dû faire. Faites des phrases en utilisant le conditionnel passé.
- Récemment, qu'avez-vous fait et que vous n'auriez pas dû?
- Comment avez-vous personnellement l'intention de contribuer?
- Que peut-on faire sur le plan collectif? Donnez trois exemples de projets.

In this task you need to convince your audience they can do something at their level about a global issue. To be convincing, ensure:
- you prepare a structured presentation: introduction, main points, conclusion;
- you explain the issue, its impact and give clear and realistic examples;
- you explain possible solutions, what you think of those;
- you speak clearly and confidently.

il s'agit de .../il faut .../il ne suffit pas de ...
contribuer/aider à l'échelle ...
être membre de .../s'impliquer dans une association
informer/sensibiliser/alerter le public
proposer/suggérer/imposer/interdire/mettre en place
préserver la biodiversité/la faune et la flore/l'écosystème
mettre en œuvre/installer/construire
éliminer/réduire/limiter la consommation/le gaspillage de ...

9 · Ensemble, sauvons la planète!

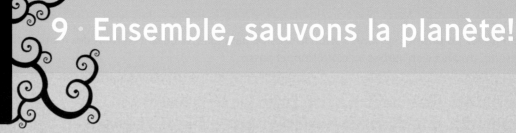

Écouter 1   Remplissez les blancs dans ce passage.

Pour que le monde change, **1** _____ nous changions d'habitudes et d'attitudes, et pour cela, il faut convaincre tous les habitants de cette planète que la situation est **2** _____ si nous continuons (surtout les plus riches) à vivre de cette façon. Car nous sommes encore loin d'une prise de conscience générale! **3** _____ parle des changements climatiques, de la fin du pétrole, du manque d'eau, de la perte de la biodiversité, de l'érosion des sols … Mais tous ces discours restent abstraits pour **4** _____.
Or, si **5** _____ n'est pas intimement persuadé de l'imminence du danger, nous n'avancerons pas.
Il faut créer un sentiment d'urgence, un véritable état de guerre. **6** _____ beaucoup plus vite!
C'est pourquoi je passe mon temps à témoigner, à informer, à montrer l'état de la planète, de la manière la plus sincère et la plus honnête possible.

J'ai filmé il y a quelques jours en Afrique du Sud, pour mon émission, *Vu du ciel*, **7** _____ de petits manchots abandonnés par leurs mères, et de jeunes otaries **8** _____ de faim. C'est **9** _____ que les scientifiques n'avaient pas rencontré jusqu'alors, des mères abandonnant leurs petits parce qu'elles ne parviennent plus à les nourrir. **10** _____ : à cause de la surpêche, il n'y a plus assez de poissons! L'homme est en train d'affamer les animaux sauvages! La situation est plus grave **11** _____. Autant dire que **12** _____, pour moi, tient dans l'éducation et l'information. C'est notre seule chance.

Yann Arthus-Bertrand

Grammaire

Les verbes impersonnels (*impersonal verbs*)

These verbs exist only in the **il** form. They are generally translated by *it*.
Look carefully at the tenses of impersonal verbs, the differences in meaning can be fairly subtle.

They are mostly followed by the infinitive:

il faut	*it is necessary/must …*

Il faut créer un sentiment d'urgence.

il s'agit de   *it is a question of …*
Il s'agissait de préserver les espèces d'oiseaux.

il vaut mieux   *it is better to …*
Il vaudrait mieux ne rien imposer.

il suffit de   *it is enough to …*
Il ne suffira pas de parler, il faudra agir.

or by **que** + subjunctive

il faut que …   *it is necessary that …*
Il faudrait qu'on **réduise** le taux de CO$_2$.

il vaut mieux que …   *it's better that …*
Il vaudrait mieux qu'on **change** d'attitude.

il suffit que …   *it is enough that …*
Il suffirait qu'on **modifie** nos habitudes.

Impersonal expressions are introduced by **il** or **ce/c'** (less formal) + **être** + adjective. They can also be followed by **de** + infinitive or **que …**
Il est urgent de changer les mentalités.
C'est important de faire quelque chose pour améliorer la situation.

> Try to treat all activities as a vocabulary gathering exercise. Aim to build up your vocabulary by writing down as many members of the word family as you can: noun, verb, adjective, adverb, then aim to learn and reuse the phrases in your own work. Tick each item as you reuse it. When you have three ticks, it has become an active part of your vocabulary!

Écrire 2   Selon le sens du texte, finissez ces phrases.

Exemple: Il faut que … → *Il faut que le monde change.*

1   Il est urgent de …
2   Il est nécessaire que … (+ subjunctive)
3   Il vaudrait mieux …
4   C'est essentiel que … (+ subjunctive)
5   Il s'agit de …
6   Il est possible que … (+ subjunctive)
7   Il suffit de …
8   C'est capital de …

Lire 3 Répondez en français aux questions suivantes en utilisant le plus possible vos propres mots.

1   Quelle a été l'issue du Sommet de la Terre à Rio de Janeiro au Brésil en 1992?
2   En ce qui concerne le Grenelle de l'Environnement en France, quel a été le point positif?
3   Quel est le but du protocole de Kyoto?
4   Quelle est la différence entre les pays industrialisés et les pays émergents tels que la Chine?
5   Que pensez-vous du fait que les États-Unis n'ont pas signé le protocole de Kyoto?

Grammaire

faire + infinitive = to have or to get something done, to make something happen or to make someone do something
Ils ont **fait signer** l'accord **par** tous les pays.
They made all the countries sign the agreement.

1992 **Sommet de la Terre** à Rio de Janeiro (Brésil). Un plan d'action pour le XXIe siècle est décidé: l'Agenda 21. Il pose les bases d'un développement plus responsable, plus équitable et plus humain.

1995 Création du **Comité 21**. **Comité pour l'environnement et le développement durable**, créé pour faire exister en France l'Agenda 21.

2007 **Le Grenelle de l'Environnement** en France. Les programmes issus du Grenelle:
• Lutter contre les changements climatiques.
• Préserver la biodiversité, la santé et l'environnement.
• Le point positif du Grenelle, c'est qu'il a fait parler d'écologie.

Le protocole de Kyoto, en vigueur depuis 2005, est le seul traité international limitatif. Il oblige des pays industrialisés signataires à réduire de 5 % leurs émissions de gaz à effet de serre avant 2012.

Des discussions doivent être engagées aussi avec les pays émergents, le Brésil, l'Inde et la Chine, par exemple. Aucune contrainte ne leur est imposée à ce jour. Les États-Unis, responsables du quart des rejets n'ont toujours pas signé.

Écouter 4 Décidez si chacune des opinions exprimées sur ce forum relève d'une …

action individuelle **I**   action collective **C**   action gouvernementale **G**

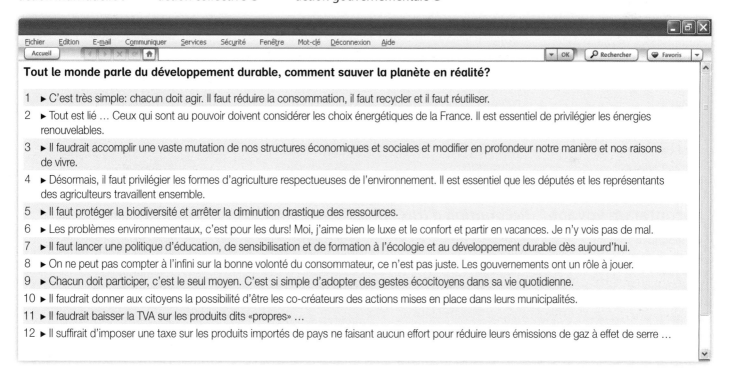

Tout le monde parle du développement durable, comment sauver la planète en réalité?

1   ► C'est très simple: chacun doit agir. Il faut réduire la consommation, il faut recycler et il faut réutiliser.
2   ► Tout est lié … Ceux qui sont au pouvoir doivent considérer les choix énergétiques de la France. Il est essentiel de privilégier les énergies renouvelables.
3   ► Il faudrait accomplir une vaste mutation de nos structures économiques et sociales et modifier en profondeur notre manière et nos raisons de vivre.
4   ► Désormais, il faut privilégier les formes d'agriculture respectueuses de l'environnement. Il est essentiel que les députés et les représentants des agriculteurs travaillent ensemble.
5   ► Il faut protéger la biodiversité et arrêter la diminution drastique des ressources.
6   ► Les problèmes environnementaux, c'est pour les durs! Moi, j'aime bien le luxe et le confort et partir en vacances. Je n'y vois pas de mal.
7   ► Il faut lancer une politique d'éducation, de sensibilisation et de formation à l'écologie et au développement durable dès aujourd'hui.
8   ► On ne peut pas compter à l'infini sur la bonne volonté du consommateur, ce n'est pas juste. Les gouvernements ont un rôle à jouer.
9   ► Chacun doit participer, c'est le seul moyen. C'est si simple d'adopter des gestes écocitoyens dans sa vie quotidienne.
10 ► Il faudrait donner aux citoyens la possibilité d'être les co-créateurs des actions mises en place dans leurs municipalités.
11 ► Il faudrait baisser la TVA sur les produits dits «propres» …
12 ► Il suffirait d'imposer une taxe sur les produits importés de pays ne faisant aucun effort pour réduire leurs émissions de gaz à effet de serre …

Parler 5 Avec lesquelles de ces opinions êtes-vous d'accord? Avec votre partenaire, classez-les selon leur importance pour vous.

Écrire 6 Vous écrivez un article sur les problèmes environnementaux. Écrivez entre 200 et 220 mots en français. Une fois écrit, relisez et vérifiez votre article.

Vous devez mentionner les points suivants:
1   Les problèmes environnementaux qui se présentent actuellement.
2   Les responsabilités des individus et des communautés face aux problèmes environnementaux.
3   Ce que le gouvernement pourrait faire pour améliorer la situation.
4   Les traités internationaux qui existent pour faire face aux problèmes.

La francophonie *French-speaking world*

l'apprenant (m)	*learner*	la population	*population*
l'augmentation (f)	*increase*	la valeur	*number*
le locuteur	*speaker*	l'ensemble (m)	*whole*
le statut	*status*	significatif(ve)	*meaningful*
la langue officielle/couramment utilisée	*official/commonly-used language*	partiel(le)	*partial*
l'analyse (f)	*analysis*	faible	*weak*
l'Europe (f) (centrale/orientale)	*(Central/Eastern) Europe*	en progression	*on the increase*
l'Afrique (f) (du Nord/subsaharienne)	*(North/Sub-saharan) Africa*	augmenter	*to increase*
		enregistrer	*to record*
le Moyen-Orient	*Middle East*	devancer/passer devant	*to be/move ahead*
l'Extrême-Orient (m)	*Far East*	se rapprocher de	*to come near*
		recenser	*to list*

Les motivations des vacanciers *Holidaymaker's motives*

le tourisme vert/l'agritourisme (m)	*rural tourism*	le patrimoine	*heritage*
le tourisme bleu	*water-based tourism*	le musée à thème	*theme museum*
le tourisme blanc	*snow-based tourism*	le circuit touristique	*tourist trail*
le tourisme gris	*urban tourism*	le spectacle (nocturne son et lumière)	*(night son et lumière) show*
le tourisme jaune	*desert-based tourism*		
le tourisme ludique	*play-based tourism*	le parc d'attractions	*theme park*
le bronzage idiot	*unstimulating beach holiday*	le parc ludo-éducatif	*educational theme park*
le voyageur	*traveller*	sensible à	*sensitive to*
le prescripteur	*decision-maker*	pittoresque	*picturesque*
le calme	*peace and quiet*	fréquenté	*popular, most visited*
la pureté	*purity*	apprécier	*to appreciate*
la froideur	*coldness*	figurer	*to feature*
la chaleur	*heat*	prendre conscience de	*to become aware of*
l'artificiel (m)	*artificiality*	faire un détour	*to do a detour*
l'authentique (m)	*authenticity*	mettre en valeur	*to develop*
la majesté	*awesomeness*		

Raconter un voyage *Recounting a trip*

la randonnée	*ramble*	le décollage	*take-off*
la balade (fam)	*walk, tour*	la mobilité réduite	*reduced mobility (physical handicap)*
le périple	*tour, trip*		
les environs (m) de	*surrounding area*	superbe	*superb*
la vue	*sight*	stupéfiant	*amazing*
l'île (f)	*island*	impressionnant	*impressive*
l'oasis (f)	*oasis*	merveilleux(se)	*wonderful*
la source	*spring*	splendide	*splendid*
la cascade	*cascade*	chaleureux(se)	*friendly*
la grotte	*cave*	convivial	*convivial*
le torrent	*fast-flowing stream*	sans encombres	*without problem*
le sable (des déserts)	*(desert) sand*	flâner	*to stroll*
le palmier	*palm tree*	se déplacer	*to travel, move around*
le coucher de soleil	*sunset*	rouler	*to cycle, to drive*
l'accueil (m)	*welcome*	rejoindre	*to reach; to meet up with*
le séjour	*stay*	somnoler	*to doze off*
le permis/l'autorisation (f) de travail	*work permit*	accueillir	*to welcome*
l'enregistrement (m) des bagages	*luggage check-in*	héberger	*to give accommodation*
l'embarquement (m)	*boarding (a plane)*	ressembler à	*to look like*

Le meilleur moyen de transport   *The best means of transport*

l'automobiliste (m/f)	driver	l'essor (m)	rapid development
le passager	passenger	l'économie (f)	affordability
le déplacement	trip, journey	l'autonomie (f)	independence
le trajet	journey	le vol long-courrier	long-haul flight
le chassé-croisé	coming and going	la file d'attente	queue
la migration estivale	summer holiday travel	dense	dense
la circulation	traffic	perturbé	disrupted
l'autoroute (f)	motorway	préoccupé	concerned
le bouchon (fam),	traffic jam	polluant	polluting
l'embouteillage (m)		économique	economical
l'itinéraire (m)	route	accroître	to increase
le calendrier	schedule	procurer	to provide
l'heure (f) de pointe	rush hour	éviter	to avoid
le transport aérien	air travel	privilégier	to favour
la voiture hybride	hybrid car	se faire piéger	to get trapped
le co-voiturage	car sharing	emprunter (une route)	to use (a road)
l'émission (f) de carbone	carbon emission	s'inquiéter de	to worry about
l'impact (m) écologique	environmental impact	revenir moins/cher	to cost less/more
la pointe	peak		

Comment réduire les émissions de CO_2 *How to reduce CO_2 emissions*

le bilan écologique	environmental outcome	le moteur diesel	diesel engine
la compensation carbone	carbon offset	les allées et venues (f)	going back and forth
l'énergie (f) renouvelable	renewable energy source	neutre en CO_2	carbon-neutral
l'efficacité (f) énergétique	energy saving measures	énergivore	energy-consuming
le reboisement	reforestation	satisfaisant	satisfactory
le réchauffement climatique	global warming	puissant	powerful
l'émission (f) de gaz à effet de serre	greenhouse gas emission	pur/mélangé	pure/mixed
la plantation d'arbres	tree planting	déductible des impôts	tax deductible
la zone tropicale/tempérée	tropical/temperate zone	polluer	to pollute
(l'agro)carburant (m)	(bio)fuel	renforcer	to reinforce
l'huile (f) de friture	frying oil	limiter	to limit
la graisse	fat	compenser	to compensate
l'odeur (f)	smell	investir	to invest
l'essence (f)	petrol	racheter	to buy back
le véhicule	vehicle	récompenser	to reward
le constructeur	manufacturer	pénaliser	to penalise
l'industrie (f) automobile	car manufacturing	sauver (la planète)	to save (the planet)

Les causes (f) du réchauffement climatique   *Causes of global warming*

le phénomène	phenomenon	le dérèglement	disturbance
l'atmosphère (f)	atmosphere	industrialisé	industrialised
la température (moyenne)	(average) temperature	émettre	to emit
la tempête	storm	amplifier	to amplify
la sécheresse	drought	se réchauffer	to warm up
l'inondation (f)	flood	subir	to undergo, be subjected to
l'énergie (f) (fossile)	(fossil) energy	s'épaissir	to thicken
le mode de vie	lifestyle	s'amincir	to become thinner
le chauffage	heating	réduire	to reduce
le (principal) accusé	the (main) culprit	protéger	to protect
le boom économique	economic boom	prendre la tête du classement	to move to the top of the list
la diminution	decrease		
l'accumulation (f)	build-up	Also see vocab page 29	
le déclin	decline		

Vocabulaire

Les catastrophes naturelles — *Natural disasters*

la canicule	heatwave	le territoire	area
la zone (côtière/sinistrée)	(coastal/disaster) area	la terre (fertile)	(fertile) land
(le risque d') avalanche (f)	avalanche (risk)	le sol	soil, land
l'ouragan (m)	hurricane	le glacier	glacier
le désordre	disorderliness	l'avocat (m)	spokesperson
l'épidémie (f)	epidemic	le citoyen	citizen
le dégât	damage	meutrier(ère)	deadly
le tsunami	tsunami	désastreux(se)	disastrous
le tremblement de terre/le séisme	earthquake	sinistré	devastated
l'éruption (f)	eruption	gigantesque	gigantic
la famine	famine	géant	giant
l'évacuation (f)	evacuation	exceptionnel	exceptional
le réfugié	refugee	privé de	deprived of
le bilan	final count, outcome	déplacé	displaced
l'inquiétude (f)	worry	sans (aucune) ressource	destitute
la menace	menace	sans merci	pitiless
l'injustice (f)	injustice	sans abri	homeless
le fardeau	burden	au jour le jour	from day to day
l'empreinte (f) (écologique)	(environmental) footprint	dévaster/ravager	to lay waste
l'espoir (m)	hope	massacrer	to slaughter
la précaution	precaution	inonder	to flood
l'alternance (f)	alternation	frapper	to hit
la perspective	prospect	évacuer	to evacuate
l'élévation (f)	rise	estimer	to estimate
la station de (basse) altitude	(low) altitude resort	secouer	to shake
la brèche	breach	craindre	to fear
la digue	dyke	régner	to reign
l'eau courante	running water	faire état de	to mention, list
le ravitaillement	food supplies	s'abattre sur	to crash on
l'amplitude (f)/la magnitude	magnitude	être pris au piège	to become trapped
l'échelle (f) de Richter	Richter scale	(tenter de) survivre	(to attempt to) survive
la côte	coast	s'ajouter	to be added
les fonds (m) marins	seabed	garantir	to guarantee
la vague	wave	compromettre	to compromise
le volcan	volcano	redresser (la situation)	to correct (the situation)
le milieu de vie	life environment	être solidaire	to show solidarity

Le développement durable — *Sustainable development*

le pays développé	developed country	lutter contre	to fight against
le comportement	behaviour	diminuer	to decrease
le tri sélectif	waste separation	gaspiller	to waste
la consommation	consumption	économiser	to save
l'industriel (m)	industrialist	consommer	to use, consume
l'agriculteur (m)	farmer	réutiliser	to reuse
la pile (rechargeable)	(rechargeable) battery	ranger (les courses)	to put away (the shopping)
prendre conscience que	to realise that	trier (les déchets)	to sort out (waste)
prospérer	to prosper	recycler	to recycle
surexploiter	to overexploit	mettre (un appareil) en veille	to put (a machine) on standby
hériter de	to inherit		
emprunter à	to borrow from	laisser couler	to let run

Initiatives individuelles *Individual initiatives*

la commune	town council
la Région	regional authority
l'éco-délégué(e)	eco class rep
l'enthousiasme (m)	enthusiasm
la démarche	measure, process
l'agenda (m)	schedule
le ramassage	(rubbish) collection
la nourriture bio	organic food
le mode de production/consommation	mode of production/consumption
l'épluchure (f)	vegetable peeling
le compost	compost
le panneau solaire	solar panel
l'économie (f) (de chauffage)	saving (on heating bills)
à l'échelle locale/individuelle	at a local/individual level
trouver les fonds (m)	to raise the money
fournir qqch	to provide sth
récupérer	to collect (to recycle)
installer	to install
établir le cahier des charges	to prepare the spec(ification)
estimer le coût	to make a cost estimate
expliquer le fonctionnement	to explain how it works
optimiser l'installation (f)	to devise the best way to install (it)
amortir	to pay off
sensibiliser qqn	to raise sb's awareness
repenser qqch	to think differently about sth
proposer	to offer
imposer	to impose
se rendre compte	to realise
opter pour	to opt for
élire	to elect
mettre en œuvre	to carry out
impliquer	to involve
collaborer	to collaborate
élargir (un projet)	to extend (a project)

Sauver la planète *Saving the planet*

la fin (du pétrole)	end (of oil)
le manque (d'eau)	lack (of water)
la perte (de la biodiversité)	loss (of biodiversity)
l'érosion	erosion
la surpêche	overfishing
le rejet	emission
l'usine (f) d'incinération	incineration plant
l'imminence (f) (du danger)	imminence (of danger)
la prise de conscience	awareness
le sentiment d'urgence	feeling of urgency
le sommet	summit
le plan d'action	action plan
le protocole	protocol
le traité	treaty
le pays émergent	developing country
l'issue (f)	outcome
l'action individuelle/collective/gouvernementale	individual/collective/government action
la municipalité	town council
le député	MP
la sauvegarde	saving, safeguarding
la taxe (carbone)	(carbon) tax
la mutation	change
la structure (économique/sociale)	(economic/social) structure
la manière (de vivre)	way (of life)
la politique	policy
la bonne volonté	good will
le geste écocitoyen	green choice
grave	serious
responsable	responsible
équitable	fair
limitatif	restrictive
signataire	signatory
respectueux (de l'environnement)	environmentally friendly
importé	imported
changer (d'habitudes/d'attitudes – f)	to change (one's habits/attitudes)
témoigner	to bear witness to
obliger qqn	to force sb
légiférer	to legislate
réutiliser	to reuse
modifier	to modify
baisser	to lower, decrease

Épreuve orale

You will not see the questions accompanying the stimulus. Try to predict what might be asked.

Lire 1 Lisez le texte et préparez vos réponses aux questions ci-dessous. Essayez également de prédire d'autres questions que l'examinateur pourrait vous poser sur le même thème.

Find synonyms for the verb *to worry*, e.g. **inquiéter, préoccuper, tracasser, troubler, tourmenter, angoisser, désoler, concerner.**

1 Selon l'article, qu'est-ce qui inquiète le plus les Français aujourd'hui?
2 Parmi les problèmes qui préoccupent les Français, lesquels occupent la troisième place?
3 Quelle a été votre réaction en lisant cet article?
4 Que pourrait-on faire pour réduire la pollution?

La pollution, le risque qui préoccupe aujourd'hui le plus les Français devant l'insécurité et la qualité des aliments.

La pollution, et plus spécifiquement celle de l'air et de l'eau, est ce qui aujourd'hui inquiète le plus les Français. Citée par presque 6 personnes sur 10 (57 %), elle arrive en tête de leurs préoccupations loin devant l'insécurité et la délinquance (47 %). L'alimentation, la qualité et la sécurité des aliments arrivent en troisième position (34 %) au même niveau que les accidents de la route alors que ces derniers restent la première cause de mortalité chez les 15 à 24 ans et qu'ils sont également la cause de près de la moitié des décès chez les garçons de 15 à 19 ans.

Écouter 2 Écoutez ce modèle. Ensuite, travaillez avec votre partenaire et répondez aux questions vous-même.

If the examiner's question does not interest you or you find that you have little to say in response, try to take charge of the conversation and to steer it to an aspect of the topic where you do have an opinion.

Vous parlez de …, ça me fait penser que …
Ce qui m'intéresse c'est …
Avant tout, ce qui est important, c'est …
Oui, je suis d'accord dans une certaine mesure, mais il faut aussi considérer …
Oui, d'ailleurs, je pense que …
Cela me rappelle que …

Écrire 3 Améliorez les réponses aux questions ci-contre.

1 3F est un groupe qui s'occupe des HLM.
2 Le groupe 3F veut être le champion du développement durable.
3 Les logements auront une haute performance énergétique.
4 Non, j'aime le luxe.

entreprise de gestion et de construction de logement social
souhaiter/désirer
construire/bâtir
introduire/mettre en place/mettre en œuvre/prendre des mesures
améliorer l'environnement naturel
les énergies propres/renouvelables/épuisables
l'habitat/le cadre/l'environnement
le logement/l'appartement/l'habitation

HLM «écolo»

Le groupe 3F qui gère l'un des principaux parcs de logements sociaux en France et qui construit plus de 3 000 habitations par an, se veut le champion du développement durable: haute performance énergétique pour tous les appartements neufs, recours aux énergies renouvelables (éolienne et géothermie) dans 35 résidences, remise à niveau de 8 000 logements. Sans compter l'amélioration du cadre de vie, avec la plantation de 2 650 arbres en un an. Quand les HLM se mettent au vert …

1 Quel type d'entreprise est 3F?
2 Pourquoi qualifie-t-on le groupe 3F de «champion du développement durable»?
3 En quoi les HLM mentionnés sont-ils différents des autres?
4 Aimeriez-vous habiter une maison écolo?

Gare aux gaffes!
Make sure you avoid these common mistakes in your exam:

	Gaffe ✗	Version correcte ✓
Misusing **partir**	Le camion de recyclage départ	Le camion de recyclage **part**
Forgetting the auxiliary verb	Le camion-poubelle parti	Le camion-poubelle **est** parti
Misusing **vacances**	Ma vacance était agréable	M**es** vacance**s** étaient agréables
Mispronouncing	passenger	passager

Écrire 4 Écrivez quatre questions qui pourraient accompagner ce graphique. Écoutez les questions des examinateurs. Vos prédictions étaient-elles correctes?

Selon cette étude conjointe de l'Institut français de l'environnement et de L'Insee, le recyclage est passé dans les mœurs. En 2005, plus de 50% des ménages recyclent aussi bien les piles que le verre et le plastique. Seul l'utilisation d'ampoules de basse consommation est encore le fait d'une minorité de Français.

Les Français et le recyclage

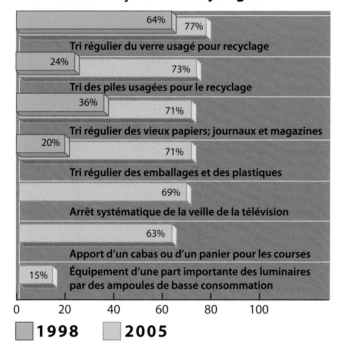

1998 **2005**

Parler 5 Posez vos questions à votre partenaire et ensuite répondez aux siennes.

> Take thinking time when you are doing your oral exam, there are many fillers you can use in French both to play for time and to make you sound more French.
>
> Voyons …/Vous voyez …
> Laissez-moi réfléchir …/Que je réfléchisse un instant …
> Attendez, moi je dirais plutôt …/À vrai dire …
> Je ne suis pas sûr(e) …/Mais non …
> Vous comprenez …
> De toute manière …
> Écoutez …/Eh bien …
> Enfin …

Parler 6 Préparez vos réponses aux questions ci-dessous.

1. Quel pays francophone aimeriez-vous visiter? Pourquoi?
2. Pourquoi les vacances sont-elles importantes?
3. Quel genre de tourisme vous intéresse le plus?
4. Que pensez-vous du tourisme ludique?
5. Quels sont les avantages de parler plusieurs langues quand on part en voyage?
6. À votre avis, quel est le meilleur moyen de transport? Justifiez votre réponse.
7. Quels sont les avantages et les inconvénients de l'usage d'autres moyens de transport?
8. Comment peut-on réduire les émissions de CO_2?
9. Que pensez-vous des agrocarburants?
10. Quelles sont les causes du réchauffement climatique?
11. Si nous ne modifions pas notre comportement, comment sera le monde en 2100?
12. Que peut-on faire pour protéger les réserves de la planète à l'échelle individuelle?
13. Que peut-on faire pour protéger les réserves de la planète à l'échelle locale?
14. Quels traités internationaux existent pour faire face aux problèmes écologiques?
15. Que pourraient faire les gouvernements pour améliorer la situation nationale?

Écrire 7 Écrivez trois questions en français pour chacun des thèmes ci-dessous:

 Pollution and recycling

Tourist information, travel and transport

Natural disasters and climate change

Don't panic when you start your writing exercise. Leave yourself enough time and don't hesitate to use the exam paper itself as a resource. Look back for structures you can use if you are feeling stuck.

There is a difference between reusing structures from a stimulus and copying topic-linked vocabulary. Beware of copying word for word though. This is never rewarded.

 Écoutez et lisez l'essai de cette candidate. Discutez avec votre partenaire des points positifs de celui-ci. Selon les critères de notation de l'examen, quelle note pensez-vous qu'elle va obtenir?

Les Français en vacances

66 % des Français partent chaque année en été. Mais où vont ces 45 millions de vacanciers? D'abord en France, où les régions multiplient leurs efforts pour attirer les familles. Et à l'étranger, c'est encore l'Europe qui a leur préférence.

La recette gagnante: le soleil, la chaleur, et les petits prix. Il faut dire que les vols à bas coûts ont considérablement développé les voyages à l'étranger. Les voyagistes s'adaptent au raccourcissement des séjours avec des offres de week-end à Ibiza ou une petite remise en forme à Marrakech.

Vous écrivez un article sur les Français en vacances. Écrivez entre 200 et 220 mots en français.

Vous devez mentionner les points suivants:
- Pourquoi les gens partent en vacances en général?
- Les destinations préférées des Français.
- Ce que les Français attendent de leurs vacances.
- Pourquoi de plus en plus de Français partiront à l'étranger à l'avenir?

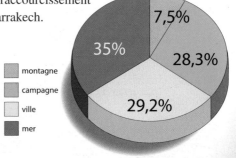

Poids touristique des types des séjours

montagne · campagne · ville · mer

7,5% · 28,3% · 29,2% · 35%

Use the material from the stimulus expressed in a different way.

Phrases such as these make for an interesting sentence structure.

Les Français en vacances

Tous les étés, les deux tiers des Français, soit 45 millions de personnes, quittent leurs domiciles et partent en vacances, en quête de détente et de repos. Certains veulent se déstresser, d'autres désirent s'évader tandis qu'un grand nombre part à la découverte du paysage et à la rencontre de nouvelles personnes ... Les vacances constituent un moment privilégié. Et ce qui est certain, c'est que les Français veulent en profiter!

Use synonyms for être.

La majorité des Français passe leurs vacances en France où ils préfèrent partir à la campagne ou à la mer. Les différentes régions ont fait un grand effort pour attirer les vacanciers et leur pouvoir d'achat en promouvant un tourisme dit «de terroir». Elles cherchent à mettre en valeur leur riche patrimoine historique et même à développer un «tourisme ludique».

Quand les Français partent à l'étranger, il semblerait qu'ils privilégient l'Europe. Ils sont surtout attirés par le beau temps et les prix intéressants. Plus les prix baisseront et plus les touristes français iront loin à l'étranger.

Use a structure from the stimulus if you need to.

Use questions in articles.

Il faut constater que les vols charters ont contribué à changer les attitudes des Français envers les voyages à l'étranger. Aujourd'hui, il existe des vacances à la portée de toutes les bourses. Qui saurait résister à ces prix si raisonnables? Si l'on vous proposait de passer un long week-end au Maroc pour vous remettre du stress du quotidien à un prix dérisoire, seriez-vous capable de dire non?

Use a si clause to show that you can use the imperfect with the conditional.

 If you are writing an article, give it a title. Try to use **je** as little as possible. Use impersonal verbs and set the article in a more general context.

Work through the bullet points. This will help your article to flow.

Use the structures in the stimulus to help you.

Include facts – use the statistics provided in a different way.

Le tourisme vert

Les vacances font peut-être du bien au moral, mais elles ne protègent pas la planète. L'afflux de vacanciers dans les pays du Sud provoque des pressions difficilement gérables sur les ressources en eau, la multiplication de déchets, le gaspillage d'énergie, la destruction de paysages et de sites naturels remarquables.

De plus, le tourisme et les loisirs émettent environ 10 % des gaz à effet de serre en France. Environ les trois quarts de ces émissions sont liées au transport entre le pays de départ et la destination. De plus en plus de gens se tournent vers l'écotourisme en France.

Écrire 2 Vous écrivez un rapport pour expliquer ce que vous pensez de l'idée du tourisme responsable. Écrivez entre 200 et 220 mots en français.

Vous devez mentionner les points suivants:
● Pourquoi les gens partent en vacances?
● L'effet du tourisme sur les pays du Sud.
● Les problèmes créés par les déplacements en avion.
● Comment pourrait-on encourager les gens à moins voyager?

Express the figures in the stimulus in a different way.
10 % = $\frac{1}{10}$ dix pour cent = un dixième
$\frac{3}{4}$ = 75%   les trois-quarts = soixante-quinze pour cent

The first three bullet points are to be answered in the present tense. Try to include the future perfect also to address the second bullet point. The final bullet point requires the use of the conditional

Checklist

Pay close attention to:
• verb endings: does the verb ending agree with the subject? (i.e. plural verb with plural subject, etc.)

• irregular verbs
• tenses: get the right tense; don't leave out the past participle in the perfect tense
• adjective endings

Gare aux gaffes!
Make sure you avoid these common mistakes in your exam:

	Gaffe ✗	Version correcte ✓
Misuse of prepositions	en Paris	à Paris
	à France	en France
Anglicisms	dans l'été	en été
Wrong sequence of tenses	J'avais 18 ans	J'avais 18 ans quand
	quand je vais à Paris	je suis allé(e) à Paris
Misuse of intéresser		
Je m'intéresse à quelque chose	Je m'intéresse l'écologie	Je m'intéresse **à** l'écologie
quelque chose m'intéresse	l'écologie m'intéressant	l'écologie m'intéresse
Je suis intéressé(e) **par**	Je suis intéressant par l'écologie	Je suis intéressé(e) par l'écologie

Écrire 3 Cet article vous a frappé parce que vous rêvez de faire une année sabbatique avant d'aller à la fac. Écrivez une lettre à un(e) ami(e) français(e). Écrivez entre 200 et 220 mots en français. Vous devez mentionner les points suivants:

Partir en solo franchir les frontières ...

Partir à l'aventure avant d'aller à la fac est un rêve réalisable si vous pesez bien les avantages et les inconvénients, et que vous vous informez bien auparavant sur toutes les possibilités qui existent.

Toutefois, les parents manifestent une certaine réticence à voir leurs enfants partir en solo à la découverte du monde …

Formal letters begin **Monsieur/Madame**. Informal letters use **Cher/Chère**.

End formal letters with **Je vous prie, Monsieur/Madame, d'agréer l'expression de mes sentiments les plus distingués** (*yours sincerely*) and sign your name.

End informal letters **Sincèrement** or **Cordialement**.

● Comment vous allez persuader vos parents de vous laisser partir.
● Les pays que vous aimeriez visiter.
● Les activités que vous allez entreprendre.
● Vos espoirs pour l'année à venir.

Grammaire

Nouns

Gender

The gender of nouns is fundamental to the French language. Some nouns are clearly masculine or feminine but most are not and these must be learned. There are some rules that can be applied but many of them have exceptions. The following are the easiest to remember:

- All nouns of more than one syllable ending in *-age* are masculine, except *une image*.
- All nouns ending in *-ment* are masculine, except *la jument*.
- Most nouns ending in *-eau* are masculine (exceptions *l'eau* and *la peau*).
- All nouns ending in *-ance*, *-anse*, *-ence* and *-ense* are feminine, except *le silence*.
- Nouns that end in a double consonant +*e* (*-elle*, *-enne*, *-esse*, *-ette*) are feminine.

NOTES

1 Some nouns are always feminine even if they refer to males, e.g. *la personne, la vedette, la victime*.

2 The names of many occupations remain masculine, even if they refer to women, e.g. *le professeur*. Some can be masculine or feminine, e.g. *un/une dentiste, un/une secrétaire*. Other occupations have different masculine and feminine forms:

un boucher	*une bouchère* (and others ending *-er/ère*)
un informaticien	*une informaticienne* (and others ending *-ien/ienne*)
un acteur	*une actrice*
un serveur	*une serveuse*

3 Some nouns have a different meaning according to their gender. These include:

le critique – critic	*la critique* – criticism
le livre – book	*la livre* – pound
le manche – handle	*la manche* – sleeve (*la Manche* – English Channel)
le mode – manner, way	*la mode* – fashion
le page – pageboy	*la page* – page
le poêle – stove	*la poêle* – frying-pan
le poste – job set (TV)	*la poste* – post office
le somme – nap	*la somme* – sum
le tour – trick, turn, tour	*la tour* – tower
le vase – vase	*la vase* – mud
le voile – veil	*la voile* – sail

Plural forms

- Most nouns form their plural by adding *-s* to the singular: *la lettre → les lettres*
- Nouns ending in *-s*, *-x*, and *-z* do not change in the plural: *la souris → les souris   le prix → les prix   le nez → les nez*
- Nouns ending in *-au*, *-eau* and *-eu* add an *-x*: *le château → les châteaux   le jeu → les jeux*
- Most nouns ending in *-al* and *-ail* change to *-aux*: *le journal → les journaux   le vitrail → les vitraux* (Exceptions include *les bals* and *les détails*.)
- Most nouns ending in *-ou* add an *-s*, except *bijou, caillou, chou, genou, hibou, joujou* and *pou*, which add an *-x*.

NOTES

1 Remember *l'œil* becomes *les yeux*.
2 Some words are used only in the plural: *les frais, les ténèbres, les environs*.
3 French does not add *-s* to surnames: *Les Massot viendront déjeuner chez nous vendredi*.
4 It is best to learn the plural of compound nouns individually, e.g. *les belles-mères, les chefs-d'œuvre, les après-midi*.
5 *Monsieur, Madame* and *Mademoiselle* are made up of two elements, both of which must be made plural: *Messieurs, Mesdames, Mesdemoiselles*.

Use of nouns

Nouns are sometimes used in French where a verb would be used in English:

> *Il est allé à sa rencontre.* – He went to meet him/her.
> *Après votre départ.* – After you left.
> *Ils ont vendu la maison après sa mort.* – They sold the house after he died.

Articles

le, la, les

These are the French definite articles ('the'). *Le* is used with masculine nouns, *la* with feminine nouns, and *les* with plurals. Both *le* and *la* are sometimes replaced by *l'* before a vowel or the letter *h*.

Some words beginning with *h* are aspirated, i.e. the *h* is treated as though it is a consonant. Words of this type are shown in a particular way in a dictionary, often by * or ', and in these instances *le* and *la* are not shortened to *l'*, e.g. *le héros, la hâte*.

The definite articles combine with *à* and *de* in the following ways:

	le	la	l'	les
à	**au**	**à la**	**à l'**	**aux**
de	**du**	**de la**	**de l'**	**des**

The definite article is often used in French where it is omitted in English. It should be used in the following cases:

- In general statements: *La viande est chère.*
- With abstract nouns: *Le silence est d'or.*
- With countries: *la France, le Japon.*
- With titles and respectful forms of address, particularly with professions: *la reine Elizabeth; le maréchal Foch; oui, monsieur le commissaire.*

Other uses

When referring to parts of the body, French often uses the definite article because the identity of the owner is usually clear from the context:
Elle a levé la main. – She raised her hand.

In cases where the identity of the owner may not be clear, an additional pronoun is needed to show who is being affected by the action. This may be either the reflexive pronoun:
Il se frottait les yeux. – He rubbed his eyes.

or the indirect object pronoun if another person is involved:
Il m'a pris la main. – He took my hand.

But when the noun is the subject of the sentence, the possessive adjective is used:
Sa tête lui faisait mal. – His head hurt.

The definite article is often used in descriptive phrases, e.g. *la femme aux cheveux gris.*

Sometimes in French, the definite article is used where English prefers the indefinite article or omits the article altogether, e.g. *à la page 35; dix euros le kilo.*

For the use of the definite article with expressions of time, see page 157.

un, une, des

The indefinite articles *un* (masculine) and *une* (feminine) means both 'a/an' and 'one' in English. The plural form of the indefinite article (*des*) means 'some' or 'any' (see below).

The use of the indefinite article is much the same as in English, with the following exceptions:

- It is not used when describing someone's profession, religion or politics:
  Il est professeur.
  Elle travaille comme infirmière.
  Nous sommes catholiques.
  Je suis devenu socialiste.

- It is not required with a list of items or people:
  Il a invité toute la famille: oncles, tantes, cousins, neveux et nièces.
- It must be included in French where it is sometimes omitted in English:
  Je pars en vacances avec des amis. – I'm going on holiday with (some) friends.
- It is not used after *sans*:
  Je suis parti sans valise.

NOTE

Neither the definite article nor the indefinite article is used with a noun in apposition, i.e. when it introduces a phrase, often within commas, that acts as a sort of parallel to the noun:
Paris, capitale de la France, contient beaucoup de beaux musées.
Bernard Hinault, cycliste bien connu, a gagné le Tour de France cinq fois.

du, de la, de l', des

These articles mean 'some' or 'any':
Je vais acheter du poisson, de l'huile et de la farine.
Tu as acheté des fleurs?

There are three occasions when *de* (*d'* before a vowel or *h*) is used instead of the articles *du/de la/de l'/des*, and instead of the indefinite article:

- After a negative (except *ne ... que*):
  Il n'y a plus de vin.
  Je n'ai pas de bic.
- With a plural noun which is preceded by an adjective:
  Il a de bons rapports avec sa famille.
- With expressions of quantity:
  J'ai acheté un kilo de sucre.
  Elle a mangé beaucoup de cerises.
  Exceptions: *la plupart des, bien des, la moitié du/de la.*

Adjectives

Agreement of adjectives

Adjectives must agree in **number** (singular or plural) and **gender** (masculine or feminine) with the noun they describe. The form given in the dictionary is the masculine singular; if the feminine form is irregular it will probably be given too.

Regular adjectives – the basic rules

To the masculine singular, add:
- *-e* for the feminine
- *-s* for the masculine plural
- *-es* for the feminine plural.

m. sing	f. sing	m. plural	f. plural
grand	*grande*	*grands*	*grandes*

An adjective whose masculine singular form ends in *-e* does not add another in the feminine, unless it is *-é*.

jeune	jeune	jeunes	jeunes
fatigué	fatiguée	fatigués	fatiguées

Some groups of adjectives, depending on their ending, have different feminine forms:

Masc. ending	Fem. form	Example
-e	remains the same	jeune → jeune
-er	-ère	cher → chère
-eur	-euse	trompeur → trompeuse
-eux	-euse	heureux → heureuse
-f	-ve	vif → vive

An adjective whose masculine singular ends in -s or -x does not add another in the masculine plural.

Some adjectives that end in a consonant double that consonant before adding -e. This applies to most adjectives ending in -eil, -el, -en, -et, -ien, -ot and also *gentil* and *nul*:

l'union européenne; des choses pareilles

(Exceptions: *complet*, *discret* and *inquiet*, which become *complète*, *discrète* and *inquiète*.)

Adjectives ending in -al in the masculine singular usually change to -aux in the masculine plural. This does not affect the feminine form:

médical, médicale, médicaux, médicales.

Irregular adjectives

The following adjectives have irregular feminine forms:

Masculine	Feminine
bas	basse
blanc	blanche
bon	bonne
doux	douce
épais	épaisse
faux	fausse
favori	favorite
fou	folle
frais	fraîche
gras	grasse
gros	grosse
long	longue
mou	molle
public	publique
roux	rousse
sec	sèche

The following adjectives have irregular plural and/or feminine forms:

m. sing	f. sing	m. plural	f. plural
beau (*bel)	belle	beaux	belles
nouveau (*nouvel)	nouvelle	nouveaux	nouvelles
vieux (*vieil)	vieille	vieux	vieilles

* The additional form of these adjectives is used before a singular noun starting with a vowel or *h*, to make pronunciation easier. These forms sound like the feminine, but look masculine. A similar form is found for *fou* (*fol*) and *mou* (*mol*).

Tout has an irregular masculine plural form: *tous*.

NOTES

1 If an adjective describes two or more nouns of different gender, the adjective should always be in the masculine plural:
des problèmes (m) et des solutions (f) importants

2 Compound adjectives (usually involving colour) do not agree with the noun they describe:
la chemise bleu foncé

3 Some 'adjectives' are actually nouns used as adjectives. They do not agree:
des chaussures marron

Position of adjectives

The natural position for an adjective in French is after the noun it describes. Some commonly used adjectives, however, usually precede the noun. These include:

beau	joli
bon	long
court	mauvais
grand	nouveau
gros	petit
haut	premier
jeune	vieux

Others change their meaning – slightly or considerably – depending on their position. These include:

	before noun	after noun
ancien	old/former	old/ancient
brave	good, nice	brave
certain	certain/undefined	certain/sure
cher	dear/beloved	dear/expensive
dernier	last (of series)	last (previous)
grand	great	big, tall
même	same	very, self
pauvre	poor (to be pitied)	poor (not rich)
prochain	next (in series)	next (following)
propre	own	clean
pur	mere	pure

NOTES

1   If two adjectives are qualifying the same noun, each keeps its normal position:
    une longue lettre intéressante
    de bons rapports familiaux

2   If the adjectives both follow the noun, they are joined by *et*:
    une maladie dangereuse et contagieuse.

Comparative and superlative

Comparative adjectives

The comparative is used to compare one thing or person with another. There are three types of expression:

plus … que	more … than
moins … que	less … than
aussi … que	as … as

The adjective always agrees with the first of the two items being compared:
    Les voitures sont plus dangereuses que les vélos.
    Le troisième âge est moins actif que l'adolescence.
    Les loisirs sont aussi importants que le travail.

Most adjectives form their comparative by adding *plus*, *moins* or *aussi* as above. There are a few irregular forms:

bon	→	*meilleur*
mauvais	→	*pire*
petit	→	*moindre*

Of these, only *meilleur* is commonly used:
    Je trouve que le livre est meilleur que le film.
Pire is used to refer to non-material things, often in the moral sense:
    Le tabagisme est-il pire que l'alcoolisme?
Otherwise *plus mauvaise* is used:
    Elle est plus mauvaise que moi en maths.
Moindre means 'less' or 'inferior' (e.g. *de moindre qualité*), whereas *plus petit* should be used to refer to size:
    Jean est plus petit qu'Antoine.

NOTES

1   'More than' or 'less than' followed by a quantity are expressed by *plus de* and *moins de*:
    Elle travaille ici depuis plus de cinq ans.

2   'More and more', 'less and less' are expressed by *de plus en plus*, *de moins en moins*:
    Le travail devient de plus en plus dur.

3   French requires an additional *ne* when a comparative adjective is followed by a verb:
    La discrimination est plus répandue qu'on n'imagine (or *qu'on ne l'imagine*).

The best way to remember this is to realise that there is an element of a negative idea involved; e.g. we did not think that discrimination was widespread.

Superlative adjectives

To form the superlative ('most' and 'least') add *le/la/les* as appropriate to the comparative. The position follows the normal position of the adjective.
    Le plus grand problème de santé de nos jours, c'est le sida.
With superlatives that come after the noun, the definite article needs to be repeated:
    Le Tour de France est la course cycliste la plus importante du monde.

NOTE

To say 'in' after a noun with a superlative adjective, use *du/de la/de l'/ des*:
    La France est un des pays les plus beaux du monde.

Adjectives such as *premier*, *dernier* and *seul* have the force of a superlative and follow the same rule:
    Michel est le premier élève de la classe.

Demonstrative adjectives

Demonstrative adjectives are 'this', 'that', 'these' and 'those':

m. sing	f. sing	m. plural	f. plural
*ce/*cet*	*cette*	*ces*	*ces*

* used before a vowel or *h*

If you need to make a distinction between 'this' and 'that', 'these' and 'those', add *-ci* or *-là* to the noun:
    cet homme-ci
    cette maison-là

Possessive adjectives

These, like all other adjectives, agree in number and gender with the noun they describe, **not with the owner**:

m. sing	f. sing	plural	linked with
mon	*ma*	*mes*	*je*
ton	*ta*	*tes*	*tu*
son	*sa*	*ses*	*il, elle, on*
notre	*notre*	*nos*	*nous*
votre	*votre*	*vos*	*vous*
leur	*leur*	*leurs*	*ils, elles*

Mon, *ton* and *son* are used before a feminine noun beginning with a vowel or *h*, e.g. *mon amie, ton école*.

Particular care must be taken with *son/sa/ses* and *leur/leurs* to make sure they agree with the noun they are describing:
    Elle aime son père. ('Father' is masculine.)
    Elle préfère leur voiture. ('Car' is singular, but belongs to more than one person.')

Interrogative adjectives

These must agree with the noun to which they refer.

m. sing	f. sing	m. plural	f. plural
quel	quelle	quels	quelles

They can be used as straightforward question words:

Quel personnage préfères-tu?
Quelle heure est-il?
Quelles sont ses relations avec sa famille?

They are also found as exclamations. The indefinite article, which is required in the singular in English, is omitted in French.

Quel désastre! – What a disaster!
Quelle bonne idée! – What a good idea!

Adverbs

Adverbs are words that give more information about verbs, adjectives and other adverbs. They may be classified into four main groups: adverbs of manner, time, place and quantity/intensity. Adverbs may be single words or short phrases.

Adverbs expressing manner

These are usually formed by adding *-ment* (the equivalent of the English '-ly') to the feminine of the adjective:

léger, légère → *légèrement*
(Exception: *bref, brève* → *brièvement*)

If the adjective ends in a vowel, add *-ment* to the masculine form:

vrai, vraie → *vraiment*
(Exception: *gai* → *gaiement*)
With adjectives ending in *-ant/-ent*, add the endings *-amment/-emment*:

suffisant → *suffisamment*
évident → *évidemment*
(Exception: *lent* → *lentement*)
To make them easier to pronounce some add an accent to the e before *-ment*:

énorme → *énormément*
profond → *profondément*
Irregular adjectives of manner include *bien* (from *bon*) and *mal* (from *mauvais*).

NOTES

1   The adverb 'quickly' is *vite*, though the adjective 'quick' is *rapide* (but you can also say *rapidement*).
2   Certain adjectives may be used as adverbs, in which case they do not agree:
Cette voiture coûte cher.
Parlons plus bas.
Vous devez travailler dur.
Les fleurs sentent bon.
3   Other adverbs of manner include *ainsi*, *comment* and *peu à peu*.

Adverbs expressing time, place, quantity and intensity

There are too many adverbs and adverbial phrases to list here. They include:

Time

aujourd'hui	*soudain*
auparavant	*tantôt*
bientôt	*tard*
de bonne heure	*tôt*
déjà	*toujours*
demain	*tout à coup*
immédiatement	*tout à l'heure*
quelquefois	*tout de suite*

Note that *tout à l'heure* can mean 'just now' with a past tense or 'shortly' with a future tense.

Place

à côté	*ici*
ailleurs	*là-bas*
à proximité	*loin*
en face	*partout*

Quantity/Intensity

assez	*un peu*
autant	*plutôt*
beaucoup	*si*
combien	*tant*
fort	*tellement*
peu	*très*

NOTE

Take care to distinguish between *plutôt* ('rather') and *plus tôt* ('earlier').

Position of adverbs

Adverbs usually go immediately after the verb:

Je parle couramment le français.

In the case of compound tenses the adverb goes after the auxiliary verb and before the past participle.

Tu as bien dormi?
This rule may be relaxed if the adjective is long:

Elles ont agi courageusement.
Adverbs of place and some adverbs of time go after the past participle:

Je l'ai trouvé là-bas.
Il est arrivé tard.

Comparison of adverbs

These are formed in the same way as the comparative and superlative forms of adjectives:

Guillaume court aussi vite que Charles.
Édith Piaf chantait moins fort que Sasha Distel.
C'est cette voiture qui coûte le plus cher.

The adverbs *bien, beaucoup, mal* and *peau* have irregular forms:

	comparative	superlative
bien	*mieux*	*le mieux*
beaucoup	*plus*	*le plus*
mal	*pire*	*le pire*
peu	*moins*	*le moins*

NOTES

1 Care must be taken not to confuse *meilleur* (adjective) with *mieux* (adverb):
C'est le meilleur jour de ma vie.
Elle joue mieux que moi.
2 When 'more' comes at the end of a phrase or sentence, French prefers *davantage* to *plus*:
Il m'aime, mais moi je l'aime davantage.
3 Note the following construction in which the article is not required in French ('the more' in English):
Plus on travaille, plus on réussit.

Pronouns

Pronouns are words that stand in the place of nouns. The function of the pronoun – the part it plays in the sentence – is very important. In French, most pronouns are placed before the verb (the auxiliary verb in compound tenses).

Subject pronouns

The subject is the person or thing which is doing the action of the verb. The subject pronouns are:

je	*nous*
tu	*vous*
il/elle/on	*ils/elles*

Direct object pronouns

The direct object of a verb is the person or thing which is having the action of the verb done to it. In the sentence 'The secretary posted the letter.' the letter is the item that is being posted and is the direct object of the verb. The direct object pronouns are:

me	*nous*
te	*vous*
le/la	*les*

Examples:
Je mets la lettre sur le bureau. → *Je la mets sur le bureau.*
Ils ont acheté les billets. → *Ils les ont achetés.*
(For agreement of preceding direct object pronouns, see page 149.)

NOTES

1 *Le* may be used to mean 'so' in phrases such as:
Je vous l'avais bien dit. – I told you so.
2 *Le* is sometimes required in French when it is not needed in English:

Comme tu le sais. – As you know.
3 It is sometimes omitted in French when it is used in English:
Elle trouve difficile de s'entendre avec ses parents. – She finds it difficult to get on with her parents.

Indirect object pronouns

The indirect object is introduced by 'to' (and sometimes 'for') in English. In the sentences 'She showed the photos to her friends' and 'My father bought the tickets for me' the underlined words are the indirect objects of the verb.

The indirect object pronouns which are used to refer to people are:

me	*nous*
te	*vous*
lui	*leur*

Examples:
Elle n'a pas montré l'autographe à ses copains. → *Elle ne leur a pas montré l'autographe.*
Nous vous enverrons l'argent aussitôt que possible.
Mon père va m'acheter une voiture d'occasion.

NOTE

In English, the sentence 'She gave him a book' is the same as 'She gave a book to him'. For both versions, the French is the same:
Elle lui a offert un livre.
Watch out for these common French verbs which are followed by *à* and which therefore require an indirect object pronoun:

demander à	*offrir à*
dire à	*parler à*
donner à	*raconter à*
écrire à	*téléphoner à*

Je lui ai téléphoné pour lui dire que je serais en retard.

Reflexive pronouns

Reflexive pronouns are used with some verbs to describe actions that you do to yourself. (The verbs are known as reflexive verbs – see page 159.)

The reflexive pronouns are:

me	*nous*
te	*vous*
se	*se*

The reflexive pronoun must change according to the subject of the verb:
Je me lave.
Elle s'est débrouillée.
(For agreement of the past participle, see page 149.)

Reflexive pronouns can also be used with verbs to describe actions that people do to each other:
Nous nous téléphonons chaque soir.

NOTE

The reflexive pronoun of a verb in the infinitive must change according to the subject.

Nous allons nous réveiller de bonne heure.

Emphatic pronouns

The emphatic pronouns are:

moi	*nous*
toi	*vous*
lui	*eux* (m. plural)
elle	*elles* (f. plural)
soi (relates to *on*)	

The most common uses of the emphatic pronoun are:

- Whenever emphasis is required:
  Moi, j'adore le cinéma; eux, ils préfèrent le théâtre.
- When the pronoun stands alone:
  Qui a appelé la police? Moi.
- After *c'est* (*ce sont* with *eux* and *elles*):
  C'est toi qui as téléphoné hier?
- In comparisons:
  Sa sœur est plus grande que lui.
- After prepositions:
  chez moi, avec lui, sans eux
- After the preposition *à*, the emphatic pronoun may indicate possession:
  Ce livre est à moi.
- With *même*, meaning 'self':
  Vous êtes allés vous-mêmes parler au PDG?

Pronouns of place

These function like the indirect object pronouns above, but are used for places or things.

y

The pronoun *y* stands for a noun with almost any preposition of place (not 'from'). It most frequently replaces *à/au/à la/à l'/aux* + a place or thing. Its meanings include 'there', 'in it', 'on them', etc.

Tu es allée en Belgique? → Oui, j'y suis allée trois fois.
Qu'est-ce que tu as mis sur la table? → J'y ai mis tes papiers.

With verbs followed by *à* + noun, *y* must always be used, even though the English equivalent would be a direct object pronoun:

Tu joues souvent aux boules? → Oui, j'y joue toutes les semaines.

The pronoun *y* can also be used instead of *à* + verb:

Vous avez réussi à faire ça? → Oui, j'y ai réussi.

en

The pronoun *en* must be used when 'from it' or 'from there' is required. It most frequently replaces *de/du/de la/de l'/des* + a place or thing:

Votre mari est revenu des États-Unis? → Oui, il en est revenu jeudi.

In expressions of quantity, *en* means 'some', 'of it', 'of them'. It refers both to people and things:

Combien de bananes avez-vous acheté? → J'en ai acheté cinq.

The pronoun *en* can also be used instead of *de* + verb:

Souviens-toi de parler à ta mère. → Oui, je vais m'en souvenir.

Order of pronouns

When more than one pronoun is needed in a phrase, there is a specific order that must be adhered to:

me *te* *se* *nous* *vous*	*le* *la* *les*	*lui* *y* *leur*	*en*

Examples:
Elle m'a prêté ses disques compacts. → Elle me les a prêtés.
Vous lui en avez parlé?

Order of pronouns with the imperative

In a positive command, the verb must come first as it is the instruction that is important. The pronoun then follows the verb and is joined to it by a hyphen.

J'ai besoin de ces dossiers. Apportez-les tout de suite!
Allons-y!

If more than one pronoun is used, the direct object pronoun precedes the indirect object. *Me* and *te* are replaced by *moi* and *toi* when they come after the verb:

Apportez-les-moi!

In a negative command, the pronouns come before the verb as usual:

Ne la lui donne pas!

Relative pronouns

qui, que, dont

Relative pronouns relate to the person, thing or fact which has just been mentioned.

Sa copine, qui habitait à côté de chez lui, s'appelait Anne.
C'est la langue que je trouve la plus facile.
Voilà le garçon dont je vous ai parlé.

The choice of pronoun depends on its function in the sentence:

- *qui* ('who', 'which') is used for the subject of the verb following;
- *que* or *qu'* ('whom', 'which', 'that') is used for the object of the verb following.

It may be helpful to remember that if the verb immediately following has no subject, it needs one, so *qui* is used; if it has a subject already, *que* is used.

NOTES

1 *Qui* is never shortened to *qu'*.
2 *Que* can never be omitted as 'that' can in English:
   Le film que j'ai vu hier. – The film I saw yesterday.

Dont means 'whose', 'of whom', 'of which'. The word order in a phrase containing *dont* is important.

1	2	3	4
(person/thing referred to)	*dont*	subject + verb	anything else

Examples:
Ce sont des vacances dont je me souviendrai toujours.
Il y avait dans le groupe une fille dont j'ai oublié le nom.

NOTES

Verbs followed by *de* before the noun use *dont* as their relative pronoun:
   L'ordinateur dont je me sers est très utile.

ce qui, ce que, ce dont

If there is not a specific noun for the relative pronoun to refer to – perhaps it is an idea expressed in a complete phrase – *ce qui/ce que/ce dont* must be used. The choice is governed by the same rules as above:
   Ce qui m'étonne, c'est que la publicité exerce une grande influence de nos jours.
   La publicité exerce une grande influence de nos jours, ce que je trouve étonnant.
   La publicité exerce une grande influence de nos jours, ce dont je m'étonne.
(The third version is less natural than the first two.)

lequel, laquelle, lesquels, lesquelles

These also mean 'which' and are used after prepositions. They are made up of the definite article + *quel*:
   Le café vers lequel il se dirigeait …
   Les années pendant lesquelles elle avait travaillé …

After *à* or *de* the first element of this pronoun must be adapted in the usual way for the definite article:
   Le problème auquel je réfléchissais me paraissait insurmontable.
   Prenez ce petit sentier, au bout duquel il y a une vue splendide.

NOTES

1 *Où* is often used instead of *dans lequel, sur laquelle*, etc:
   Voilà la rue où j'habite.
2 *Qui* is used after a preposition when referring to people:
   L'homme avec qui je suis allé au cinéma.

(This does not apply to *parmi*, for which *lesquels/lesquelles* must be used.)

Demonstrative pronouns

celui, celle, ceux, celles

These are used to refer to things or people previously mentioned. They must agree with the noun they are replacing:

m. sing	f. sing	m. plural	f. plural
celui	*celle*	*ceux*	*celles*

Quel film as-tu vu? → *Celui avec Gérard Depardieu.*

As with demonstrative adjectives, these may have *-ci* or *-là* added for greater clarity or to make a distinction:
   Lesquels vas-tu choisir? – *Ceux-là.*

They are often followed by *qui, que* or *dont*:
   Quel film allons-nous voir? – *Celui que tu préfères.*
   Quelles idées sont les plus frappantes? – *Celles qui expriment une opinion personnelle.*

They may also be followed by *de*, to express possession:
   Tu verras mes photos et celles de ma sœur.

ceci, cela (this, that)

These are not related to a particular noun. *Cela* is often shortened to *ça*:
   Cela m'agace! – *Ça se voit!*

Ceci is used less frequently than *cela* and tends to refer to something that is still to be mentioned:
   Je vous dirai ceci: que nous devons améliorer les chiffres d'affaire.

c'est and il est

Both of these mean 'it is' and are not interchangeable (although in spoken French *c'est* is often used when strictly *il est* is required). Here are some of the rules:

- *Il est* + adjective + *de* + infinitive – refers forward to what is defined by the adjective:
   Il est difficile d'apprendre la grammaire.
- *C'est* + adjective + *à* + infinitive – refers back to what has been defined by the adjective:
   La grammaire, c'est difficile à apprendre.
   or
   Apprendre la grammaire, c'est difficile (à faire).
- *C'est* + noun + adjective:
   C'est un roman intéressant.

Possessive pronouns

As with other pronouns, these agree in number and gender with the noun they stand for.

m. sing	f. sing	m. plural	f. plural	
le mien	la mienne	les miens	les miennes	(mine)
le tien	la tienne	les tiens	les tiennes	(yours)
le sien	la sienne	les siens	les siennes	(his, hers)
le nôtre	la nôtre	les nôtres	les nôtres	(ours)
le vôtre	la vôtre	les vôtres	les vôtres	(yours)
le leur	la leur	les leurs	les leurs	(theirs)

À qui est ce dossier? – C'est le mien.

Interrogative pronouns

There are several interrogative (question) pronouns.

- **Qui** means 'who?' or 'whom?':
  Qui veut jouer au tennis?
  Avec qui vas-tu aller à la fête?
- **Que** means 'what?':
  Que dis-tu?
- **Quoi** also means 'what?' but is used after prepositions:
  De quoi parles-tu?
- **Qu'est-ce qui** and **Qu'est-ce que** mean 'what?' (='What is it that…?'). Use *qu'est-ce qui* when it is the subject of the verb:
  Qu'est-ce qui vous inquiète?
  Use *qu'est-ce que (qu')* when it is the object:
  Qu'est-ce que tu veux manger?
- **Lequel**, etc (see page 145) may be used as a question word meaning 'which one(s)?':
  Laquelle des politiques est la plus importante, à ton avis?

VERBS

See tables on pages 158–169 for verb forms.

Modes of address

It is easy to underestimate the degree of offence that can be caused by using the familiar *tu* form of the verb when the *vous* form is appropriate. It is best to take the tone from the person you are speaking or writing to. If in doubt always use *vous*, and wait for the other person to suggest the familiar form.

  tutoyer – to call someone *tu*
  vouvoyer – to call someone *vous*

It is important not to mix the two forms; care should be taken not to use set phrases such as *s'il vous plaît* at the end of a phrase containing the informal *tu*.

Letter-writing may require the extremely polite subjunctive *veuillez* (instead of *voulez-vous*) which means 'be so kind as to …'.

Impersonal verbs

Some verbs only exist in the *il* form; they are known as impersonal verbs because no other person can be their subject. All are translated by 'it'. They include weather phrases such as *il neige, il pleut* and *il gèle*; also *il faut* ('it is necessary', though usually better translated as 'must') and *il s'agit de*.

There are a few verbs which may be used impersonally although they are complete. These impersonal firms include *il fait* + weather phrases, *il paraît, il semble, il suffit de* and *il vaut mieux*. *Il reste* (literally 'there remains') is frequently used:
  Il ne reste plus de papier. – There's no paper left.

Il existe may be used as a formal alternative to *il y a*:
  Il existe beaucoup de musées à Paris.

Verbs with the infinitive

When a verb is followed immediately by a second verb in French, the second verb must be in the infinitive form. Verbs used in this way are divided into three categories:

- Those which are followed directly by the infinitive:
  J'aimerais aller au théâtre.
- Those which are joined by *à*:
  Elle a commencé à ranger les lettres.
- Those which are joined by *de*:
  Nous avons décidé d'acheter votre produit.

There is no easy way of knowing which verbs fall into which group. The following are the most useful:

No preposition	à	de
aimer	aider	arrêter
aller	s'amuser	cesser
désirer	apprendre	choisir
détester	arriver (to manage)	craindre
devoir	s'attendre	décider
espérer	commencer	se dépêcher
faillir (to nearly do)	continuer	empêcher
falloir (il faut)	se décider (to make up mind)	essayer
oser	encourager	s'étonner
pouvoir	hésiter	éviter
préférer	inviter	s'excuser
prétendre	se mettre (to begin)	finir
savoir	renoncer	menacer
sembler	réussir	mériter
valoir (il vaut mieux)		offrir
venir		oublier
vouloir		proposer
		refuser
		regretter
		tenter

The following phrases are also followed by *de*:
avoir besoin   *avoir envie*
avoir l'intention   *avoir peur*

These verbs are followed by *à* + person + *de* + infinitive:

conseiller	*permettre*
défendre	*promettre*
demander	*dire*

Examples:
Le PDG a demandé au secrétaire d'apporter les dossiers.
Mes parents ne me permettent pas de sortir pendant la semaine.
Le médecin lui a dit de revenir le lendemain.

NOTES

1 *Commencer* and *finir* are followed by *par* + infinitive if the meaning is 'by'. Contrast:
Elle a commencé à travailler. – She began to work.
with
Elle a commencé par travailler. – She began by working (and then went on to do something else).

2 When a pronoun is used with two linked verbs, it comes before the infinitive:
Je dois le faire.

3 The infinitive is used after prepositions:

avant de	*Il faut réfléchir avant d'agir.*
au lieu de	*Fais tes devoirs au lieu d'écouter de la musique.*
en train de	*Je suis en train de faire la cuisine.*
pour	*Tu es assez intelligent pour comprendre ça.*
sans	*Ils sont partis sans me remercier.*

Other verbs with a dependent infinitive

faire

When followed immediately by an infinitive, *faire* means 'to have something done by someone else':
Je repeindrai ma maison. – I'll repaint my house.
Je ferai repeindre ma maison. – I'll have my house repainted.

Other expressions involving *faire* + infinitive include:
faire attendre – to make someone wait
faire entrer – to bring in/show in
faire faire – to have something done
faire monter – to carry up/show up
faire remarquer – to remark (to have it noticed)
faire savoir – to let know
faire venir – to fetch
faire voir – to show

entendre, laisser, sentir, voir

These verbs may be used with the infinitive in a similar way:
Elle a entendu frapper à la porte.
Ne le laisse pas partir.
Tu l'as vu sortir.

NOTES

Entendre dire and *entendre parler* mean 'to hear that' or 'to hear of':
J'ai entendu dire qu'on va mettre en place de nouveaux centres d'accueil.
J'ai entendu parler d'elle.

Perfect infinitive

The perfect infinitive means 'to have (done)':
Je m'excuse d'avoir manqué la réunion.
Je m'excuse d'être partie avant la fin de la réunion.
(For the use of *avoir* or *être* as the auxiliary, see examples on page 000.)

The most frequent use of the perfect infinitive is in the expression *après avoir/être* + past participle, meaning 'after having (done)' or in more natural English, 'after doing':
Après avoir renoncé à la cocaine, il a pu refaire sa vie.
Après être revenue en France, elle a travaillé chez Renault.
Après nous être levés, nous avons discuté de nos projets.
(For agreement of the past participle, see page 149.)

NOTES

The subject of the main verb must always be the same as that of the *après avoir* clause. If it is not, a different construction must be used:
Quand il est rentré, sa sœur est sortie.

Negatives

The negative form of a verb is usually achieved by placing *ne* immediately in front of it and the second element of the negative after it. The most common negatives are:
ne … pas
ne … jamais
ne … personne
ne … plus
ne … rien

Examples:
Elle ne parle pas.
Ils ne fument jamais.
Je n'ai rien à faire.

In compound tenses, the second element is usually placed after the auxiliary verb:
Je n'ai rien fait.

This does not apply to *personne*, which is placed after the past participle:
Ils n'ont vu personne.

With reflexive verbs, *ne* is placed before the reflexive pronoun which is part of the verb:
Elles ne se sont pas dépêchées.

Jamais, *personne* and *rien* may be used on their own:
Qu'est-ce que tu vas manger? – *Rien.*

Personne and *rien* may be the subject of the verb. In that case they are placed at the beginning of the sentence, but *ne* is still required:

Personne ne sait quel sera le résultat de l'effet de serre.

Other negatives include:

ne … point
ne … guère
ne … ni … ni
ne … aucun(e)
ne … nul(le)

These last two are in fact adjectives, though their meaning dictates that they cannot be plural. Both may be the subject of the sentence, as can *ni … ni*:

Il n'y a aucune possibilité d'y aller ce soir.
Nul ne saurait nier.
Ni l'un ni l'autre ne peut me persuader.

Ne … que, meaning 'only', is not a true negative. (Contrast *il n'a pas de sœurs* with *il n'a qu'une sœur*.) Its word order does not always conform to that of other negatives since *que* is placed after the past participle in compound tenses:

Tu n'as bu qu'un verre d'eau.

NOTES

1   'Not only' is *pas seulement*.
2   To make an infinitive negative it is usual to place the two elements together in front of the infinitive:
    Ils ont décidé de ne pas venir.
    Il m'a conseillé de ne plus fumer.

Interrogative forms

In French there are four ways of making a sentence into a question:

1   By far the most popular, particularly in speech, is to leave the word order as it is and add a question mark (in speech, raise the voice at the end):
    Statement: *L'énergie nucléaire sera importante à l'avenir.*
    Question: *L'énergie nucléaire sera importante à l'avenir?*

2   Use *est-ce que*:
    Est-ce qu'on a trouvé un moyen de se débarrasser des déchets?
    À quelle heure est-ce qu'on se revoit?

3   Invert the verb and subject. This is straightforward when the subject is a pronoun:
    Statement: *Tu es content.*
    Question: *Es-tu content?*
    but is more complicated if it is a noun, when the relevant subject pronoun must be added:
    Statement: *Suzanne est triste.*
    Question: *Suzanne est-elle triste?*

4   A specific question word such as *qui?*, *pourquoi?*, *quand?* may be used. In informal speech the verb and subject are not always inverted; in practice, and in writing, it is probably better to do so or to use *est-ce que*:

Pourquoi as-tu choisi d'aller au musée?
Quand est-ce que tes parents reviendront?

NOTES

1   When the pronoun and subject are inverted, they count as one word, so in negative sentences they are sandwiched between the two negative elements:
    N'est-elle pas contente?
2   *Je* is not normally used like this, except with very short verbs such as *ai-je*, *suis-je*, *dois-je* and *puis-je*.
3   When inversion produces two consecutive vowels, *-t-* is added between them to make pronunciation easier:
    Va-t-il au café?
    Cherche-t-elle les documents?
4   In compound tenses the pronoun and auxiliary verb are inverted, followed by the past participle:
    As-tu vu?
    Êtes-vous allé?
    Se sont-ils levés?

Tenses

For all tenses of regular and irregular verbs, see the verb tables on pages 158–169. Notes on the use and formation of tenses are given below.

Present tense

Use and meaning

The present tense expresses:
*   action that is taking place at the moment of speaking;
*   a fact that is universally true.

There is only one form of the present tense in French while English has three. For example, *je crois* means:
*   'I think' – the simple present, the most frequently occurring use of the tense.
*   'I am thinking' – there is no separate form of the present continuous in French (but see note 3 under Special uses below).
*   'I do think' – found almost exclusively in the negative ('I do not think') and question ('Do you think?') forms.

Formation

There are three groups (*-er*, *-ir* and *-re*) of regular verb endings and a large number of irregular verbs. For regular verbs, remove the ending from the infinitive and add the appropriate endings:

	-er	-ir	-re
je	parl**e**	fin**is**	vend**s**
tu	parl**es**	fin**is**	vend**s**
il/elle/on	parl**e**	fin**it**	vend
nous	parl**ons**	fin**issons**	vend**ons**
vous	parl**ez**	fin**issez**	vend**ez**
ils/elles	parl**ent**	fin**issent**	vend**ent**

A number of irregular verbs can be grouped which makes them easier to learn. These groups are marked in the verb tables.

Special uses

1　In expressions of time with *depuis* and *ça fait*, the present tense is used to express 'have/has been (doing)':
Il attend son visa d'entrée depuis trois mois. – He has been waiting for his visa for three months.
(The implication here is that he is still waiting, so the present tense is used.)
Ça fait un an qu'elle travaille chez Renault. – She has been working for Renault for a year (and is still there).

2　The present tense of *venir* + *de* + the infinitive expresses 'have/has just (done)':
Nous venons de lancer un nouveau produit. – We have just launched a new product.

3　To underline the fact that someone is in the middle of doing something, the expression *être en train de* + infinitive is used:
Ils sont en train de chercher leurs papiers.

4　The present tense of *aller* is used with the infinitive (as in English) to describe an action or event that is going to happen:
Ils vont retourner en France samedi.

Perfect tense

The perfect tense in French is the one on which all other compound tenses are based.

Use and meaning

The perfect tense is used for action in the past which happened only once (or possibly twice or three times but not as a regular occurrence), and has been completed. It is also used if it is known when the action started, when it ended or how long it lasted. It translates the following:
- a simple past tense ('I found').
- a past tense with 'have' or 'has' ('he has found').
- a past tense with 'did' ('I did find', 'did you find?').

Formation

It is composed of two elements: the present tense of the auxiliary verb (*avoir* or *être*) + the past participle (*trouvé*, *fini*, *vendu*, etc). It is essential that both elements are included.

To form the past participle:
- **-er** verbs: take off the *-er* and replace with *-é*;
- **-ir** verbs: take off the *-ir* and replace with *-i*;
- **-re** verbs: take off the *-re* and replace with *-u*.

See the verb tables on pages 158–169 for the many verbs that have an irregular past participle.

Most verbs use *avoir* as their auxiliary; the past participle usually remains unchanged (but see below).

j'ai cherché	*nous avons entendu*
tu as bu	*vous avez cru*
il a ouvert	*ils ont fini*
elle a fait	*elles ont voulu*

Although there is usually no agreement of the past participle of verbs taking *avoir*, if the verb has a direct object, and if that direct object precedes the verb, the past participle agrees with the direct object. There are three types of sentences in which this may occur:
- If there is a preceding direct object pronoun:
Tu as vu ta mère? – Oui, je l'ai vue hier.
- With the relative pronoun *que*:
Les articles que nous avons commandés ne sont pas encore arrivés.
- In questions after *quel?* and *combien?*:
Combien d'affiches a-t-il achetées?

The following verbs use *être* to form their perfect tense:

aller	*partir*
arriver	*rester*
descendre	*retourner*
entrer	*sortir*
monter	*tomber*
mourir	*venir*
naître	

as do their compound forms (*revenir*, *devenir*, *rentrer*, etc).

The past participle of verbs using *être* as their auxiliary agrees with the subject:

je suis allé(e)	*nous sommes descendu(e)s*
tu es venu(e)	*vous êtes arrivé(e)(s)*
il est entré	*ils sont restés*
elle est montée	*elles sont retournées*

NOTE

Verbs taking *être* are intransitive, i.e. they do not have an object. However, *descendre*, *monter*, *(r)entrer* and *sortir*, with a slightly different meaning, may be used with an object; in this case they use *avoir* as their auxiliary, and agreement of the past participle conforms to the rules for verbs taking *avoir*.
Il a monté les valises. – He brought up the cases.
As-tu descendu la chaise? – Oui, je l'ai descendue.

Reflexive verbs also use *être* to form their perfect tense. Agreement is with the subject:

je me suis fâché(e)	*nous nous sommes couché(e)s*
tu t'es baigné(e)	*vous vous êtes reposé(e)(s)*
il s'est promené	*ils se sont réveillés*
elle s'est sauvée	*elles se sont débrouillées*

NOTE

If the reflexive pronoun is not the direct object there is no agreement. This is often the case with a verb that is not usually reflexive.

> *Ils se sont parlé.* – They spoke to each other.
> *Elle s'est demandé.* – She wondered. (Literally, she asked herself: *demander à*.)

Imperfect tense (imparfait)

Use and meaning

The imperfect tense is used for:

*   Past action that was unfinished ('was/were doing'):
    Il se promenait vers le café quand il a vu son copain.
*   Habitual or repeated action in the past ('used to (do)'):
    Elle prenait le train tous les jours pour aller au travail.
*   Description in the past:
    Les oiseaux chantaient; elle était triste; il avait les yeux bleus.

Certain words and phrases indicate that the imperfect tense may be needed. These include:

chaque semaine	régulièrement
d'habitude	souvent
le samedi	toujours

NOTES

Sometimes in English habitual action is expressed by 'would'; 'every day he would get up at six o'clock'. In French the imperfect tense must be used.

Formation

Remove *-ons* from the *nous* part of the present tense, and replace it with the following endings:

je	-ais
tu	-ais
il/elle/on	-ait
nous	-ions
vous	-iez
ils/elles	-aient

The only exception to this is the verb *être* (see page 162).

Special uses

1   *Depuis* is used with the imperfect tense to express 'had been (doing)':
    Ils jouaient au tennis depuis une demi-heure. – They had been playing tennis for half an hour (and were still doing so, the action was unfinished).
2   The imperfect tense of *venir* + *de* + infinitive is translated as 'had just (done)':
    Il venait d'arriver. – He had just arrived.

Future tense (future)

Use and meaning

The future tense means 'shall (do)' or more often 'will (do)' or 'will be (doing)'.

NOTES

'Will you' is sometimes translated by the present tense of *vouloir*, if it means 'are you willing to?', or if it is a request: *veux-tu fermer la porte?*.

Formation

The following endings are added to the future stem which for regular verbs is the infinitive (*-re* verbs drop the *e*):

je	-ai
tu	-as
il/elle/on	-a
nous	-ons
vous	-ez
ils/elles	-ont

Many verbs have an irregular future stem (see verb tables on page 158).

Special use

When the future tense is implied or understood, it must be used in French, although English prefers the present tense:

> *Je te téléphonerai quand je rentrerai au bureau.* – I'll ring you when I get back to the office.

Words and phrases that may indicate the need for a future tense include:

après que	dès que
aussitôt que	lorsque, quand

Note that this does not apply to sentences and clauses starting with *si*, in which the tense is always the same as in English.

Conditional (conditionnel)

The conditional is sometimes known as the 'future in the past' because it expresses the future from a position in the past.

Use and meaning

The conditional means 'should', or more often 'would (do)'. It is frequently used in indirect (reported) speech and in the main part of the sentence following a *si* clause whose verb is in the imperfect tense:

> *J'ai dit que je vous retrouverais.* – I said I would meet you.
> *Si je venais demain nous pourrions y aller ensemble.* – If I came tomorrow we would be able to go together.

Because there is an element of the future in it, the conditional is sometimes required to translate a past tense following *quand*, etc:

> *Le patron m'a demandé d'aller le voir quand je serais libre.*
> – The boss asked me to go and see him when I was free.

The conditional is also the tense of politeness:

Auriez-vous la bonté de m'envoyer… – Would you be kind enough to send me …

Formation

The endings of the imperfect tense are added to the future stem:

je voudrais   *nous finirions*
tu serais   *vous iriez*
il enverrait   *ils pourraient*

NOTE

To express 'should' in the sense of 'ought to', the conditional tense of *devoir* must be used:

Nous devrions nous occuper des SDF.

Compound tenses

These tenses include the future perfect (*futur antérieur*), the conditional perfect (*conditionnel passé*) and the pluperfect (*plus-que-parfait*). Agreement of the past participle in every case is exactly the same as for the perfect tense. If a verb uses *être* to form its perfect tense, it also does so in the other compound tenses.

Future perfect tense (futur antérieur)

Use and meaning

The future perfect tense means 'shall have (done)' or, more usually 'will have (done)'. As its name suggests, there is an element of both future and past in its meaning:

Quand tu rentreras, j'aurais rangé ma chambre. – By the time you get home I will have tidied my room.

As with the future tense, the future perfect is used when the future is implied but not stated in English, usually when the main part of the sentence is in the future. In this case it means 'have/has (done)':

Nous vous ferons savoir dès que nous aurons pris une décision. – We'll let you know as soon as we have reached a decision.

Formation

The future tense of the auxiliary verb + the past participle.

Examples:

- *avoir* verbs:
  j'aurai envoyé, il aura écrit, nous aurons entendu, elles auront fini.
- *être* verbs:
  tu seras revenu(e), vous serez arrivé(e)(s), ils seront retournés.
- reflexive verbs:
  elle se sera baignée, nous nous serons levé(e)s, ils se seront couchés.

Conditional perfect (conditionnel parfait)

Use and meaning

The conditional perfect tense is used more frequently than

the future perfect. It means 'would have (done)'. Its uses are very similar to those of the conditional; it is often required in the main part of the sentence linked with a *si* clause and when a future idea is implied:

S'il avait cessé de pleuvoir nous aurions joué au tennis.
Tu m'as dit que tu reviendrais quand tu aurais trouvé tes papiers (when you had found your papers).

Formation

The conditional of the auxiliary verb + the past participle.

Examples:

- *avoir* verbs:
  j'aurais cherché, elle aurait réussi, ils auraient pu.
- *être* verbs:
  tu serais arrivé(e), nous serions entré(e)s, elles seraient venues.
- reflexive verbs:
  il se serait reposé, vous vous seriez dépêché(e)(s).

NOTE

The conditional perfect tense of *devoir* means 'ought to have' or 'should have':

Tu aurais dû partir plus tôt. – You ought to have left earlier.

Pluperfect tense (plus-que-parfait)

Use and meaning

The pluperfect tense means 'had (done)'. It refers to an action or state that happened before something else in the past tense, i.e. it is one step further back in the past:

Quand je suis arrivé à l'aéroport l'avion avait déjà atterri.

Formation

The imperfect tense of the auxiliary verb + the past participle.

Examples:

- *avoir* verbs:
  j'avais trouvé, il avait réussi, nous avions pris.
- *être* verbs:
  tu étais allé(e), elle était rentrée, ils étaient sortis.
- reflexive verbs:
  il s'était occupé, vous vous étiez sauvé(e)(s), elles s'étaient retrouvées.

NOTES

1 The pluperfect is sometimes used in French where English uses a simple past tense:
   Je vous l'avais bien dit. – I told you so.
2 The use of the pluperfect is becoming less common in English, particularly in speech. It should still, however, be used in French.

Past historic (passé simple)

Use and meaning

This is a formal tense: it is found mainly in literary works and in some formal articles, and it is used for narration. It must be recognised but the A-level student should not need to use it. It has the meaning of a simple past tense and is the formal equivalent of the perfect tense to describe completed actions in the past. It does not mean 'have/has (done)', for which the perfect tense is used. Examples of *tu* or *vous* forms are found only in older literature.

Formation

There are three groups of endings:

- *-er* verbs

je	-ai
il/elle/on	-a
nous	-âmes
ils/elles	-èrent

- *-ir, -re* and some irregular verbs:

je	-is
il/elle	-it
nous	-îmes
ils/elles	-irent

- other irregular verbs:

je	-us
il/elle	-it
nous	-ûmes
ils/elles	-urent

For verbs which have an irregular past historic, including *venir*, see the verb tables on pages 158–169.

Passive

Use and meaning

To understand the passive, it is necessary to understand the difference between the subject and object of the verb.

In the sentence 'The secretary writes the letters', the verb 'writes' is an active verb: it is the secretary who is doing the action. To make the verb passive, the letter, which is currently the direct object, must be made into the subject but the meaning of the sentence must remain the same – 'The letters are written by the secretary'. The verb 'are written' is therefore in the passive form.

Formation

The formation of the passive in French is very straightforward. The appropriate tense of *être* is used, + the past participle which agrees with the subject.

- Present tense: *Les lettres sont écrites par le secrétaire.*
- Perfect: *Le projet a été conçu il y a deux ans* ('was devised').
- Imperfect: *Dans les années 60 les trains étaient utilisés davantage* ('were used').
- Future: *Le centre sera ouvert par le président* ('will be opened').

- Conditional: *Il a dit que de nouvelles méthodes seraient employées* ('would be used').
- Future perfect: *Le travail aura été fini* ('will have been finished').
- Conditional perfect: *La décision aurait été prise plus tôt* ('would have been taken').
- Pluperfect: *Les raisons avaient été oubliées* ('had been forgotten').

NOTES

1. The use of *être* to form the passive must not be confused with the use of *être* as the auxiliary verb.
2. Verbs that take *être* to form their compound tenses cannot be made passive, as they do not have a direct object.

Avoiding the passive

French tends to avoid the passive wherever possible; there are two main ways of doing this:

- By using *on* (this is only possible when the action can be performed by a person, and when it is not known – or stated – precisely who that person is):
  On t'a vu au concert. – You were seen at the concert.
  On m'a demandé de remplir une fiche. – I was asked to fill in a form.
  Note that the best way of translating *on* into English is often by using the passive.
- By using a reflexive verb:
  Nos articles se vendent partout en Europe. – Our products are sold everywhere in Europe.

NOTE

Since the passive can only be used with sentences which contain a direct object, it cannot be used with verbs that are followed by *à* + person since these verbs take an indirect object. The sentence 'She is not allowed to go to the cinema on her own' could therefore not be translated into French using the passive because *permettre* is followed by *à*. Another way of expressing it must be found. This might be:
  On ne lui permet pas d'aller au cinéma toute seule.
  Another possibility, though rather formal, is:
  La permission ne lui est pas accordée d'aller au cinéma toute seule.

Imperative

The imperative is used to give commands or to suggest that something be done.

To form the imperative, use the *tu, nous* or *vous* forms of the present tense without the subject pronoun. With *-er* verbs, the final *-s* is omitted from the *tu* form:

	-er	**-ir**	**-re**
(tu)	*regarde*	*finis*	*descends*
(nous)	*regardons*	*finissons*	*descendons*
(vous)	*regardez*	*finissez*	*descendez*

There are some irregular forms:

aller – va, allons, allez
avoir – aie, ayons, ayez
être – sois, soyons, soyez
savoir – sache, sachons, sachez

With reflexive verbs, the reflexive pronouns must be retained. It comes after the verb with a hyphen. Note that *te* becomes *toi*:

> *Assieds-toi!* *Arrêtons-nous!* *Amusez-vous!*

For the order of pronouns with the imperative, see page 144.

The *il/elle/ils/elles* forms of the imperative ('may he', 'let them', etc.) are provided by the subjunctive.

> *Elle n'aime pas le vin? Alors, qu'elle boive de l'eau!*
> *Vive la liberté!*

NOTES

A very polite command may be expressed by using the infinitive. This is usually found only in public notices:

> *S'adresser au concierge.* – Please see the caretaker.

Present participle

The present participle is formed from the *nous* form of the present tense; remove the *-ons* ending and replace it by *-ant*:

(nous) parlons → *parlant*
(nous) finissons → *finissant*
(nous) attendons → *attendant*

There are some irregulars:

avoir → *ayant*
être → *étant*
savoir → *sachant*

The most common use of the present participle is with *en*, when it means 'by (doing)', 'on (doing)' or 'while (doing)':

> *En travaillant dur, elle a réussi.*
> *En ouvrant la porte, elle a vu le PDG.*
> *On ne peut pas faire le ménage en regardant la télévision.*

The spelling of the participle does not change and the subject of the participle must be the same as that of the main verb.

The participle may sometimes be used without *en*:

> *Se rendant compte qu'il avait oublié sa carte, il est rentré chez lui.* – Realising that he had forgotten his map, he went back home.

NOTES

1. If the present participle is used purely as an adjective, it must agree with the noun it is describing:
   une maison impressionnante
2. The reflexive pronoun changes according to the subject:
   Me levant tôt, je suis allé au bureau à pied.
3. French often prefers to use a relative clause where English uses a present participle:
   Il a vu son collègue qui entrait dans le bureau. – He saw his colleague coming into the office.
   This may also be expressed by an infinitive:
   Il a vu son collègue entrer dans le bureau.

Subjunctive

The ability to use the subjunctive is essential at A-level. Some of its applications are more widespread than others, and it is easy to learn a few of the expressions in which the subjunctive is required and thereby improve one's style. As far as tenses are concerned, modern French generally uses the present, and the perfect is quite often needed. The imperfect and pluperfect subjunctives should be recognised, but not used, at A-level.

Uses

The categories of expression listed below are followed by a verb in the subjunctive. It is worth remembering that the subjunctive is almost always introduced by *que*.

Wishing and feeling

For example:

aimer (mieux) que	*préférer que*
avoir peur que	*regretter que*
avoir honte que	*souhaiter que*
comprendre que	*vouloir que*
être content que	*c'est dommage que*
craindre que	*il est temps que*
désirer que	*il vaut mieux que*
s'étonner que	

Examples:
Je veux que vous m'accompagniez à la conférence.
Il s'étonne que tu viennes régulièrement.

NOTES

1. *Avoir peur que* and *craindre que* both need *ne* before the subjunctive:
   J'ai peur qu'il ne se trompe.
2. There is no need to use the subjunctive if the subject of both halves of the sentence is the same. In that case, the infinitive should be used:
   Nous regrettons de ne pas pouvoir expédier les articles.

Possibility and doubt

il est possible que
il se peut que (**but not** *il est probable que*)
il est impossible que
il n'est pas certain que
il semble que (**but not** *il me semble que*)
douter que

Examples:

Il semble qu'il y ait une amélioration de la condition féminine.
Je doute qu'il vienne.

NOTES

The subjunctive is used after *croire* and *penser* only when they are in the negative or question forms, so that there is an element of doubt:

> *Je crois que les femmes ont maintenant les chances égales.*
> *Je ne crois pas que les toxicomanes puissent être facilement guéris.*
> *Penses-tu qu'ils veuillent venir aux centres de réinsertion?*

Necessity

Il faut que
Il est nécessaire que

Example:

Il faut que vous renonciez au tabac.

After particular conjunctions

à condition que	*jusqu'à ce que*
afin que	*pour que*
à moins que	*pourvu que*
avant que	*quoique*
bien que	*sans que*
de peur que	

Examples:

Bien que les problèmes de l'adolescence soient grands, on finira par se débrouiller.
Je t'expliquerai pour que tu comprennes les raisons.

NOTES

1 *À moins que* and *de peur que* (and sometimes *avant que*) also require *ne* before the subjunctive.
2 French often avoids the subjunctive by using a noun: *avant sa mort* ('before his/her death').

Talking, commanding, allowing and forbidding

défendre que	*exiger que*
dire que	*ordonner que*
empêcher que	*permettre que*

Examples:

Vous permettez que j'aille au concert?

NOTES

Empêcher also requires *ne* before the subjunctive.

Superlative, negative and indefinite expressions

(Superlatives include *le premier*, *le dernier* and *le seul*.)

Examples:

C'est le roman le plus intéressant que j'aie jamais lu.
Il n'y a personne qui me comprenne.

Whoever, whatever, etc.

où que
quel que
qui que
quoi que

Examples:

D'habitude nos parents nous aiment quoi que nous faisons.
Quels que soient les problèmes, vous réussirez à les résoudre.

Imperative

Used for the third person of the command (see page 153).

Present subjunctive

Formation

The present subjunctive is formed by removing *-ent* from the *ils* form of the present tense and replacing it with the following endings:

je	-e	nous	-ions
tu	-es	vous	-iez
il/elle/on	-e	ils/elles	-ent

Examples:

je mette	*nous disions*
tu vendes	*vous écriviez*
il finisse	*ils ouvrent*

Irregular subjunctives (see the verb tables on pages 158–169) are:

aller	*pouvoir*
avoir	*savoir*
être	*vouloir*
faire	

In addition the following verbs change in the *nous/vous* parts to a form that is exactly the same as that of the imperfect tense. These include:

appeler (+ group – see page 158)	
boire	*prendre* (+ compounds – see page 164)
croire	*recevoir* (+ group – see page 164)
devoir	*tenir*
envoyer	*venir*
jeter	*voir*
mourir	

Examples:

je boive	*nous buvions*
tu boives	*vous buviez*
il boive	*ils boivent*

Perfect subjunctive

This is used in all the categories of expression listed above when a past tense is required.

Formation

The subjunctive of the auxiliary verb + the past participle, which conforms to the usual rules of agreement.

> *Il est possible qu'elle soit déjà arrivée.*
> *Bien que nous ayons pris un taxi, nous sommes arrivés en retard.*

Imperfect subjunctive

This is rarely seen in French now. There are three groups of endings, which are directly linked to those of the past historic tense.

Past historic verbs in *-ai*: *-asse, -asses, -ât, -assions, -assiez, -assent*

Past historic verbs in *-is*: *-isse, -isses, -ît, -issions, -issiez, -issent*

Past historic verbs in *-us*: *-usse, -usses, -ût, -ussions, -ussiez, -ussent*

The only exceptions are *venir* and *tenir*: *vinsse, vinsses, vînt, vinssions, vinssiez, vinssent.*

The most useful forms of the imperfect subjunctive to recognise are those of *avoir* and *être*, which are used to form the pluperfect subjunctive:

> *quoiqu'il eû décidé; à condition qu'il fût parti*

Indirect speech

Care should be taken to use the correct tense in indirect (reported) speech. The tense in the second half of the sentence is linked to that of the 'saying' verb and is the same as in English:

- Direct speech:
  J'irai au match avec toi. – I will go to the match with you.
- Indirect speech:
  Il dit qu'il ira au match avec moi. – He says that he will go to the match with me.
  Il a dit qu'il irait au match avec moi. – He said he would go to the match with me.
- Direct speech:
  Les marchandises ont été expédiées. – The goods have been sent.
- Indirect speech:
  La compagnie nous a informés que les marchandises ont été expédiées.
  – The company has informed us that the goods have been sent.

- Direct speech:
  Avez-vous jamais rencontré quelqu'un qui souffre du sida?
  – Have you ever met someone who has Aids?
- Indirect speech:
  Il nous a demandé si nous avions jamais rencontré quelqu'un qui souffrait du sida. – He asked us if we had ever met anyone who had Aids.

NOTE

Although 'that' may be omitted in English, *que* must always be included in French.

Inversion

The subject and verb should be inverted in the following circumstances:

- After direct speech:
  «Je ne peux pas supporter cette situation,» ai-je dit.
  «Ne t'en fais pas,» a-t-elle répondu.

- After question words (see also interrogative forms on page 148):
  De quelle façon t'a-t-on accueilli?
  If the subject is a noun, it is placed before the inverted verb + appropriate pronoun:
  Pourquoi les femmes ne sont-elles pas contentes de leur situation?

- After expressions such as *à peine*, *aussi* (meaning 'and so'), *en vain*, *peut-être* and *sans doute*:
  Elle avait besoin d'argent, aussi a-t-elle demandé des allocations supplémentaires.
  Sans doute devrons-nous utiliser d'autres sources d'énergie.
  Peut-être les autorités pourront-elles trouver une autre solution.

NOTES

1 In the case of *peut-être*, inversion may be avoided by the use of *que*:
  Peut-être que les autorités pourront trouver une autre solution.
  or by placing *peut-être* at the end of the sentence or clause:
  Les autorités pourront trouver une autre solution, peut-être.

2 Inversion is not required after *jamais* and *non seulement* when they start a sentence, although it is needed in English:
  Jamais je n'ai entendu parler d'une telle chose. – Never have I heard of such a thing.

Good French style requires inversion in the following types of sentence involving *ce que, que* and *où*:

> *Ils n'ont pas compris ce que disait le directeur.*
> *Vous savez où se trouve la rue de la République?*
> *Voilà le petit garçon que cherchaient ses parents.*

Grammaire

Particular care must be taken in translating sentences of this last type, since *que* could be confused with *qui* and the meaning of the sentence changed.

Prepositions

Prepositions show the relation of a noun or pronoun to another word. They include such words as *à, de, dans, sur*, etc. It would be impossible to list all the uses of such words here, and the best advice is to consult a good dictionary and make a note of useful phrases as vocabulary items.

French use of prepositions sometimes differs from that of English. A few of the most important variations and meanings of well-known prepositions that are not mentioned elsewhere in this grammar section are listed below.

à – usually 'to' or 'at' but may mean 'in' (*à mon avis, à la main*), 'from' (*à ce que tu dis*), 'by' (*je l'ai reconnue à sa voix*), 'away' (*la maison est à 2 km*).

chez – usually 'at the house of'; may have the more general meaning of 'with' or 'among' groups of people or animals: *l'agression est-elle normale chez les humains?* and 'in the works of': *chez Anouilh, le héros a toujours un conflit à résoudre.*

dans – used for time at the end of which something happens: *je vous verrai dans deux jours* ('in two days' time').

de – usually 'of' or 'from', but may mean 'in'; *de nos jours, de cette façon, d'une voix faible.*

depuis – usually 'since' but may mean 'from': *depuis Lyon jusqu'à Marseille.* (See also present and imperfect tenses, pages 148 and 150.)

devant – required in French after *passer* when the object being passed does not move (usually a building): *vous devez passer devant la mairie.*

en – usual meanings include 'in', 'to' (feminine countries), 'by' (methods of transport), 'into' (*traduisez en anglais*). Used for time taken: *j'y voyagerai en deux heures.* May also mean 'as': *en ami* – 'as a friend', *en tant que maire* – 'in his rôle as mayor'.

entre – usually 'between' or 'among'; may mean 'in': *entre les mains de la police.*

par – usually 'by'; may mean 'out of': *il l'a fait par pitié*, and 'per': *deux fois par an.* Note also *par ici* – 'this way', and *par un temps pareil* – 'in weather like this'.

pendant – usually 'during' or 'for', used with present or past tenses but not with the future. May sometimes be omitted without changing the meaning: *j'ai habité là (pendant) six mois.*

pour – 'for'; used with time in the future: *j'irai en France pour deux semaines.* *Pour* is not required with *payer* (for the item that has been bought: *tu as payé les réparations?*) or with *chercher: je l'ai cherché partout.* Note also: *vous en avez pour deux heures* – you have enough (to keep you occupied) for two hours.

sous – usually means 'under', but may mean 'in': *j'aime marcher sous la pluie/le neige* (logically, 'under' because the rain or snow is coming from overhead). Also *sous le règne de Louis XVI.*

sur – usually 'on' but may mean 'towards': *il a attiré l'attention sur lui*; 'by': *sur invitation, 5 mètres sur 4 mètres*; and 'out of': *neuf sur dix.*

vers – usually 'towards' but may mean 'about' with expressions of time: *vers trois heures.* 'Towards' linked with attitude is *envers: je ne peux pas supporter son attitude envers moi.*

NOTE

1. A preposition must be repeated before a second noun: *Il a dit bonjour à sa sœur et à ses parents.*
2. When something is being taken away from somewhere, e.g. he picked the book up from the table – French uses the preposition for the place where the item originally was: *Il a pris le livre sur la table.*
   Je buvais du thé dans une grande tasse.

Conjunctions

Conjunctions are used to join sentences or clauses, or words within those sentences and clauses. At the simplest level words such as *et, mais, ou, car, quand* and *donc* are conjunctions; so are *comme, quand, si* and various prepositions used with *que* such as *pendant que, aussitôt que* and *après que.* Some of these have already been considered elsewhere in these pages; specific points concerning others are listed below:

car – 'for' in the sense of 'because/as'. It is used more than the English 'for' with this meaning, but less than 'because' as it is not usually an appropriate alternative to *parce que* in answering a question. Compare the following sentences:
Il est venu de bonne heure, car il voulait aider à préparer le repas.
Pourquoi est-il venu de bonne heure? Parce qu'il voulait aider à préparer le repas.

puisque – 'since' in the sense of 'because'. It must not be confused with *depuis* (see present and imperfect tenses on pages 148 and 150):
Puisque tu le veux, nous irons au café.

pendant que – this means 'while' when two actions are taking place at the same time, with no sense of contrast or conflict:
Il lisait pendant que je faisais la vaisselle.

tandis que – 'while', 'whilst' or 'whereas'; includes the idea of contrast:
Lui, il lisait tandis que moi, je faisais la vaisselle.

alors que – also means 'while', 'whilst' or 'whereas', but has a stronger sense than *tandis que*:
Alors que moi, je porte des bagages, toi tu restes là sans rien faire.

si – may mean 'whether'. In this case, the verb in French is in the same tense as in English:

> *Je me demandais s'il arriverait à temps.*

When *si* means 'if', the tenses used are as follows:

- *si* + present tense – main verb in future tense:
  Si nous gagnons, nous serons contents.
- *si* + imperfect tense – main verb in conditional:
  Si nous gagnions, nous serions contents.
- *si* + pluperfect tense – main verb in conditional perfect:
  Si nous avions gagné, nous aurions été contents.

NOTES

When *avant que*, *bien que*, *comme*, *lorsque* and *quand* introduce two consecutive clauses, the second clause is introduced by *que*:

> *Avant que les enfants aillent au lit et que nos amis arrivent ...*

Numbers

It is usually acceptable to write high numbers in figures rather than words. When it is necessary to write numbers in full, remember the following:

- *vingt* as part of *quatre-vingt* has *-s* only if it is exactly eighty:
  80 – *quatre-vingts*; 93 – *quatre-vingt-treize*
- *cent* is similar:
  300 – *trois cents*; 432 – *quatre cent trente-deux*

Approximate numbers are expressed as follows:

- By the use of *à peu près*, *vers* or *environ*:
  à peu près quinze; *vers dix heures*
- In the case of 10, 12, 20, 30, 40, 50, 60 and 100, by adding *-aine* and making the number into a noun (final *-e* is dropped first):
  une douzaine (de); *des centaines (de)*
- For larger numbers, by using the nouns *millier(s)*, *million(s)* and *milliard(s)*.

Ordinal numbers

'First' is *premier/première*; 'second' is *second* or *deuxième*; then add *-ième* to the cardinal number, making appropriate adjustments to spelling:

> *quatrième*, *cinquième*, etc.

NOTES

'Twenty-first' is *vingt et unième*.

Fractions

un quart – a quarter
un tiers – a third
trois quarts – three quarters
demi – 'half' as an adjective:
> *midi et demi* but *trois heures et demie* (*midi* is masculine, *heure* is feminine).

la moitié – 'half' as a noun

For other fractions, add *-ième* as with ordinal numbers:

trois cinquièmes, *un huitième*, etc.

Note that the definite article should be used before fractions:

> *J'ai déjà lu la moitié du livre.*
> *Les trois quarts de son œuvre sont bien connus.*

Dimension

There are two ways of expressing length, breadth and height:

- *avoir* + dimension + *de* + masculine form of adjective:
  La pièce a cinq mètres de long.
- *être* + adjective (agrees) + *de* + dimension:
  La pièce est longue de cinq mètres.

Time

Note that the days of the week and months of the year are all masculine.

The definite article is used with the following expressions of time:

- To express a regular action:
  Je sors avec mes copains le samedi. – I go out with my friends on Saturdays.
  The definite article is omitted if the action is not regular:
  Je travaille samedi. – I'm working on Saturday.
- With times of the day:
  Elle a visité sa tante le matin. – She visited her aunt in the morning.
- With *prochain* or *dernier* (week, month, year):
  Je pars en Espagne l'année prochaine.
- With dates:
  C'est aujourd'hui samedi le six février. – It's Saturday the 6th of February today.

Note the translation of 'when' with the article:

- definite article + *où*:
  Le moment où je me suis rendu compte ...
- indefinite article *que*:
  Un soir que je travaillais dans le jardin ...

Note that *après-midi* may be masculine or feminine. It has no plural form.

an/année; jour/journée; matin/matinée; soir/soirée

The distinction between these is not always easy to grasp and has in any case become blurred over time. Theoretically the longer feminine forms are used when the whole of the time is being considered:

> *J'ai passé la matinée à faire du lèche-vitrines.* – I spent the morning window-shopping.

The best advice is probably to learn certain expressions by heart:

> *cette année; ce jour-là; la veille au soir.*

Grammaire

VERB TABLES

NOTE: Only the present tense (indicative and subjunctive) is given in full. For complete endings and formation of compound tenses (pluperfect, future perfect and conditional perfect), refer to page 151.

Regular verbs

Present	Perfect	Imperfect	Future	Conditional	Past historic	Present subjunctive	Present participle
-er group							
je trouve	j'ai trouvé	je trouvais	je trouverai	je trouverais	je trouvai	je trouve	trouvant
tu trouves						tu trouves	
il trouve						il trouve	
nous trouvons						nous trouvions	
vous trouvez						vous trouviez	
ils trouvent						ils trouvent	
-ir group							
je finis	j'ai fini	je finissais	je finirai	je finirais	je finis	je finisse	finissant
tu finis						tu finisses	
il finit						il finisse	
nous finissons						nous finissions	
vous finissez						vous finissiez	
ils finissent						ils finissent	
-re group							
je vends	j'ai vendu	je vendais	je vendrai	je vendrais	je vendis	je vende	vendant
tu vends						tu vendes	
il vend						il vende	
nous vendons						nous vendions	
vous vendez						vous vendiez	
ils vendent						ils vendent	

Regular verbs with spelling changes

acheter group (includes *geler, lever, mener, peser, semer*) – grave accent before a silent syllable							
j'achète	j'ai acheté	j'achetais	j'achèterai	j'achèterais	j'achetai	j'achète	achetant
tu achètes						tu achètes	
il achète						il achète	
nous achetons						nous achetions	
vous achetez						vous achetiez	
ils achètent						ils achètent	
appeler group (includes *épeler, jeter*) – double consonant before a silent syllable.							
j'appelle	j'ai appelé	j'appelais	j'appellerai	j'appellerais	j'appelai	j'appelle	appelant
tu appelles						tu appelles	
il appelle						il appelle	
nous appelons						nous appelions	
vous appelez						vous appeliez	
ils appellent						ils appèlent	

Present	Perfect	Imperfect	Future	Conditional	Past historic	Present subjunctive	Present participle
nettoyer group (includes verbs ending in -ayer and -uyer) -y changes to -i before a silent syllable.							
je nettoie	j'ai nettoyé	je nettoyais	je nettoierai	je nettoierais	je nettoyai	je nettoie	nettoyant
tu nettoies						tu nettoies	
il nettoie						il nettoie	
nous nettoyons						nous nettoyions	
vous nettoyez						vous nettoyiez	
ils nettoient						ils nettoient	

NOTE Verbs in -ayer may have y instead of i.

Present	Perfect	Imperfect	Future	Conditional	Past historic	Present subjunctive	Present participle
espérer group (includes céder, préférer, régler, révéler) – acute accent changes to grave accent before a silent syllable, but not in the future or conditional tenses.							
j'espère	j'ai espéré	j'espérais	j'espérerai	j'espérerais	j'espérai	j'espère	espérant
tu espères						tu espères	
il espère						il espère	
nous espérons						nous espérions	
vous espérez						vous espériez	
ils espèrent						ils espèrent	

NOTE Verbs ending in -cer and -ger require a slight modification before a, o and u for pronunciation purposes: *nous commençons, nous déménageons, elle lançait, il commença, j'aperçus.*

Reflexive verbs

Present	Perfect	Imperfect	Future	Conditional	Past historic	Present subjunctive	Present participle
se laver							
je me lave	je me suis lavé(e)	je me lavais	je me laverai	je me laverais	je me lavai	je me lave	(se) lavant
tu te laves						tu te laves	
il se lave						il se lave	
nous nous lavons						nous nous lavions	
vous vous lavez						vous vous laviez	
ils se lavent						ils se lavent	

Irregular verbs in frequent use

Present	Perfect	Imperfect	Future	Conditional	Past historic	Present subjunctive	Present participle
aller – to go							
je vais	je suis allé(e)	j'allais	j'irai	j'irais	j'allai	j'aille	allant
tu vas						tu ailles	
il va						il aille	
nous allons						nous allions	
vous allez						vous alliez	
ils vont						ils aillent	

Grammaire

Present	Perfect	Imperfect	Future	Conditional	Past historic	Present subjunctive	Present participle
avoir – to have							
j'ai	j'ai eu	j'avais	j'aurai	j'aurais	j'eus	j'aie	ayant
tu as						tu aies	
il a						il ait	
nous avons						nous ayons	
vous avez						vous ayez	
ils ont						ils aient	
battre – to beat							
je bats	j'ai battu	je battais	je battrai	je battrais	je battis	je batte	battant
tu bats						tu battes	
il bat						il batte	
nous battons						nous battions	
vous battez						vous battiez	
ils battent						ils battent	
boire – to drink							
je bois	j'ai bu	je buvais	je boirai	je boirais	je bus	je boive	buvant
tu bois						tu boives	
il boit						il boive	
nous buvons						nous buvions	
vous buvez						vous buviez	
ils boivent						ils boivent	
conduire – to drive							
je conduis	j'ai conduit	je conduisais	je conduirai	je conduirais	je conduisis	je conduise	conduisant
tu conduis						tu conduises	
il conduit						il conduise	
nous conduisons						nous conduisions	
vous conduisez						vous conduisiez	
ils conduisent						ils conduisent	

NOTE Verbs such as *détruire* and *construire* are formed in the same way.

Present	Perfect	Imperfect	Future	Conditional	Past historic	Present subjunctive	Present participle
connaître – to know (a person or place)							
je connais	j'ai connu	je connaissais	je connaîtrai	je connaîtrais	je connus	je connaisse	connaissant
tu connais						tu connaisses	
il connaît						il connaisse	
nous connaissons						nous connaissions	
vous connaissez						vous connaissiez	
ils connaissent						ils connaissent	

NOTE *apparaître* and *paraître* are formed in the same way.

Present	Perfect	Imperfect	Future	Conditional	Past historic	Present subjunctive	Present participle
courir – to run							
je cours	j'ai couru	je courais	je courrai	je courrais	je courrus	je coure	courant
tu cours						tu coures	
il court						il coure	
nous courons						nous courions	
vous courez						vous couriez	
ils courent						ils courent	
craindre – to fear							
je crains	j'ai craint	je craignais	je craindrai	je craindrais	je craignis	je craigne	craignant
tu crains						tu craignes	
il craint						il craigne	
nous craignons						nous craignions	
vous craignez						vous craigniez	
ils craignent						ils craignent	

NOTE Verbs ending in -eindre and -oindre are formed in the same way.

Present	Perfect	Imperfect	Future	Conditional	Past historic	Present subjunctive	Present participle
croire – to think, believe							
je crois	j'ai cru	je croyais	je croirai	je croirais	je crus	je croie	croyant
tu crois						tu croies	
il croit						il croie	
nous croyons						nous croyions	
vous croyez						vous croyiez	
ils croient						ils croient	
devoir – to have to (must)							
je dois	j'ai dû	je devais	je devrai	je devrais	je dus	je doive	devant
tu dois						tu doives	
il doit						il doive	
nous devons						nous devions	
vous devez						vous deviez	
ils doivent						ils doivent	
dire – to say, tell							
je dis	j'ai dit	je disais	je dirai	je dirais	je dis	je dise	disant
tu dis						tu dises	
il dit						il dise	
nous disons						nous disions	
vous dites						vous disiez	
ils disent						ils disent	

Present	Perfect	Imperfect	Future	Conditional	Past historic	Present subjunctive	Present participle
dormir – to sleep							
je dors	j'ai dormi	je dormais	je dormirai	je dormirais	je dormis	je dorme	dormant
tu dors						tu dormes	
il dort						il dorme	
nous dormons						nous dormions	
vous dormez						vous dormiez	
ils dorment						ils dorment	
écrire – to write							
j'écris	j'ai écrit	j'écrivais	j'écrirai	j'écrirais	j'écrivis	j'écrive	écrivant
tu écris						tu écrives	
il écrit						il écrive	
nous écrivons						nous écrivions	
vous écrivez						vous écriviez	
ils écrivent						ils écrivent	
envoyer – to send							
j'envoie	j'ai envoyé	j'envoyais	j'enverrai	j'enverrais	j'envoyais	j'envoie	envoyant
tu envoies						tu envoies	
il envoie						il envoie	
nous envoyons						nous envoyions	
vous envoyez						vous envoyiez	
ils envoient						ils envoient	
être – to be							
je suis	j'ai été	j'étais	je serai	je serais	je fus	je sois	étant
tu es						tu sois	
il est						il soit	
nous sommes						nous soyons	
vous êtes						vous soyez	
ils sont						ils soient	
faire – to do, to make							
je fais	j'ai fait	je faisais	je ferai	je ferais	je fis	je fasse	faisant
tu fais						tu fasses	
il fait						il fasse	
nous faisons						nous fassions	
vous faites						vous fassiez	
ils font						ils fassent	
falloir – to be necessary (must)							
il faut	il a fallu	il fallait	il faudra	il faudrait	il fallut	il faille	-

Present	Perfect	Imperfect	Future	Conditional	Past historic	Present subjunctive	Present participle
lire – to read							
je lis	j'ai lu	je lisais	je lirai	je lirais	je lus	je lise	lisant
tu lis						tu lises	
il lit						il lise	
nous lisons						nous lisions	
vous lisez						vous lisiez	
ils lisent						ils lisent	
mettre – to put, put on							
je mets	j'ai mis	je mettais	je mettrai	je mettrais	je mis	je mette	mettant
tu mets						tu mettes	
il met						il mette	
nous mettons						nous mettions	
vous mettez						vous mettiez	
ils mettent						ils mettent	
mourir – to die							
je meurs	je suis mort(e)	je mourais	je mourrai	je mourrais	je mourus	je meure	mourant
tu meurs						tu meures	
il meurt						il meure	
nous mourons						nous mourions	
vous mourez						vous mouriez	
ils meurent						ils meurent	
ouvrir – to open							
j'ouvre	j'ai ouvert	j'ouvrais	j'ouvrirai	j'ouvrirais	j'ouvris	j'ouvre	ouvrant
tu ouvres						tu ouvres	
il ouvre						il ouvre	
nous ouvrons						nous ouvrions	
vous ouvrez						vous ouvriez	
ils ouvrent						ils ouvrent	

NOTE _couvrir_, _découvrir_, _offrir_ and _souffrir_ are formed in a similar way.

Present	Perfect	Imperfect	Future	Conditional	Past historic	Present subjunctive	Present participle
partir							
je pars	je suis parti(e)	je partais	je partirai	je partirais	je partis	je parte	partant
tu pars						tu partes	
il part						il parte	
nous partons						nous partions	
vous partez						vous partiez	
ils partent						ils partent	
pleuvoir – to rain							
il pleut	il a plu	il pleuvait	il pleuvra	il pleuvrait	il plut	il pleuve	pleuvant

Grammaire

Present	Perfect	Imperfect	Future	Conditional	Past historic	Present subjunctive	Present participle
pouvoir – **to be able (can)**							
je peux	j'ai pu	je pouvais	je pourrai	je pourrais	je pus	je puisse	pouvant
tu peux						tu puisses	
il peut						il puisse	
nous pouvons						nous puissions	
vous pouvez						vous puissiez	
ils peuvent						ils puissent	

NOTE An alternative form of the first person singular (present tense) exists in the question form *Puis-je?*

Present	Perfect	Imperfect	Future	Conditional	Past historic	Present subjunctive	Present participle
prendre – **to take**							
je prends	j'ai pris	je prenais	je prendrai	je prendrais	je pris	je prenne	prenant
tu prends						tu prennes	
il prend						il prenne	
nous prenons						nous prenions	
vous prenez						vous preniez	
ils prennent						ils prennent	
recevoir – **to receive**							
je reçois	j'ai reçu	je recevais	je recevrai	je recevrais	je reçus	je reçoive	recevant
tu reçois						tu reçoives	
il reçoit						il reçoive	
nous recevons						nous recevions	
vous recevez						vous receviez	
ils reçoivent						ils reçoivent	

NOTE Other verbs ending in *-evoir*, such as *apercevoir*, are formed in the same way.

Present	Perfect	Imperfect	Future	Conditional	Past historic	Present subjunctive	Present participle
rire – **to laugh**							
je ris	j'ai ri	je riais	je rirai	je rirais	je ris	je rie	riant
tu ris						tu ries	
il rit						il rie	
nous rions						nous riions	
vous riez						vous riiez	
ils rient						ils rient	

NOTE *Sourire* is formed in the same way.

Present	Perfect	Imperfect	Future	Conditional	Past historic	Present subjunctive	Present participle
savoir – **to know (a fact), to know how to**							
je sais	j'ai su	je savais	je saurai	je saurais	je sus	je sache	sachant
tu sais						tu saches	
il sait						il sache	
nous savons						nous sachions	
vous savez						vous sachiez	
ils savent						ils sachent	

Present	Perfect	Imperfect	Future	Conditional	Past historic	Present subjunctive	Present participle

sentir – to feel, to smell

Present	Perfect	Imperfect	Future	Conditional	Past historic	Present subjunctive	Present participle
je sens	j'ai senti	je sentais	je sentirai	je sentirais	je sentis	je sente	sentant
tu sens						tu sentes	
il sent						il sente	
nous sentons						nous sentions	
vous sentez						vous sentiez	
ils sentent						ils sentent	

NOTE *servir* (*nous servons,* etc.) is formed in the same way.

sortir – to go out

Present	Perfect	Imperfect	Future	Conditional	Past historic	Present subjunctive	Present participle
je sors	je suis sorti(e)	je sortais	je sortirai	je sortirais	je sortis	je sorte	sortant
tu sors						tu sortes	
il sort						il sorte	
nous sortons						nous sortions	
vous sortez						vous sortiez	
ils sortent						ils sortent	

suivre – to follow

Present	Perfect	Imperfect	Future	Conditional	Past historic	Present subjunctive	Present participle
je suis	j'ai suivi	je suivais	je suivrai	je suivrais	je suivis	je suive	suivant
tu suis						tu suives	
il suit						il suive	
nous suivons						nous suivions	
vous suivez						vous suiviez	
ils suivent						ils suivent	

tenir – to hold

Present	Perfect	Imperfect	Future	Conditional	Past historic	Present subjunctive	Present participle
je tiens	j'ai tenu	je tenais	je tiendrai	je tiendrais	je tins	je tienne	tenant
tu tiens						tu tiennes	
il tient					il tint	il tienne	
nous tenons					nous tînmes	nous tenions	
vous tenez						vous teniez	
ils tiennent					ils tinrent	ils tiennent	

NOTE The same formation applies to verbs such as *appartenir, contenir* and *retenir*.

venir – to come

Present	Perfect	Imperfect	Future	Conditional	Past historic	Present subjunctive	Present participle
je viens	je suis venu(e)	je venais	je viendrai	je viendrais	je vins	je vienne	venant
tu viens						tu viennes	
il vient					il vint	il vienne	
nous venons					nous vînmes	nous venions	
vous venez						vous veniez	
ils viennent					ils vinrent	ils viennent	

Grammaire

Present	Perfect	Imperfect	Future	Conditional	Past historic	Present subjunctive	Present participle
vivre – to live							
je vis	j'ai vécu	je vivais	je vivrai	je vivrais	je vécus	je vive	vivant
tu vis						tu vives	
il vit						il vive	
nous vivons						nous vivions	
vous vivez						vous viviez	
ils vivent						ils vivent	
voir – to see							
je vois	j'ai vu	je voyais	je verrai	je verrais	je vis	je voie	voyant
tu vois						tu voies	
il voit						il voie	
nous voyons						nous voyions	
vous voyez						vous voyiez	
ils voient						ils voient	
vouloir – to want, be willing							
je veux	j'ai voulu	je voulais	je voudrai	je voudrais	je voulu	je veuille	voulant
tu veux						tu veuilles	
il veut						il veuille	
nous voulons						nous voulions	
vous voulez						vous vouliez	
ils veulent						ils veuillent	

Less common irregular verbs

Present	Perfect	Imperfect	Future	Conditional	Past historic	Present subjunctive	Present participle
acquérir – to acquire							
j'acquiers	j'ai acquis	j'acquérais	j'acquerrai	j'acquerrais	j'acquis	j'acquière	acquérant
tu acquiers						tu acquières	
il acquiert						il acquière	
nous acquérons						nous acquérions	
vous acquérez						vous acquériez	
ils acquièrent						ils acquièrent	

NOTE *conquérir* is formed in the same way.

Present	Perfect	Imperfect	Future	Conditional	Past historic	Present subjunctive	Present participle
s'asseoir – to sit down							
je m'assieds	je me suis assis(s)	je m'asseyais	je m'assiérai OR je m'asseyerai	je m'assiérais OR je m'asseyerais	je m'assis	je m'asseye	(s')asseyant
tu t'assieds						tu t'asseyes	
il s'assied						il s'asseye	
nous nous asseyons						nous nous asseyions	
vous vous asseyez						vous vous asseyiez	
ils s'asseyent						ils s'asseyent	

NOTE Alternative forms with *o* (*je m'assois*, etc.) are also used.

Present	Perfect	Imperfect	Future	Conditional	Past historic	Present subjunctive	Present participle
coudre – to sew							
je couds	j'ai cousu	je cousais	je coudrai	je coudrais	je cousis	je couse	cousant
tu couds						tu couses	
il coud						il couse	
nous cousons						nous cousions	
vous cousez						vous cousiez	
ils cousent						ils cousent	
croître – to grow, increase							
je crois	j'ai crû	je croissais	je croîtrai	je croîtrais	je crûs	je croisse	croissant
tu crois						tu croisses	
il croit						il croisse	
nous croissons						nous croissions	
vous croissez						vous croissiez	
ils croissent						ils croissent	
cueillir – to pick, gather							
je cueille	j'ai cueilli	je cueillais	je cueillerai	je cueillerais	je cueillis	je cueille	cueillant
tu cueilles						tu cueilles	
il cueille						il cueille	
nous cueillons						nous cueillions	
vous cueillez						vous cueilliez	
ils cueillent						ils cueillent	
cuire – to cook							
je cuis	j'ai cuit	je cuisais	je cuirai	je cuirais	je cuisis	je cuise	cuisant
tu cuis						tu cuises	
il cuit						il cuise	
nous cuisons						nous cuisions	
vous cuisez						vous cuisiez	
ils cuisent						ils cuisent	
fuir – to flee							
je fuis	j'ai fui	je fuyais	je fuirai	je fuirais	je fuis	je fuie	fuyant
tu fuis						tu fuies	
il fuit						il fuie	
nous fuyons						nous fuyions	
vous fuyez						vous fuyiez	
ils fuient						ils fuient	
haïr – to hate							
je hais	j'ai haï	je haïssais	je haïrai	je haïrais	je haïs	je haïsse	haïssant
tu hais						tu haïsses	
il hait						il haïsse	
nous haïssons						nous haïssions	
vous haïssez						vous haïssiez	
ils haïssent						ils haïssent	

Present	Perfect	Imperfect	Future	Conditional	Past historic	Present subjunctive	Present participle
inclure – to include							
j'inclus	j'ai inclus	j'incluais	j'inclurai	j'inclurais	j'inclus	j'inclue	incluant
tu inclus						tu inclues	
il inclut						il inclue	
nous incluons						nous incluions	
vous incluez						vous incluiez	
ils incluent						ils incluent	

NOTE *conclure* and *exclure* are formed in the same way except that their past participles are *conclu* and *exclu* respectively.

Present	Perfect	Imperfect	Future	Conditional	Past historic	Present subjunctive	Present participle
mouvoir – to move							
je meus	j'ai mû	je mouvais	je mourrai	je mourrais	je mus	je meuve	mouvant
tu meus						tu meuves	
il meut						il meuve	
nous mouvons						nous mouvions	
vous mouvez						vous mouviez	
ils meuvent						ils meuvent	
naître – to be born							
je nais	je suis né(e)	je naissais	je naîtrai	je naîtrais	je naquis	je naisse	naissant
tu nais						tu naisses	
il naît						il naisse	
nous naissons						nous naissions	
vous naissez						vous naissiez	
ils naissent						ils naissent	
nuire – to harm							
je nuis	j'ai nui	je nuisais	je nuirai	je nuirais	je nuisis	je nuise	nuisant
tu nuis						tu nuises	
il nuit						il nuise	
nous nuisons						nous nuisions	
vous nuisez						vous nuisiez	
ils nuisent						ils nuisent	

NOTE *luire* is formed in the same way.

Present	Perfect	Imperfect	Future	Conditional	Past historic	Present subjunctive	Present participle
plaire – to please							
je plais	j'ai plu	je plaisais	je plairai	je plairais	je plus	je plaise	plaisant
tu plais						tu plaises	
il plaît						il plaise	
nous plaisons						nous plaisions	
vous plaisez						vous plaisiez	
ils plaisent						ils plaisent	

Present	Perfect	Imperfect	Future	Conditional	Past historic	Present subjunctive	Present participle
résoudre – to solve							
je résous	j'ai résolu	je résolvais	je résoudrai	je résoudrais	je résolus	je résolve	résolvant
tu résous						tu résolves	
il résout						il résolve	
nous résolvons						nous résolvions	
vous résolvez						vous résolviez	
ils résolvent						ils résolvent	
rompre – to break							
je romps	j'ai rompu	je rompais	je romprai	je romprais	je rompis	je rompe	rompant
tu romps						tu rompes	
il rompt						il rompe	
nous rompons						nous rompions	
vous rompez						vous rompiez	
ils rompent						ils rompent	
suffire – to be sufficient							
je suffis	j'ai suffi	je suffisais	je suffirai	je suffirais	je suffis	je suffise	suffisant
tu suffis						tu suffises	
il suffit						il suffise	
nous suffisons						nous suffisions	
vous suffisez						vous suffisiez	
ils suffisent						ils suffisent	
se taire – to be silent							
je me tais	je me suis tut(e)	je me taisais	je me tairai	je me tairais	je me tus	je me taise	(se) taisant
tu te tais						tu te taises	
il se tait						il se taise	
nous nous taisons						nous nous taisions	
vous vous taisez						vous vous taisiez	
ils se taisent						ils se taisent	
vaincre – to conquer							
je vaincs	j'ai vaincu	je vainquais	je vaincrai	je vaincrais	je vainquis	je vainque	vainquant
tu vaincs						tu vainques	
il vainc						il vainque	
nous vainquons						nous vainquions	
vous vainquez						vous vainquiez	
ils vainquent						ils vainquent	
valoir – to be worth							
je vaux	j'ai valu	je valais	je vaudrai	je vaudrais	je valus	je vaille	valant
tu vaux						tu vailles	
il vaut						il vaille	
nous valons						nous valions	
vous valez						vous valiez	
ils valent						ils vaillent	

Expressions utiles

Fréquence *Frequency*

(pratiquement) tout le temps	*(almost) all the time*	parfois	*sometimes*
tous les jours	*every day*	pas beaucoup	*not a lot*
souvent	*often*	relativement peu	*relatively rarely*
régulièrement	*regularly*	deux fois par semaine	*twice a week*
beaucoup	*a lot*	une fois par semaine	*once a week*
pas mal de	*quite a lot of*		

Degré et quantité *Degree and quantity*

un peu	*a little*	peu	*a little*
plutôt	*rather*	près de	*nearly*
très	*very*	pas moins de	*not less than*
tout à fait	*completely*	environ	*about*
vraiment	*really*	pas plus de	*not more than*
trop	*too much*	à peu près	*approximatively*

Passé et présent *Past and present*

autrefois	*in the old days*	lors de	*during, as part of*
avant/auparavant	*before/earlier*	aujourd'hui	*today*
à cette époque	*at that time*	de nos jours	*nowadays*
dès (son enfance)	*from (his/her childhood) onwards*	maintenant	*now*
suite à	*following*	Dans le passé, … , tandis qu'aujourd'hui	*In the past, … , whereas today*

Comparer *Comparing*

plus … que	*more … than*	le meilleur/la meilleure	*the best*
aussi … que	*as … as*	la/la pire	*the worst*
moins … que	*less … than*	sans rapport avec	*unrelated to*
le moins/le plus	*the least/the most*	contrairement à	*contrary to*

Raconter une histoire *Telling a story*

On a vu	*We saw*	J'ai (vraiment) aimé	*I (really) enjoyed*
On a fait	*We did*	C'était génial de	*It was great to*
Je me souviens (très bien) de la fois où	*I remember (well) the time when*	J'ai même	*I even*

Expliquer des statistiques *Explaining statistics*

Selon/D'après certains chiffres,	*According to some figures,*	Le nombre de X augmente/est en hausse.	*The number of X is increasing.*
Les études/analyses montrent que	*Studies/Analysis shows (that)*	Le nombre de X est en progression.	*The number of X is increasing.*
La destination la plus/moins populaire est	*The most/least popular destination is*	Le nombre de X diminue/est en baisse.	*The number of X is decreasing.*
Plus de/Moins de Français vont à X qu'à Y.	*More/Fewer French people go to X than to Y.*	Le nombre de X chute.	*The number of X is falling.*
Autant de Français vont à X qu'à Y.	*As many French people go to X as to Y.*	Le nombre de X devance largement Y.	*The number of X is well ahead of Y.*
Vingt pour cent vont à X tandis que 15% vont à Y.	*Twenty percent go to X while 15% go to Y.*	On peut parler d'une augmentation significative.	*We can talk about a significant increase.*

La plupart/La majorité des Français vont à	*Most/A majority of French people go to*	On compte plus de X entre … et …	*There are more X between … and …*
Les pourcentages de … atteignent	*The proportion of … reaches*	en moyenne	*on average*

Décrire une perspective d'avenir *Describing a future prospect*

il y aura plus de/moins de	*there will be more/less/fewer*	aller de mieux en mieux/ de pire en pire	*to get better and better/ worse and worse*
ce qui améliorera/créera/ causera	*which will improve/create/ cause*	au lieu de	*instead of*
des problèmes comme/tels que	*problems such as*	sinon,	*if not,*

Discuter d'un texte *Discussing a text*

Le thème majeur de ce texte, c'est	*The main theme of this text is*	Selon ce texte, il y a	*According to this text, there*
Dans ce texte, il s'agit de	*This text is about*	de plus en plus de	*is/are more and more*

Exprimer ses goûts *Expressing appreciation*

Personnellement,	*Personally,*	(Ce genre/style de) me plaît beaucoup.	*I really enjoy (this type/ style of)*
Je dois dire que	*I must say (that)*		
Il faut avouer que	*I must admit (that)*	(Ce genre/style de) me paraît tout à fait/plutôt/un peu trop	*I find (this type/style of …) quite/rather/a little too*
On ne peut pas nier que [+subj]	*I can't deny (that)*		
J'apprécie beaucoup (ce genre/style de)	*I really like (this type/style of)*	Je n'ai pas l'habitude de lire/ regarder/écouter (ce genre de)	*I don't normally read/watch/ listen to (this type of)*
Je ne supporte pas	*I can't stand*	Je trouve (ce genre/ce film/ce livre/cette chanson)	*I find (this type/this film/this book/this song)*
J'ai horreur de	*I hate*		

Présenter l'information *Presenting facts and information*

En ce qui concerne X,	*As far as X is concerned,*	Beaucoup de/Trop de/ Cinquante pour cent de …	*A lot of/Too many/ Fifty percent of …*
Dans le domaine de	*In the field of*		
En premier/deuxième lieu,	*First of all/Secondly,*	On pourrait penser/croire que	*You might think/believe that*
Selon les statistiques, …	*According to statistics, …*	De plus/D'ailleurs,	*Moreover/What's more,*

Organiser les idées *Organising ideas*

Premièrement,	*First of all,*	En définitive,	*In the final analysis,*
Dans un premier temps/ En premier lieu,	*To start with,*	Tout bien considéré,	*When all is said and done,*
		J'aimerais conclure en disant que	*I'd like to conclude by saying*
Deuxièmement/ Dans un deuxième temps,	*Secondly,*	On ne peut arriver qu'à une conclusion logique	*There is only one logical conclusion*
Alors,	*So,*	D'ailleurs/De plus,	*Besides/Moreover,*
Finalement/Enfin,	*Finally,*	Ajoutons que	*Let's add that*
Pour résumer/En résumé,	*To sum up,*	Quant à	*As for*
En un mot/En bref,	*In a word,*	Cependant/Pourtant/Néanmoins,	*However/Nevertheless,*
En (guise de) conclusion/ Pour conclure,	*To conclude,*	Par contre/En revanche,	*On the other hand,*
		Quoi qu'il en soit,	*Whatever the case,*
En dernier lieu,	*To finish,*	Alors que/Tandis que	*Whereas*
En somme,	*To sum up,*		

Décrire un problème *Describing a problem*

Un des (plus grands) problèmes, c'est	*One of the main problems is*	C'est à la fois choquant et inquiétant.	*It's both shocking and worrying.*
Il est évident/clair/manifeste que	*It is obvious/clear (that)*	Une autre difficulté est le fait que	*Another difficulty is the fact that*
Il apparaît que	*It would seem (that)*		

171

Proposer des solutions à un problème — *Suggesting solutions to a problem*

Comment adresser/résoudre le problème?	*How can the problem be tackled/solved?*
Des mesures d'urgence s'imposent.	*Urgent action is needed.*
Il s'agit de	*It is necessary to*
Il faut/faudrait [+inf]/Il faut/faudrait que [+subj]	*We must/should*
Il suffit de	*All there is to do is*
Il ne suffit pas de	*It isn't enough to*
Il est important/essentiel/capital de [+inf]/que [+subj]	*It is important/essential/capital to*
Il est urgent de [+inf]/que [+subj]	*It is urgent to*
On pourrait/On devrait/Il faudrait	*We could/We should*
Ce qui compte par-dessus tout, c'est que [+subj]	*What matters most is that*

Persuader — *Persuading*

Pourquoi (donc) ne pas [+inf]?	*(So) why not … ?*
Ne serait-il pas mieux/préférable/plus facile/plus efficace de [+ inf]?	*Wouldn't it be better/preferable/easier/more effective to … ?*
La meilleure solution ne serait-elle pas de [+inf]?	*Wouldn't the best solution be to … ?*
Comment nier le fait que … ?	*How can you deny the fact that … ?*
Faisons face à la réalité/à la vérité/aux faits.	*Let's face reality/the truth/the facts.*
Soyons réalistes/positifs/pratiques.	*Let's be realistic/positive/practical.*
Cherchons une autre/meilleure solution.	*Let's find another/better solution.*
avant qu'il ne soit trop tard	*before it's too late*
si on ne veut pas finir par	*if we don't want to end up*

Faire des suggestions — *Making suggestions*

Il y a plusieurs/maintes possibilités.	*There are several/many possibilities.*
Tu pourrais envisager de [+inf]	*You could envisage*
Tu pourrais devenir	*You could become*
Tu devrais considérer (le métier de)	*You should consider (a job like)*

Exprimer un point de vue — *Expressing a viewpoint*

Je crois que	*I believe (that)*
J'estime/Je considère que	*I consider (that)*
Je suis certain(e)/convaincu(e) que	*I'm sure/convinced (that)*
Je suis persuadé(e) que	*I'm certain (that)*
Je trouve inadmissible que	*I find it unacceptable (that)*
Cela me choque que	*I'm shocked (that)*
On exagère quand on affirme	*It is an exaggeration to state*
On a tort/raison de croire	*It is wrong/right to believe*
Il me semble que	*It seems to me (that)*
Je pense qu'on peut/qu'on ne peut pas [+inf]	*I think we can/can't*
Je ne pense pas qu'il soit possible de [+inf]	*I don't think it is possible to*
Il vaut/vaudrait mieux [+inf]/Il vaut/vaudrait mieux que [+subj]	*It would be better to*
À mon avis/Selon moi/D'après moi, il faut [+inf]	*I think we should*
Pour ma part, je pense	*As for me, I think*
Moi personnellement,	*Personally,*
Comme je l'ai déjà dit,	*As I've already said,*

Justifier un point de vue — *Justifying a viewpoint*

à cause de/en raison de	*because of*
parce que/puisque/car	*because*
faute de	*for the lack of*
grâce à	*thanks to*
comme	*as*
(L'augmentation) est due au fait qu'il y a	*(The increase) is due to the fact that there is*
N'oublions pas que	*Let's not forget (that)*
Prenons l'exemple de	*Take the example of*
Considérons le cas de	*Consider the case of*
Il faut attirer l'attention sur (le fait que)	*We should draw attention to (the fact that)*

Nuancer une opinion — *Qualifying an opinion*

malgré le fait que	*in spite of the fact (that)*
à condition que	*on the condition (that)*
même si	*even though*
sauf	*except that*
Certes, il est vrai que … , mais	*Although it is a fact that … ,*
Je doute que [+subj]	*I doubt (that)*
Il est possible que [+subj]	*it is possible (that)*

Présenter des arguments par écrit   *Presenting arguments in writing*

Certes, il est indéniable que	*True, it can't be denied that*	Il faut attirer l'attention sur le fait que	*It's important to draw attention to the fact that*
Sans doute,	*It is true that*	Il faut déterminer les causes (de)	*We must identify the causes (of)*
Toutefois,	*However,*		
Soulignons que/Notons que	*Let me point out that*	Il me semble injuste de (dire)	*It seems to me unfair to (say)*
Il faut tenir compte de	*You have to take into account*	Considérons l'exemple de	*Let's take the example of*

Émettre une hypothèse   *Formulating a hypothesis*

Je présume que	*I assume (that)*	J'imagine que	*I imagine (that)*
Je suppose que	*I suppose (that)*		

Évaluer les avantages et les inconvénients   *Evaluating advantages and disadvantages*

Un avantage/inconvénient, c'est que	*One advantage/ disadvantage is that*	En revanche/Par contre,	*On the other hand,*
D'un côté, … , de l'autre côté/ d'un autre côté	*On the one hand, … , on the other hand*	Le revers de la médaille, c'est que	*The downside is that*
		Certes, mais	*True, but*
		Peut-être, mais	*Maybe, but*
D'une part, … , d'autre part	*On the one hand, … , on the other hand*	Oui, c'est vrai, mais	*Yes, that's true, but*
		C'est exact, mais	*That's true, but*

Exprimer son accord   *Agreeing*

Tu as/Vous avez/[Nom] a bien raison.	*You're/[Name] is quite right.*	Je partage ton avis/ ton opinion.	*I share your view/your opinion.*
Je suis tout à fait/complètement/ totalement d'accord avec	*I totally agree with*	Je partage l'opinion/ l'optimisme/les inquiétudes de	*I share the opinion/ optimism/concerns of*
Je suis en partie/partiellement/ plus ou moins d'accord avec	*I partly/more or less agree with*		

Exprimer son désaccord/Contredire   *Disagreeing/Contradicting*

Au contraire,	*On the contrary,*	Mais c'est une absurdité/ n'importe quoi!	*But it's absurd/complete nonsense!*
Tu as/Vous avez/[Nom] a complètement tort.	*You're/[Name] is completely wrong.*	C'est un argument ridicule.	*It's a ridiculous argument.*
Je ne suis pas (du tout) d'accord avec	*I don't agree (at all) with*	C'est absurde de dire que	*It's absurd to say (that)*
Je ne suis pas entièrement/ tellement/vraiment d'accord avec toi/[Nom].	*I'm not entirely/really in agreement with you/ [name].*	Je suis désolé(e), mais tu oublies/vous oubliez que	*I'm sorry, but you're forgetting that*
		Tu ne tiens/Vous ne tenez pas compte de …	*You're not taking … into account …*
Tu oublies/Vous oubliez que	*You're forgetting (that)*	Peut-être, mais	*Maybe, but*
Tu vas/[Nom] va trop loin quand tu dis/quand il/elle dit	*You are going too far when you say/[Name] is going too far when he/she says*	Toutefois,	*However,*
		Cela dit, on doit admettre que	*Having said that, you must admit (that)*
Je refuse d'accepter ça.	*I refuse to accept that.*	Que X soit … , c'est exact, mais	*It is a fact that X is … , but*

Décrire le point de vue des autres   *Describing others' point of view*

Beaucoup de gens disent que	*A lot of people say (that)*	affirmer/soutenir/	*to assert/to insist/*
Certains croient que	*Some believe (that)*	révéler/ expliquer/	*to reveal/to explain/*
Certaines personnes trouvent que	*Some people find (that)*	préciser/rapporter/	*to specify/to report/*
D'autres déclarent/maintiennent	*Others declare/maintain*	répondre/se plaindre/	*to answer/to complain/*
Une majorité de personnes pensent que	*Most people think (that)*	avouer que	*to admit (that)*
		D'après certains,	*According to some,*
Une minorité considère que	*A few people consider (that)*	Selon d'autres,	*According to others,*
On estime que	*It is thought (that)*	Les uns/Les autres	*Some/Others*

ACKNOWLEDGEMENTS

Anneli McLachlan would like to thank: Richard Marsden, Joanne and Didier Facchin, Alex Harvey, Julian Harvey, Geneviève Talon, Alastair White, Mathilde Yang and Dinah Nuttall.

Clive Bell would like to thank: Sylvie Fauvel and the students of the European Section, Lycée Claude Monet, Le Havre.

The publishers would like to thank:
Charonne Prosser, Isabelle Retailleau, Séverine Chevrier-Clarke, Sabine Tartarin, Geneviève Talon, Colette Thomson, Andrew Garratt, Lisa Probert, Julie Green, Lorraine Poulter, Siu Hang Wong, Young Digital Planet, Helen Ryder at the Becket school, Nottingham.

The authors and publisher would like to thank all who have given permission to reproduce material in this book. In some sources, the wording has been adapted.

Text material:
Pages 12-13: Phosphore, issue 314, Aug 2007, Bayard Presse; **Page 14:** Enquête ESPAD 2003; **Pages 14, 22:** Gérard Mermet, *Francoscopie 2005*, © Larousse 2004; **Pages 14, 22, 55, 65, 69, 86, 106, 114, 124:** Gérard Mermet, *Francoscopie 2007*, © Larousse 2006; **Page 18:** Phosphore, Aug 2007; **Pages 20-21:** Famille Frenkel, www.la-family.net; **Page 23:** Presse Océan, 10/7/07; **Pages 24-25, 129:** Le Monde des Ados, issue 167, Juin 2007; **Pages 34, 66, 71:** Pédagogies magazine, issue 4, July/Aug 2007; **Page 37, 60, 73, 122, 129:** Phosphore, issue 308, Sept 2007; **Pages 40-41, 80:** Pédagogies magazine, issue 5, Oct/Nov 2007; **Pages 42-43:** Label France, issue 47, 2002; **Page 44:** L'Expansion, www.lexpansion.com; **Pages 55-56:** Phosphore, issue 299, May 2006, Bayard Presse; **Page 57:** Phil Marso, www.mobilou.info; **Page 64:** INSEE; **Page 68:** Info Santé, special issue *Les conseils de votre pharmacien: la Nutrition*, June 2007; **Page 72:** Lycée polyvalent Arthur Rimbaud, Libre tribune; **Pages 75, 121:** Phosphore, July 2007, Bayard Presse; Géo Ados, June 2007, Prisma Presse; **Page 81:** SOFRES, March 2006; **Page 82:** Le Figaro/AFP, www.lefigaro.fr, 16/11/06; **Page 83:** Info Santé; **Pages 87, 94:** Sud Ouest, 3/7/07; **Page 91:** www.regionpaca.fr; **Page 92:** Phosphore, Nov 2007 and Phosphore, March 1994, Bayard Presse; **Page 93:** Okapi, 15/10/07, Bayard Presse; **Page 94:** © ONISEP, www.onisep.fr, 04/2005; Les Clés, 29/08/07 to 4/09/07; L'Express 5/7/007; **Pages 94, 95, 96, 98:** Phosphore, Feb 2006, Bayard Presse; **Page 99:** www.lentreprise.com; www.yahoo.anxa.com; **Pages 100, 106, 121, 127:** Phosphore, June 2007, Bayard Presse; **Page 101:** L'Express, www.lexpress.fr; Animafac, www.animafac.net, 6/2/06; **Page 112:** Dossier de presse, OIF, *La Francophonie dans le monde 2006-2007*, p.328, éditions Nathan 2007; **Pages 115, 124, 134:** www.linternaute.com; **Page 116:** Société des Amis d'Alexandre Dumas, la Bibliothèque Dumas, www.dumaspere.com; **Page 117:** Thierry Goix, *Balade le Nez au Vent*, www.yanous.com; http://membres.lycos.fr/romviet; **Page 118:** www.caradisiac.com; Stéphane Jourdain, AFP, 26/10/07; **Page 118, 120:** Ça m'intéresse, July 2007; Éric Parent, Climat Mundi, www.climatmundi.fr; **Page 123:** Inserm/Enerdata; © OECD/IEA; **Page 124:** Le Figaro, www.lefigaro.fr, 3/12/06; **Page 125:** © Extracts taken from "Lettre ouverte aux jeunes" by Nicolas Hulot, President of the Fondation Nicolas Hulot pour la Nature et l'Homme, www.fnh.org, published in Phosphore, May 2007, Bayard presse; AFP; www.afrik.com, 12/9/06, Panapresse; **Page 126:** © *Petit Livre vert pour la Terre* published by the Fondation Nicolas Hulot pour la Nature et l'Homme, www.fnh.org; © Extract from the editorial to the *Petit Livre Vert pour la Terre* by Nicolas Hulot, Fondation Nicolas Hulot pour la Nature et l'Homme, www.fnh.org and www.defipourlaterre.org; **Page 128:** Yann Arthus-Bertrand, president of Goodplanet.org, www.goodplanet.org, published on www.lexpress.fr, 6/12/07; **Page 134:** Ipsos, www.ipsos.com, 11/10/07; L'Express, 5/7/07; **Page 135:** © Ifen, 2007, *Les pratiques environnementales des Français en 2005*, Orléans, Ifen, p.68 (coll. Les dossiers de l'Ifen); **Page 137:** © Laure Noualhat, Libération, www.liberation.fr, 28/7/07.

Photographs:
The authors and publishers would like to thank the following individuals and organisations for permission to reproduce photographs:

Alamy / AM Corporation p.68; Alamy / Bill Bachman p.67; Alamy / Blickwinkel p.68; Alamy / Brendan MacNeill p. 109; Alamy / Bubbles Photolibrary p.69; Alamy / foodfolio p.68; Alamy / Frances Roberts p.56; Alamy / Gordon M. Grant p.68; Alamy / Helene Rogers p.55; Alamy / Imagebroker p.40; Alamy / Imagestate p.5; Alamy / JAUBERT BERNARD p.68; Alamy / Jim Crotty p.68; Alamy / Jon Hicks p.14; Alamy / Jupiter Images / bananastock p.8; Alamy / mediacolor's p.113; Alamy / Mike Abrahams p. 100; Alamy / Pictorial Press Ltd p.48; Alamy / Sally and Richard Greenhill p.18; Alamy / Steve Skjold p.18; Alamy / vario images GmbH & Co.KG p.32; Alamy / WoodyStock / Alamy p.18; Alamy / WoodyStock p.83; AP / PA Photos p.101; Corbis / Amon / PhotoCuisine p.14; Corbis / Ariel Skelley p.38; Corbis / ART on FILE p.92; Corbis / Bettmann p.92; Corbis / Eric Fougere / VIP Images p.49; Corbis / Franck Guiziou / Hemis 114; Corbis / Image Source p.16; Corbis / Jerome Prebois / Kipa p.49; Corbis / John Van Hasselt p.14; Corbis / Karen Kasmauski p.12; Corbis / Kelly-Mooney Photography p.90; Corbis / Lucy Nicholson / Reuters p.80; Corbis / Mike Powell p.13; Corbis / Philippe Lissac / Godong p.23; Corbis / Reuters / Shannon Stapleton p.124; Corbis / Ryan Pyle 120; Corbis / Stephane Reix / For Picture p.49; Corbis / Susanne Dittrich / zefa p.85; Corbis / Wu Hong p.24; Corbis RF p.18, 106; Corbis Sygma / Thierry Orban p.49; Corbis / Simon Marcus p.62; Corbis / Ken Redding p.8; Direction de la Sécurité et de la Circulation Routières p.74; Francis & Monica Frenkel pp.20, 21; Getty Images / Aaron Black p.62; Getty Images / Adrian Weinbrecht p.46; Getty Images / AFP pp.16, 49; Getty Images / Cate Gillon p.120; Getty Images / Clive Mason p.60; Getty Images / Cristina Quicler p.83; Getty Images / David Young-Wolff p.85; Getty Images / Frank Huster p.62; Getty Images / John Kelly p. 108; Getty Images / Michael Ochs Archives p.48; Getty Images / Michael Wong p.81; Getty Images / Pascal Pavani p.72; Getty Images / PhotoDisc pp.68, 87; Getty Images / Pierre Verdy pp.118, 212; Getty Images / Rick Nederstigt p.128; Getty Images / Roger Viollet pp.48, 49; Getty Images / Romeo Gacad p.124; Getty Images / Romilly Lockyer p.60; Getty Images / Ross Whitaker p.85; Getty Images / Tom Sanders p.62; Getty Images / Ulli Seer p.12; Getty Images / Wilfried Krecichwost p.62; Getty Images / WIN p.71; Getty Images p.12; INPES pp.72, 74; iStockPhoto / Izvorinka Janvokich p.108; iStockPhoto / Jasmine Awad p.87; iStockPhoto / Ryan Howe p.100; iStockPhoto p.31; PA Photos / Visual p.49; Panos / Martin Roemers p.137; Pearson Education Ltd / Sabine T p.10; Pearson Education Ltd / Studio 8, Clark Wiseman pp.6, 37; Pearson Education Ltd / Tudor Photography p.68; Photolibrary / Christope Ichou p.59; Photolibrary pp. 90, 98, 113, 114, 128; Rex / Roger Voillett p.92; Rex Features / Aurora Photos p.13; Rex Features / Fotex pp.14, 24; Rex Features / Roger Viollet p.116; Rex Features / Sipa Press pp.24, 31, 49, 119; Rex Features pp.31, 67; Yanous Amis p.117.

Artwork on page 126: © Atelier Bloutouf, Fondation Nicolas Hulot pour la Nature et l'Homme (juillet 2007), www.fnh.org

Audio material:
Produced by Colette Thomson at Footstep productions
Engineer: Andrew Garratt
Recorded at Air-Edel studios, London

Songs, pages 48-49:
Extract 1: *Hoby*, Philippe Guez & Patrick Maarek, Kosinus, KPMMUSICHOUSE
Extract 2: *Oh John* Yann Benoist Kosinus, KPMMUSICHOUSE
Extract 3: *Piaf Chantait*, Eric Gemsa/Elisabeth Conjard, Kosinus, KPMMUSICHOUSE
Extract 4: *Paris Disco Galaxy*, Laurent Lombard, Kosinus, KPMMUSICHOUSE
Extract 5: *Le Ringuard*, Laurent Dury, Carlin, Carlin Production Music
Extract 6: *Mon Ami Reviens-moi*, Laurent Dury, Carlin, Carlin Production Music

Every effort has been made to contact copyright holders of material reproduced in this book. Any omissions will be rectified in subsequent printings if notice is given to the publishers.

Published by Pearson Education Limited, a company incorporated in England and Wales, having its registered office at Edinburgh Gate, Harlow, Essex, CM20 2JE. Registered company number: 872828

www.heinemann.co.uk

Edexcel is a registered trademark of Edexcel Limited

Text © Pearson Education Limited 2008

First published 2008

12 11 10 09
10 9 8 7 6 5 4 3 2

British Library Cataloguing in Publication Data is available from the British Library on request.

ISBN 978 0 435396 10 7

Copyright notice

Publishers: Servane Jacob and Trevor Stevens
Produced by Ken Vail Graphic Design
Illustrated by The Bright Agency (Dan Chernett and Ned Woodman); Joy Gosney and Ken Laidlaw
Cover design by Jonathan Williams
Picture research by Sally Cole, Perseverance Works
Cover photo: Rex Features / Mike Longhurst
Printed in the UK by Scotprint

Interactive CD-rom developed by Young Digital Planet

Websites
The websites used in this book were correct and up-to-date at the time of publication. It is essential for tutors to preview each website before using it in class so as to ensure that the URL is still accurate, relevant and appropriate. We suggest that tutors bookmark useful websites and consider enabling students to access them through the school/college intranet.